数实融合

前沿科技如何重塑产业

杨国安 著

和阳 整理

中信出版集团 | 北京

图书在版编目（CIP）数据

数实融合：前沿科技如何重塑产业 / 杨国安著；和阳整理. -- 北京：中信出版社，2024.4
ISBN 978-7-5217-6450-5

I.①数… II.①杨… ②和… III.①企业管理－数字化－研究－中国 IV.① F279.23

中国国家版本馆 CIP 数据核字（2024）第 059625 号

数实融合——前沿科技如何重塑产业
著者：杨国安
整理者：和阳
出版发行：中信出版集团股份有限公司
（北京市朝阳区东三环北路 27 号嘉铭中心　邮编　100020）
承印者：北京通州皇家印刷厂

开本：880mm×1230mm 1/32　印张：10　字数：236 千字
版次：2024 年 4 月第 1 版　印次：2024 年 4 月第 1 次印刷
书号：ISBN 978-7-5217-6450-5
定价：68.00 元

版权所有·侵权必究
如有印刷、装订问题，本公司负责调换。
服务热线：400-600-8099
投稿邮箱：author@citicpub.com

目录

本书所获赞誉 VII
推荐序　让科技成为产业发展创新之源 /汤道生　XXI
自　序 XXV

第一章 一定会发生的确定性

加速变化的世界 007
重大变量层出不穷 008
数实融合三大洞察 010
不确定世界的确定性，科技进步不会停滞 010
多技术爆发、融合，数字科技趋近成熟 012
政策支持的方向：数实融合 013
杨五环 2.0 015
数实科技 018
产业重构 020
战略布局 021
组织升级 024
变革领导力 026
本书基本结构 028

第二章 数实科技

未来家居 039
算力 × XR 040

算力爆炸的起点	040
极速云渲染	043
VR 超低成本可视化	046
数字孪生 × 算力	048
建模引擎迭代	048
BIM：云建筑设计	051
AI，从提效到创造	053
青腾一问｜杨国安对话黄晓煌、朱皓、陈航	056

未来终端　　　　　　　　　　　　　　　059

算力 × 算法	060
从移动计算到空间计算	060
消费级 AR 眼镜	062
硬件：光学显示技术	064
工艺：从自研到量产	066
算法 × 交互	068
软件：3D 空间感知算法	068
软件：空间定位 SLAM 技术	070
软硬结合的全新交互方式	071
技术路线的选择	073
青腾一问｜杨国安对话徐驰	074

第三章

产业重构

未来农业	087
低效 × 技术成熟度高	087
机械化"洼地"	087
无人机切入	088

自主飞行	090
喷洒均匀	091
颠覆性强 × 低效	093
转动智慧农业的钥匙	093
全面感知—智能决策—精准执行	095
技术成熟度有待提高	097
打造智慧农业"样板间"	099
颠覆性强 × 政策支持	101
变化场景的起点可能在中国	101
青腾一问｜杨国安对话彭斌	103

第四章

战略布局

未来家居	115
技术探索 × 应用场景	116
拿着锤子找钉子	116
无奈的从 B 到 C	118
用户热情 × 创新物种 × 生态配套	121
从 C 到 D，在低频行业里找高频角色	121
从工具到联盟	124
技术探索 × 应用场景	126
走向产业腹地	126
追求大 B 客户	128
生态配套 × 创新物种	130
家居生态服务提供商	130
打通生态链非一朝一夕之功	132
阶段性成果	134

| 青腾一问｜杨国安对话黄晓煌 | 137 |

未来农业 140

技术探索 × 应用场景 × 用户热情 141
闯入无人机赛道 141
"全部押注"农业 143

创新物种 × 生态配套 146
"滴滴打药" 146
职业飞手 148

技术探索 × 应用场景 151
用更多的技术引领需求 151
挑战也是机遇 155

| 青腾一问｜杨国安对话彭斌 | 157 |

第五章 组织升级

未来汽车 169

员工能力 × 员工思维 171
互联网 + 汽车？汽车 + 互联网？ 171

员工能力 173
侧重于研发和用户体验 173
招人难 176
用人难 179

员工思维 181
5 个驱动力 × 4 条价值观 181
蔚来的价值驱动体系 184

员工治理 188
全球化的喜忧 188

四维组织实验	191
青腾一问｜杨国安对话李斌、周全	194
未来能源	**196**
员工能力 × 员工思维 × 员工治理	197
排名第一的公司如何可持续发展	197
员工治理 × 员工思维	199
打开边界，自我驱动	199
由点及面	202
员工能力	205
分布式光伏创团趁势崛起	205
员工治理	207
修剪硕果，鲲鹏变革	207
青腾一问｜杨国安对话高纪凡、高海纯	209

第六章 变革领导力

未来能源	**224**
洞察 × 坚韧	225
退一步的领导力	225
行业节奏改变	227
逆势投资的洞察	229
坚韧 × 洞察 × 信念	231
行业节奏再改，调方向	231
"双反"灭顶	233
生死中的坚韧与信念	235
借力突围	236
警惕做第一	238

洞察 × 坚韧	240
洞察新科技、新市场	240
从容的韧性	242
谨慎迎战新周期	244
青腾一问 | 杨国安对话高纪凡	245

未来汽车 249

洞察 × 信念	250
造车门槛到底是什么	250
投资重点	252
移动互联网改变了品牌与用户的一切	255
坚韧 × 洞察 × 信念	258
"军粮没了"	258
把用户当成目的	260
坚守信念的代价	262
逆境中的底线思维	264
理性的坚韧	265
用户拯救世界	267
洞察 × 坚韧	270
早期思考的结论	270
新阶段，新洞察	272
青腾一问 | 杨国安对话李斌	274

注　释 281

本书所获赞誉

成熟科技，可以给企业降本增效，但前沿的技术才能带来颠覆。酷家乐第一次让行业惊艳，就是因为我们直接把设计图渲染时间从原来的好几个小时甚至好几天，缩短到了 10 秒。创业，就一定要找到撒手锏，等于"一根针捅破天"，一定要专注一个点做到极致。

——黄晓煌　群核科技（酷家乐）联合创始人、董事长

其实制约空间互联网的一直是科技，而不是想象力。它受制于带宽，受制于终端的另一个形态。

根据我们的分析，今天智能手机的人均使用时长在全球范围内为每天 4~6 小时。假如未来 AR（增强现实）眼镜普及，我们可能每天 8~12 个小时都会戴着眼镜。对于各位企业家来说，这是一个类似于智能手机普及的颠覆性行业变革。如果能把数字化的内容升维释放，就一定会催生出 AR 这个新终端。

我推荐想要了解未来产业的人阅读这本《数实融合》。在我看来，AR 的本质就是数据与现实的融合，AR 眼镜就是数实融合的入口，我们一直把做 AR 眼镜形容成"戴着镣铐跳舞"，在硬件上每个模块都有它的局限，但你依然希望用户看到的是"优美的舞姿"。

你的行业唤醒未来的舞姿是什么？希望大家能在书里找到答案。

——徐驰　XREAL 创始人、CEO

每当新一波的技术大爆炸来临，最为之兴奋的，当属创业者。

大模型之前，在互联网、电商、消费这些热门赛道里，随时都能冒出上百个竞品肉搏厮杀。拿着锤子找钉子还是对着钉子造锤子，是当下创业的两个不同思路。

这本书里提出了一个观点我很认可，要用长期的确定性去克服短期的不确定性，这个确定性就是科技一定会不断发展，而用户是不知道自己未来想要什么的。书里几家科技企业的创业思路不是先找一个用户需求，基于需求构建产品，而是利用一种前沿的技术，做一个相对靠谱的产品，并迅速推向市场，根据市场反应快速迭代。杨教授的研究，可以帮助我们依照那些案例企业的发展图景，来做自己企业的沙盘推演，从而做出最佳选择。

——吴欣鸿　美图公司创始人、董事长、CEO

人能接受外部的温差几十度的东西，既可以吃冰块，也可以喝热茶，但我们自己的体温高两度就会受不了。在外部的剧变中，不断做好内部的持续建设，提升自我免疫力和适应力，是我们未来非常重要的功课。杨教授的"杨五环 2.0"，是当前环境下恰逢其时的方法论升级。在这本书里，不仅有一位认知水平极高的导师带来的外部前瞻，更有一位理论实践俱全的专家教你如何修习自身、掌控主动、拥抱未来。

——黄炜　转转循环科技 CEO

2004 年，我在中欧国际工商学院听战略人力资源管理课程，非常幸运的是杨教授授课，化学工程师出身的我第一次领略到杨教授宏大的战略人力资源系统对企业转型的强大支撑作用，听得如痴如醉。令我自豪的是，我的作业成绩，杨教授给了"A"。

后来我参加杨教授的"杨三角组织",追随教授多年,在组织能力建设上收获满满。令我印象很深的是2013—2014年间,传统企业对移动互联网的到来一片迷茫恐慌,教授带我们走访国内外先进企业,学习总结最佳企业实践,破除我们对变化的恐慌,帮助我们积极拥抱移动互联时代,主动变革组织,迎接新时代带来的机遇。

我近年参加青腾的学习,再次遇见杨教授,并有幸又能听他讲课。他是我们的教务长,还是腾讯的高级管理顾问,他对互联网和数智科技的发展变化一直保持高度敏锐的洞察。

杨教授的新书《数实融合》深度阐述了在数实融合方面比较领先的5个企业的实际案例,回答了企业界在数智科技时代如何融合高科技到自己的实体经济并为实体经济赋能这一问题,为中国企业家如何拥抱高科技、变革企业提供了一个方向。

我相信,通过这本书,更多企业家和管理者能够受到启发。

——刘荣海　南孚电池总经理

2021年加入青腾之后,我对杨国安教授讲授的"数智革新杨五环"理论印象深刻且收获甚多。找钢网立志于为钢铁贸易行业提供行业级的售前、售中及售后服务,无论是售前的询报价服务中心、售中的信用服务及售后的物流和质量异议处理,都采用了AI(人工智能)等先进技术来提高运营效率。感谢杨教授为我们这些产业数字化创业者提供的智慧和经验。

——王东　找钢网创始人、CEO

数实融合是杨教授近年来提出的一个非常重要的创新理论。这个理论的底层是在讲如何利用数字技术(包含AI)带来的变化赋能传统实业。这既是一个重要的概念，又是一个重要的创业创新方法论。这个方法论告诉我们如何通过数实融合来创造新的产品品类。创业者可以创造创新的品类、生产打造创新的产品，然后打造创新的品牌，从而完成产业升级的闭环。

——曾德钧　猫王音响创始人、CEO

正如杨教授在这本书中不断提到的，"创新的代价便是承受高度的不确定性"。因为每一代全新科技的出现，都能造就一批新的企业，同时淘汰一批本来很成功的旧企业。新的科技带来新的游戏规则，结果就是重新洗牌。作为创业者，我们要做的就是持续做得更好。

——聂腾云　韵达董事长、总裁

2021年，我接触到杨国安教授的"数智革新杨五环"理论。进入青腾学习后，更是坚定了趣丸科技要围绕2D（二维）数字人、3D（三维）重建、AIGC（生成式人工智能）等核心技术，不断探寻前沿科技与实体经济深度融合和模式创新的路线。如今，我们已实现了商业性的突破。《数实融合》这本书将"数智革新杨五环"更新为"杨五环2.0"理论框架，为探索前沿科技赋能实体产业的企业家们提供了完整的行动指南，也为企业如何找到一条适合自己的高质量发展道路指明了方向。

——宋克　趣丸科技创始人、CEO

在今天的中国，企业经营者如履薄冰，不仅要面对人工智能带来的颠覆性挑战，学习如何拥抱这一技术实现主动转型，还必须应对国内外复杂多变的环境。这双重压力使得企业的数智化转型不仅是一场技术革新，更是一场对未来洞察力和应变能力的考验。

杨国安教授的新书恰如其分地针对了这一时代背景，提供了关于如何在 AI 的浪潮中稳健前行，从容应对经营挑战的深刻见解和策略。通过细致入微的分析和"杨五环 2.0"框架的指导，这本书为企业管理者揭示了在动荡不定的市场环境中蓬勃发展的路线图。读这本书能感受到杨教授温文尔雅背后的智慧和定力，他的"杨五环 2.0"方法论会帮助每位企业决策者实现持续增长与创新。

——何华杰　探路者集团总裁

如果说《数智革新》讲述的是以美的、新瑞鹏为代表的传统企业的数字化，那么这本《数实融合》讲的就是蔚来汽车、天合光能这样的未来企业的数字化。姚记科技有一个"五年之约"，即每五年开拓一个新业务。旧业务如何迭代升级？新业务应该如何选择？我从《数实融合》里找到了部分答案：数字化，释放数据的价值。数据是无处不在的，看不见的人弃若敝屣，看见的人视若珍宝；数字化也不能保证你百战百胜，但能给予决策者理性、逻辑与科学。更多的思考就不一一展开了。不论你是想开拓一项创新业务，还是想创办一家科技公司，都推荐你读读这本《数实融合》。

——姚朔斌　姚记科技董事长、创始人

这本书中，杨国安教授深刻洞察了加速变化的世界与科技革新的关系，展望了数实融合对产业未来的重塑。作为一名创新型医疗服务机构的 CEO，我深感其中的洞察对我们至关重要。书中不仅阐述了科技如何驱动产业升级、创造新的可能，更重要的是提供了一种思维方式，引导我们如何在不确定性中找到确定性，把握科技进步带来的机遇。对医疗服务行业来说，数实融合不仅能提高服务的效率和质量，还能开辟新的服务模式和业务机会。把这本书推荐给同行和关注未来产业变革的读者。

——王志远　卓正医疗 CEO

在这个日新月异的变革时代，我们有幸见证并参与了数字科技的创新突破。特别是近年来，以大模型为代表的人工智能技术，让我们看到了通用人工智能的曙光，有望大幅加快技术演进的步伐。在数字化建设上，2024 年最重要的特征和趋势是将开启数字和智能经济的融合时代，因为当下既是过去的延伸，又被未来决定。

作为一位过去 30 年都在观察中国产业变迁的管理大师，作者杨国安教授擅长以未来的视角，总结过去的商业变迁和得失，为迷茫期的创业者提供指路明灯。无论是成熟期还是初创期的创业者，都能通过这本书调整认知、找到方法、获得共识，成为数实融合时代的幸存者。

——周延　艾美疫苗创始人、CEO

在这个信息爆炸的时代，数智科技正以前所未有的速度重塑我们的世界。杨教授凭借其在腾讯的丰富经验和深刻洞察力，带领我们深入了解数智科技——从大数据、云计算到人工智能、区块链、物联网等——如何在不同行业中实现融合与创新，进而推动企业和产业的转型升级。

通过"杨五环 2.0"理论框架的提炼与阐述，本书前瞻性地展望了前沿数智技术如生成式人工智能、XR（扩展现实）、人形机器人等如何可能颠覆产业竞争格局和公司商业模式。这些前沿技术的应用，预示着一个更加智能、高效和互联的未来。

《数实融合》是一本为所有渴望在数字化时代找到自己定位的企业家、高管，以及对未来充满探索心的人士准备的书。它不仅是对数智科技当前状态的全面梳理，更是对未来趋势的敏锐洞见。

作为 B. Duck 小黄鸭的创始人，我强烈推荐《数实融合》是因为 AI 大时代已经到来，目前我们的团队也在大量使用 AIGC，希望大家通过杨教授的新作，一起紧跟 AI 时代的新步伐。

——许夏林　小黄鸭德盈控股董事长、CEO

数实融合是个新领域，也是大势所趋。此书既有杨教授的体系化思考框架，也有多个行业的案例，花点时间细读，有助于我们在自己的领域不断探索。

——南思乔　丰码科技创始人、CEO

今天世界的未来似乎越来越不确定，对于企业家来说，如何把握不确定性中的确定性，成为每个人的必修课。杨国安老师的这本书，通过大量案例，详细说明了借助"杨五环"理论，如何通过内外部的分析和诊断，重新审视战略布局，进而通过组织升级来实现产业重构；为了把握这种确定性，贯穿始终的是通过全流程拥抱先进的技术，特别是数实结合的人工智能技术，将确定性落地并固化成为组织的肌肉记忆，让组织生存并发展壮大。

——于扬　易观国际 CEO

自《数智革新》后，没想到杨教授又推出了新作《数实融合》，我十分钦佩其在中国企业数字化转型和升级方面倾注的心血和精力。上一本提出的"杨五环"包括战略驱动、业务重构、科技赋能、组织升级、变革领导力五大环节，强调企业家在数字化时代需要重新审视和优化企业战略，并借助数字技术对业务流程进行重构，以提升效率和体验。"杨五环2.0"在原有基础上,针对数实融合的趋势,强调以"数实科技"作为新的逻辑起点,突出了数字科技对实体经济的深度融合和创新应用。这本书在今年AI创业浪潮中推出也恰逢其时,希望每一位想要抓住未来的人,都能在其中找到方向。

——袁火洪　幸福西饼创始人、CEO

哲学家们在文艺复兴时代提出了自由、民主、平等,科学家和企业家扛下了这面大旗,用一次次工业革命来践行这个理念。商业的目的不是让女王穿上丝袜,而是让每一个普通女生都穿上跟女王一样的丝袜。工业革命的上半场,已经让普通女生都穿上了女王这些权贵才能穿上的丝袜,而工业革命的下半场,将把对女王无微不至的服务平民化、普及化。使用机器替代人的简单体力是第一次工业革命,替代复杂体力是第二次工业革命,使用电脑替代人的简单脑力是第三次工业革命,使用AI替代人的部分复杂脑力是第四次工业革命。智能化的浪潮已经席卷而来,基于碳基劳动力的一切管理法则和规则,将逐步过渡为基于"碳基+硅基"劳动力协作的全新管理法则,这就是目前企业数字化革命的本质。当生产要素的核心要素劳动力变成了数字化,变成了AI,那么一切过往的生产关系都将被挑战,一切管理理论也将被彻底颠覆。

——司马华鹏　硅基智能创始人、董事长

秋林里道斯是一家有着120多年历史的中华老字号企业,如何在互联网时代获得高质量发展是我们当前考虑最多的问题。近年来,秋林里道斯积极进行数字化转型、战略定位重塑和组织架构升级,在艰难探索中既有喜悦,也有迷茫。杨国安教授的《数实融合》这本书为我们解决以上问题提供了很好的思路和对策,对企业家变革领导力的阐述也令我们深受启发。这是一本好书，有深刻的思考，有实用的案例，非常值得正在致力于转型发展的企业家们认真读上一读。

——林珈旭　秋林里道斯总经理

斯坦德机器人是"组织能力杨三角"的坚定践行者，"杨三角"已经成为我们的内在变革发动机。现在是人工智能、大数据、互联网深度融合的时代，《数实融合》一书中，杨教授提及的"杨五环2.0"为企业的进一步迭代进化提供了一套完整的方法论，是实体经济转向新质生产力的操作指南。

——王永锟　斯坦德机器人创始人、CEO

从"组织能力杨三角"到"数智革新杨五环"，在赋能企业成长上，杨国安教授一直走在最前沿。《数实融合》，开卷有益。愿更多企业和中国企业家走出属于自己的创新之路！

——王羽潇　春雨医生CEO

阅读《数实融合》，我感慨良多，这本书对企业数字化转型的深度解析和"杨五环2.0"理论框架，对我们企业近年来的自身探索和创新实践有着积极的指导意义。

我们重视"科技赋能"这一环节，投入大量资源于技术研发，以数据分析驱动产品设计与市场运营，这一做法与书中提到的科技使企业内生动力得到提升的观点不谋而合。同时，在"业务重构"方面，我们通过整合线上线下资源，实现了新零售模式的突破，正是实践了书中对数智科技重塑商业生态的洞见。

作为一部指导企业进行科技革新与商业模式变革的著作，《数实融合》中的理念和方法论对企业具有十分重要的启发和指导作用。它不仅是一本书，更是一份行动计划，对于身处快速发展、千变万化的商业环境中的每一位决策者，特别是有志于实现自我超越、持续在行业内领先的企业，是不可多得的宝贵资料。我衷心推荐《数实融合》给同行及所有致力于企业成长与创新的伙伴，让我们一起迎接和塑造未来。

——徐波　浙江森马服饰股份有限公司总裁

AI、XR、机器人等技术的高速发展，给人类世界带来了一场前所未有的巨大变革。我们正处于一轮全新科技周期的浪潮中，不确定性成为创业者和企业家要面临的常态。

杨教授的"杨五环 2.0"为我们面对不确定性提供了一套系统的思考框架，包含了从战略布局到战略落地各关键环节的方法论和管理工具，帮助企业在数实融合的时代抓住产业重构的机遇。无论你是新兴科技的开拓者，还是传统行业的变革者，这本书都是你面对未来、面对变革时值得信赖的战略伙伴。

——陈婧妹　VeeR VR 联合创始人

比经济周期更难跨越的是组织的战略与成长周期。在这个百年未有之大变局的时代里，大模型人工智能、新能源与智能制造是机会，也是挑战。对于创新组织而言，如何看待这个机遇甚为重要。有幸在北大-青腾未来产业学堂认识杨教授。继上一本书《数智革新》后，杨教授又推出了新作《数实融合》，相信无论是成熟期还是初创期的创业者，都能获得更好的答案，都能更好地跨越周期。

——王雄辉　欧瑞博创始人、CEO

《数实融合》对当下新时代发展新质生产力、推动企业面向智能化转型提供了一套完善的方法论体系，非常清晰地指出了在当前产业升级、智能化转型的大浪潮中企业内部自身组织革新所遇到的各项挑战与痛点，以及针对性的解决思路和方法。书中论述的"杨五环 2.0"理论结合企业市场需求、组织挑战，对人工智能的技术特点、发展趋势等每个关联环节都有深刻的洞见和理解，也针对当前各类企业的实操困难提出恰到好处的解决方向，对新时代新局面下整体组织革新提出了高屋建瓴的大原则，读完醍醐灌顶，是一本非常有实战指导价值的理论手册。

——杨帆　商汤科技联合创始人、大装置事业群总裁

《数实融合》是对未来洞察与现实挑战的真诚回应。这本书探讨了数字科技与实体经济深度融合的趋势、挑战及策略。

通过实际案例，书中深度讲述数字化转型对企业和产业未来发展的影响，以及如何有效利用数字科技来优化企业战略、提高操作效率，增强市场竞争力。有趣的是，这本书也强调了变革领导力和组织升级的重要性，指出企业必须培养适应数字化时代要求的新型领导能力和更灵活、开放的组织文化。

在这个变幻莫测的市场环境中，《数实融合》揭示了在快速变化的世界中寻找确定性的重要性。真正的机会在于理解科技与人心，于不断变化中寻找共鸣，与客户共创价值。

——马寅　阿那亚创始人

看到杨教授的新书——《数实融合》，钦佩他多年以来在数字技术和企业管理理论领域的持续研究和探索，并提出全新的"杨五环 2.0"，这在当今瞬息万变的时代环境，以及互联网、大数据、人工智能浪潮

的冲击下，尤其具有现实的指导意义。这本书对今天的企业家从根本上思考构建新的企业组织模式，创造新的运行规则，使企业更具创造力、更敏捷应对外部变化大有裨益。

——肖国勋　万益蓝（WonderLab）CEO

从"杨三角"到"杨五环"，杨教授的新书《数实融合》秉承了一贯的"杨氏"极简风格。杨教授对市场发展、行业动向一直都有非常敏锐、深刻、准确的洞察，对企业经营有非常深入的了解。他具有把这些洞察系统化提炼成管理理论的能力，而这些深刻的理论又被他表达得简明扼要，易懂、易记、易述。最重要的是，他的理论很接地气，对实战的指导性很强，对企业家开阔眼界、提升能力非常有帮助。

——宋群　联易融董事长、CEO

杨教授的新书，我学习完之后深受震撼。其一，这本书是在新时代科技背景下，对做企业的一次全景式思维升级。"杨五环 2.0"理论，更是我们在科技跃迁的时代洪流中的战略导航灯塔。其二，这本书勾勒出一幅未来科技与实体经济深度融合的画卷，诸如自动驾驶、智能家居、现代农业等领域均展现出前所未有的发展潜力，令人心潮澎湃。其三，面对快速迭代的科技浪潮，本书所倡导的企业家精神——洞察科技趋势、坚定信念与执着坚韧的品质，令我备受鼓舞。握紧变革领导力，前瞻趋势砥砺行。在此，也敬请广大读者一同品读《数实融合》，携手杨国安教授探求解锁企业未来成功的核心密码。

——林少　十点读书创始人

几十年追随杨国安教授，边工作边学习，习惯了每隔几年就能通过他的新书学到新的管理知识，企业的规模和盈利能力也得到进一步提高。从"杨三角""战斗小组""市场化生态组织"，到"杨五环"，无一不在海丰国际生根发芽，并茁壮成长。《数实融合》又为我们带来了新的惊喜：大数据、人工智能，必将成为企业关注的重点。我们期待用杨国安教授不断创新的管理知识武装我们的企业。生命不息，学习不止。

——杨现祥　海丰国际董事会主席

杨教授的新作《数实融合》再次令我震撼，面向如此不确定的未来，面对 AI 数智科技的跳跃式发展，遵循传统的"战略思维"显得茫然无措，杨教授创造性地提出"杨五环 2.0"体系，引导企业提早进行"战略布局"，构筑"数实科技"核心竞争力，在持续降本增效的基础上实现产业重构。

——俞熔　美年大健康董事长

在《数实融合》中，杨教授以深入浅出的方式展开了一场关于未来科技革命的探索之旅。书中不仅详尽阐释了"数实融合三大洞察"，即科技进步的不可逆转性、多技术的爆发与融合，以及政策支持的方向，还精心构建了"杨五环 2.0"框架，指导企业在数字化浪潮中迎难而上，实现战略升级和产业变革。

从未来家居到智慧农业，从算力的飞跃到数字孪生的应用，本书以案例为基，揭示了数字科技与实体经济深度融合的现实途径与深远影响。杨教授不仅深刻解读了数字科技对产业重构的推动力量，也提供了企业如何进行战略布局、组织升级，以及如何塑造变革领导力的实用策略。

《数实融合》是一本为所有期待在数字时代里转型升级的企业家、

决策者及对未来科技充满好奇的读者准备的宝典。它不仅为读者揭开了数实科技革新的神秘面纱，更是一盏指引企业航向的明灯。在这个快速变化的时代，它提醒我们，只有拥抱变革，才能把握未来。

——邱纯潮　速腾聚创 CEO

在这个迅速变化的时代，数实融合不仅是一种技术革新，更是组织能力升级的核心。杨国安教授的《数实融合》深入探讨了如何通过培养创新型人才、建立敏捷的组织架构及拥抱变革领导力，使企业能够在数实融合的浪潮中稳健前行。特别是，它强调了在面对不确定性增加的商业环境时，CEO 需要具备的洞察力、信念和坚韧性，以及如何通过技术洞察选择正确的战略布局来推动产业的重构。这不仅是对未来趋势的预见，更是对当前企业领导者和团队能力升级的实践指南。它适用于那些渴望利用前沿科技重塑产业面貌，实现组织变革与升级的企业家和决策者。

——寿栋　ADVANCE.AI CEO

《数实融合》对于理解数字时代下实体经济的转型和发展具有重要影响力。杨教授提出的"杨五环 2.0"提供了数字化转型的指导和启示，书中也为我们阐述了很多案例。阅读这本书，让我们可以更好地把握数字时代的机遇和挑战，为个人和企业的发展提供有力的支持。

——张倩　华鹏飞 CEO

多年来，我们受益于杨国安教授的经营思想指导。他将理论体系与实践结合，在数字化转型的时代洪流下，指导传统产业借助数字化与实体经营融合，让实体经营插上了强大的翅膀。

——陶石泉　江小白董事长

推荐序

让科技成为产业发展创新之源

汤道生

腾讯集团高级执行副总裁、云与智慧产业事业群 CEO

很高兴看到杨国安教授又出新作。杨教授是资深的战略管理专家，曾前瞻性地提出"杨三角""杨五环"等理论，为企业的管理变革提供了重要指引。多年来，他也担任腾讯的高级管理顾问，深度参与了腾讯的战略转型、组织变革和人力资源管理，在扎根一线的产业实践中，不断推动理论的再创新。

这本新书将"杨五环"理论发展为"杨五环2.0"，把数智革新的起点从"战略驱动"变为了"科技驱动"，同时强调企业不应只局限于"业务重构"，还要关注"产业重构"。这种变化的背后，是对数字技术的创新价值及其与产业变革关系的全新理解和诠释。

对于这一点，我也有很深的体会。这几年，我在从事产业互联网工作的过程中，接触了很多客户，深刻感受到很多企业对数字技术的理解越来越深：从寻求产品与市场的匹配，转向思考技术与产品、战略的耦合；从基于既定战略和业务，以技术实现降本增效，延展至以数字技术为起点，重新思考未来战略、经营模式、人才结构乃至组织管理方式，推动产业的深远变革。

随着技术的加速度发展，以及技术加速度落地产业，"技术驱动"已经成为越来越多企业的行动指南。

一方面，技术在加速发展，人工智能、能源、生物技术等关键技术不断创新，在催生出新行业与新企业的同时，也在改变原有的产业生态。

以生成式人工智能为例，从 ChatGPT 诞生以来，短短一年多的时间里，就从文生文，进化出文生图和文生视频的能力，不仅能够顺畅地与人对谈，还能生成具有高逼真度的图文和视频。人工智能与大模型的发展，大大改变了计算的范式，从原来以 CPU 为核心，转变为以 GPU 并行处理为核心，改变了行业格局；芯片产业发生了翻天覆地的变化，诞生出产业的新王者。

同时，AI 的大发展和大规模的计算需求，给能源发展提出了新的命题，推动我们从依赖化石能源，转向发展更清洁、可再生的能源，如光伏、核电等。

再比如，动力电池和自动驾驶技术的突破，催生出新的出行模式，也带动了电动车技术的发展与汽车行业的重构。在新能源汽车逐渐替代燃油车的过程中，新兴的汽车制造商如蔚来、理想和小鹏等崭露头角，而比亚迪这样的企业也在短短 30 年内击败了众多百年汽车巨头，成为中国市场的销售冠军。在这个过程中，中国也在产业布局、技术创新和快速的产品研发迭代的推动下，跃升成为出口汽车最多的国家，2023 年整车出口破 500 万辆，其中三分之一是新能源电动汽车。腾讯也为多家车企在全球提供智能网联的平台服务，为车主提供先进的智能座舱体验，助力车企加速自动驾驶的研发。

在生物技术领域，基因编辑技术正在从实验室走向临床应用，并发展出全新的疾病治疗模式。2023年12月，第一个CRISPR/Cas9体外基因编辑疗法被美国食品药品监督管理局（FDA）批准上市，用于治疗镰状细胞病。这意味着人类在传统药物、手术、物理疗法之外，还可以通过改变内源基因的方法治疗特定疾病。这给医疗行业带来巨大的变革，不仅会诞生多款年销售额超过10亿美元的重磅药物，也意味着更多人有了健康和生存的希望。未来，CRISPR基因编辑的发展，不仅可以为医学带来突破性的疾病治疗方法，还能改善农作物的产量和质量，促进农业的可持续发展。

另一方面，新技术在产业中的应用也在加速度推进，从新技术到产业场景的距离不断缩短，助力千行百业持续降本增效。

AI大模型作为科技革命的重大机会，几乎所有的企业都想抓住。我们也在2023年推出了腾讯云MaaS（模型即服务）和行业大模型解决方案，提供从底层算力到模型、平台工具，再到智能应用的全链条解决方案，已经在金融、零售、医疗等几十个行业快速落地，在生产、营销、售后服务、办公等多个环节，助力产业降本增效。

以金融行业为例，传统的金融客服中，人力成本要占到60%~70%，而通过行业大模型与数智人技术的融合，我们可以让虚拟客服以更人性化的方式，与客户进行顺畅的实时互动；再结合基于音视频和图像识别的人脸核身技术，可以高效在线办理金融业务。中信建投就运用腾讯云智能解决方案，完成了95%的新用户开户工作。

最近还有个小故事让我印象深刻。深圳大学的学生们，利用腾讯 AI 技术和云平台，历时 8 个月开发出了全球首个乌骨鸡智慧养殖系统。基于这个系统，养殖基地可以及时识别出"呆鸡""木鸡"，并能第一时间收到野狗、黄鼠狼等野兽袭击的警报，有效避免疫病传播和财产损失。系统运行半年多，养殖基地的乌骨鸡提升了 30% 的出栏率，增产了 6 万多只。

总之，技术的发展和应用，归根结底要以业务发展为根本。技术发展与应用落地的双重"加速度"，让数字技术对千行百业的助力越来越深入。技术之于产业，既是助力生产增效的"肥料"，也是孕育创新模式的"种子"，成为重塑企业研发、生产、销售、管理的支点，去构建面向未来的竞争力。

当前，国家也在大力培育新质生产力，本质上就是要以创新技术推动产业高质量发展。书中也列举了大量以新质生产力为核心的产业实践，包括与腾讯云合作的蔚来汽车等，不仅为我们重现了数字技术与实体产业的融合发展，也提供了现实可操作的指南，相信大家会有所启发。

自　序

在腾讯担任高级管理顾问期间，我有幸近距离参与和体会互联网给人类生活带来的影响，但最近这些年我发现，使用内涵更广泛的"数智科技"来描述这股潮流才更为精准——不单纯是互联网，而是大数据、云计算、人工智能、区块链、物联网等多种科技相互融合的数智科技。这些科技也不只是改变了消费者的生活和工作方式，还让企业客户对外升级其产品的用户体验，对内实现降本增效。

数智科技如何赋能企业？经过几年的调研，我把自己的思考框架提炼为"数智革新杨五环"，以期作为中国企业数字化转型升级的蓝图。通过腾讯青腾这个与企业家共创的学习平台，我出品了财经访谈纪实节目《一问》，记录了系列性标杆企业案例，并于2021年撰写了《数智革新》一书。

但在2022年之后，我看到数智科技与实体技术融合后带来一波新的爆发期，冒出了很多更加前沿的科技产品，比如让人类触摸到通用人工智能曙光的ChatGPT，比如苹果公司带来全新交互理念和用户体验的Vision Pro，比如英伟达更高算力的AI芯片，比如在国内外普及程度越来越高的自动驾驶技术，等等。与过去我们谈到数字科技时更多指大数据、云、物联网等相比，如今支撑这些新产品的技术已经替换成了生成式人工智能、XR、人形机器人等。

此前的技术已经在企业的用户触达、产品开发、内部管理等方面带来了很大的提升，但根据我最近一年多的调研，不同领域数实科技的突破、融合，将为更多产业和企业带来更具颠覆性的变化。成熟科技带来的是让企业实现降本增效这样的优化，但前沿科技可能会改变产业竞争格局和企业商业模式，其影响更具颠覆性。

在某种程度上，当下的世界也更需要前沿技术所蕴含的潜力。

过去三五年发生了太多"黑天鹅"事件，很多人都消化过不来，麻木了。外部环境的高度不确定令很多企业感到焦虑和不可控，企业家的面对之法，还是要往前看、求发展。

我自己看到的10年内有很多明确的大趋势，如人口老龄化、碳中和、更复杂的全球竞合关系等。与本书密切相关的两个趋势也是非常明确的，第一个是世界各地的数智科技必定快速前进，第二个是中国的发展方针会大力支持实体经济。

企业家近年面对着高度的不确定性，确保充足的现金流让企业活下来是短期内的重中之重。但企业未来如何发展，必须以长期的确定性倒推今天的发展方向，以数智科技融入、赋能实体经济的数实融合是企业必须关注的发展重点。

虽然前沿科技的影响力还未广泛出圈，但我相信，3~5年后随着前沿科技的不断迭代，必定会有多个产业的基本面貌被重塑。

我从大量优秀企业中挑选了一些前瞻性更强的标杆企业深入研

究，并将思考框架更新为"杨五环2.0"，一如我的"组织能力杨三角"针对两类企业有两个版本，1.0版本是实体经济企业的组织能力建设框架，2.0版本是互联网企业的组织能力建设框架。

"杨五环"思考框架本质上属于"数智科技赋能产业"的范畴。其中1.0版本关注成熟的数智科技在既有的产业格局和商业模式里如何发挥作用，更多帮助企业实现内部的降本增效和提升用户体验。本书阐述的2.0版本则关注不确定性更大的前沿数实科技如何重塑产业，更多是影响企业的战略布局和生态打造。

面对前沿科技的跳跃性发展，如今企业家和高管应从更宏观的产业视角去思考如何投资未来，进而调整自己的组织、战略和产品等以适应新趋势。在序言中我不多做赘述，请大家看正文。

基于"杨五环2.0"理论，我已经把企业案例拍摄成青腾《一问》，也将一些案例企业列入本书。其中我印象比较深刻的是群核科技，它想实现"所想即所见，所见即所得"的使命与我的一段经历产生了共鸣。

我曾经作为联合创始人投资了一个家装企业，面对这个行业高度依赖装修师傅个人技能、多工种协作时意外不断的现状，我曾设想：使用数智科技来实现高效的装修，让对的工人，在对的时间，用对的原材料，干对的事情；通过"中央厨房"式的预加工，减少对工人技能的依赖，弱化工地施工造成的干扰。遗憾的是，由于房地产行业快速下滑，这个家装企业只取得初步成果，最终并不成功。

作为探索前沿科技赋能实体产业的一个实践者，当看到群核科技做到的事情、想做的事情时，我都很有感觉。它想用前沿技术解决设计环节、生产制造环节的痛点，想在消费者端实现模块化高效组装家具的效果，这些我都深度认同。当然，需要克服的困难也是巨大的。

往前看，很难判断在未来 5 年内，群核科技或者书中的其他案例企业会不会持续获得成功。创新的代价便是承受高度的不确定性。我把这些案例企业定义为探索者，一些试图抓住因科技大幅提升带来产业重塑机遇的探索者。

它们已经使用前沿数实科技在产业格局、公司战略、产品应用、商业结果等不同维度上获得了外界的初步认可。这些企业在多年间的战略布局，企业领导者对未来产业发展的预判和对当下的洞察，我相信对于其他人有一定的参考性，大家可以从中感受到科技赋能产业创新的演变逻辑。

"杨五环 2.0"思考框架的覆盖范围更加广阔，对企业家和管理者而言将起到路线图的作用。为了强化读者对"杨五环 2.0"的理解，相比于《数智革新》一书，我对本书的基本结构做了调整。第一章仍然是理论部分，除此之后的每一章都增加了对理论的细化陈述。希望读者面对新技术产品的爆炸性出现，能依此框架厘清思路，不至于茫然失措。

我是一个对未来充满好奇的学者，一直都在探索新的领域，也得到了很多帮助。本书亦得到了腾讯同事的默默支持，要感谢的团队成员包括王兰、周旋、陈宇、和阳、樊珊、司欢、黄承婧、王亮亮、高裕虹、尹红梅、刘玉龙、李晨、邓军、郭媛媛。他们做了大量工作，包括但不限于文献梳理、调研企业、项目管理。

感谢中信出版集团的编辑团队为本书所做的工作。预期的图书完成时间颇为紧张，中间屡有波折，但最终还是高质量地出现在读者面前，有赖于中信出版团队的专业能力。

感谢参与此次研究的受访企业领袖们。他们有的是我交往已久的朋友，有的是青腾校友，有的新近才熟识，我非常感谢他们所付出的时间和给予我的启发。

感谢为这本书写序和推荐语的企业家，他们在不同程度上丰富了我的思考维度，尤其是为本书写序的腾讯集团高级执行副总裁、云与智慧产业事业群CEO（首席执行官）汤道生。面对洞察到的宏观愿景，腾讯做了扎实的技术投入，让我看到了一条更具确定性的道路。

一如既往要感谢我的太太Jenny陪伴左右，给予我这个忙碌的管理探索者很多鼓励和空间。

最后，真诚希望每一个中国企业家和企业高管都能找到一条适合自己的高质量发展道路，突破内外局限，穿越长短周期！

杨国安
2024年2月于香港

第一章

一定会发生的确定性

科技驱动产业升级是推动社会进步的必然趋势，虽然步伐时慢时快，但近年正进入飞跃阶段。

生成式人工智能已经具备了创造力。AI绘图工具创作的《太空歌剧院》在2022年荣获了某艺术比赛的一等奖。AI视频工具已经可实现较高质量的文本/图片生成视频，还支持画幅比例修改、画面局部生成等视频细节的调整。OpenAI公司的ChatGPT更是掀起了生成式人工智能的全球性狂潮。

你现在只需要支付少许费用，即可获得一个生活或工作上的私人AI助理。与此前的AI更多是一个线下的、单一场景的提效工具相比，现在的私人AI助理可以提供各种创意，从写文案到写代码到答疑，一应俱全，它会自行联网去搜索、整理答案。一言以蔽之，电影《钢铁侠》中的AI助理贾维斯（J.A.R.V.I.S.）在软件层面已经不再是一个虚无缥缈的幻想了。

包括但不限于生成式人工智能的前沿数字科技正在与更多实体产业融合，我们的生产、生活迸发出了许多新的曙光。

未来汽车正在走进现实。现在购买一辆智能电动车，你在进行刹车、偏离车道、跟车巡航、泊车等操作时，高级驾驶辅助系统（advanced driving assistance system）已经可以为你提供高效的决策支援，让你不那么累、不那么紧张。泊车操作不太熟也没关系，系统有过几次经验后，你可以站在旁边看它自动停好。

未来电力正在走进现实。能源已经不再是教科书上那么传统的样子，光伏、风电等可持续的分布式能源已经成为能源供应中不可忽视的组成部分。在前沿数字科技的助力下，你不再只是纯粹的电力消费者，也可以是生产者。在不久的将来，你家的阳光和风力发出来的电，不仅可以自用，也可以出售给电网或附近的企业。

未来家居正在走进现实。家居行业已经实现了"所想即所见"，即消费者心中所想可以完全变成效果图。一些先行者在打通设计与制造两个不同的产业链环节，用数字技术加持工业化流程，如此一来，装修时超预算的成本、施工噪声等问题会消失不见，出现在家里的会是可快速组装的、尺寸精准的预制家具。你看到的装修完成品，就是当初效果图呈现的那样。

未来农业正在走进现实。从无人机到物联网，AI支撑的高效工具可以确保国人的粮食安全。如今，每两三件棉织品衣物或每一两粒大米中，就有一件或一粒曾被无人机作业过。两个完全没有种地或农场管理经验的年轻人，在各种智慧农业设备的支持下，可以管理3000亩棉田并实现盈利。而且纯粹的技术挑战并不算大，只用把城市里已有的高技术产品改造成适合农业场景的设备即可。一旦种地由机器人完成，粮食自由的世界就将出现。

未来终端正在走进现实。智能手机的出现和普及极大地改变了我们的生活，催生、革新了大量产业。现在，与人类身体的贴合度更高的下一代智能终端已经出现了，无论是 AR 眼镜还是 VR（虚拟现实）头戴式设备，都会带来崭新的、极致的沉浸式体验。你会看到一个虚拟与现实高度融合的世界，你与它交互不再靠键盘、鼠标或触摸屏了，而是靠更符合人体习惯的手势、眼动、语音等。未来可能会出现一个目前还不存在的数字世界，与现实世界一道构成人类的生命空间，甚至让人的意识与记忆在数字世界中实现永生。

更多的例子不用再举。我想表达的意思是，你总能从科技进步中看到不同产业创新突破的方向。

整个世界的运转逻辑在近些年发生了一些根本性的变化，并且以美国挑起贸易争端、俄乌冲突、新冠疫情、房企爆雷等尖锐的方式爆发了出来。面对种种杀伤力惊人的不确定性，越来越多企业的经营状态不再稳定，企业家内心的焦虑和迷茫与日俱增。于是很多企业家试图去关注未来到底会发生什么变化，然后针对这些变化去筹划自己的策略以消解其中的不利影响。

这么做并没有错。但若在此间沉溺太久，从投入产出比来看并不划算，因为有太多事情超出了你的可控范围。

我认为应该寻找确定性，在那些一定会发生的确定性中找到自己可以发挥的空间。

从微观上看，不管世界怎么变，客户永远想要更便宜的商品、更快的送货速度、更好的用户体验、更丰富的供给。要实现这些，在很大程度上依赖于科技的进步。如今新一代的数实科技已经相对成熟了，数字孪生、XR、AI、算力、机器人等已经不再是实验室里的黑科技。比如，很大程度上由 GPU（图形处理器）提供的算力并不存在核心技术门槛，只是产能不足、供不应求而已。数实科技接近或达到了产品化的阶段，正在与行业技术做更紧密的融合，如前所述，融合的曙光非常多。

从宏观上看，中国经济已经由高速增长阶段转向高质量发展阶段，当前中国正处在转变发展方式、优化经济结构、转换增长动力的攻关期，经济增长正在实现由要素投入驱动向技术创新驱动的跨越。中国政府认为，加快实现高水平科技的自立自强，是推动高质量发展的必由之路。

经过几十年的改革开放，中国已经从早期的进行技术模仿和改良，进阶为有实力去探索前沿科技和基础科学，并在部分领域与世界先进水平并驾齐驱。国家一方面集中力量打好关键核心技术攻坚战，重组科技部，组建了中央科技委员会；另一方面也意识到了企业是科技创新的主体——不仅仅是成果应用的主体，还应从基础研究、应用技术研究、技术创新、成果转化等方面发挥主体作用。

这就是确定性。如果你打算带领企业突破内外局限，穿越长短周期，科技会是你最有力的抓手。

你应该对此抱有信念。如果不是对新技术会满足人类的需求有着超乎寻常的信念，在研发上持续进行充沛的投入，并转化成睥睨群雄的产品竞争力，你很难成为数实融合时代的胜利者。

这条路会比较艰难。本书后续提到的数实融合案例企业在这条路上都面临过多次生死攸关的至暗时刻。要得到世人的瞩目和认可也需要时日。

但这是你最好的选项。

加速变化的世界

20世纪90年代后，商业世界很喜欢用VUCA［不稳定（volatile）、不确定（uncertain）、复杂（complex）、模糊（ambiguous）］来描述快速变化的商业环境。VUCA在数字技术最先落地的互联网行业体现得尤其明显。

1995年8月，网景（Netscape）的股价在IPO（首次公开募股）首日大涨，引爆了声势浩大的web 1.0[①]浪潮。2005年，美国的新闻集团以5.8亿美元收购MySpace，推动web 2.0[②]浪潮波及全球。

两波浪潮相距不过10年，之后互联网世界的变化速度进一步加快。2013年前后，脸书（Facebook）以10亿美元收购Instagram，百度以19亿美元收购91无线，阿里巴巴以超40亿美元收购UC优视，以及微信的爆炸性崛起成为移动互联网在C端（消费者端）引爆的标志。

不过5年时间，产业互联网的浪潮又席卷全球。2018年左右，微软、谷歌开始大力发展云业务，阿里云的"飞天云操作系统核心技术及产业化"获得中国电子学会科学技术奖设立15年以来的第一个特等奖，腾讯则决心"立足消费互联网，拥抱产业互联网"，并专门成立了统筹产业互联网业务的云与智慧产业事业群。

之后不到3年，产业互联网进入深水区，但全球90%的IT（信

[①] web 1.0时期的核心理念是，用户在被动地接受互联网中的内容，人们对信息搜索、聚合的需求被满足了，代表公司就是网景和雅虎。

[②] web 2.0时期的核心理念是，互联网产品是由用户主导生成内容，代表公司是Meta、豆瓣网、YouTube、维基百科等。

息技术）支出仍在本地时，商业世界再次出现新浪潮。以 VR/AR、数字孪生、独立经济系统、低延时等为特征，以 Facebook 更名为 Meta 为高潮的"元宇宙"，在 2021 年引起了全世界的瞩目。在同一年搅动了全球互联网世界的还有以"用户拥有价值"为理念的下一代互联网 web 3.0，它包含了确权、分布式、去中心、crypto（加密）、NFT（非同质化通证）等元素。

在元宇宙和 web 3.0 有些偃旗息鼓的 2022 年底，OpenAI 推出的聊天机器人 ChatGPT 将生成式人工智能推到了世人面前。人们惊讶地发现，不是只有人类才能进行内容生成，AI 不是只能做智能推荐，AI 也能创作相当优质的内容。腾讯董事会主席兼首席执行官马化腾说："我们最开始以为这是互联网十年不遇的机会，但是越想越觉得这是几百年不遇的、类似发明电的工业革命一样的机遇。"[1]

你以为产业浪潮 10 年一大变已经很快了，但变化的周期竟然缩减为了 5 年，又缩减为 3 年甚至 1 年。这还仅仅是指产业界巨擘和创业者纷纷下场投资，唯恐落后于人的全球级浪潮。那些投入力度相对小一些，参与者相对少一点，影响力没有广泛出圈的行业级风口更是令人眼花缭乱。

重大变量层出不穷

技术迭代导致的行业发展周期缩短，只是过去这几年中国企业家面对的高度不确定性的来源之一，外部环境的骤变也远远超出了企业家的控制范围。

没人想到中美关系会走到现在这一步，几年时间内，美国从对华加征关税发展到对高科技领域进行出口管控、投资管控。大家想不到俄乌冲突会如此剧烈且至今仍未结束。大家也想不到国内的经济监管政策直到 2023 年才进入了常态化阶段。新冠肺炎疫情对行业、经济的影响大家应该记忆犹新，在此不做赘述。

总之，世界的面目越来越模糊，波动性越来越大，能影响到企业的"黑天鹅"层出不穷，以至于一些学者认为 VUCA 已经不能精准形容大家的感受了。有学者在 2016 年提出了一个新名词来概括时代的特征，叫 BANI，即脆弱性（brittle）、焦虑感（anxious）、非线性（nonlinear）和不可知（incomprehensible）。

脆弱性，就是稳定运作的政治、经济、金融、卫生等系统变得很脆弱。焦虑感，指大家感觉不确定，更加不可控，更加焦虑不安。非线性，指很多挑战慢慢到了一个临界点，突然引爆出很多"黑天鹅"。不可知，指太多的因素、太多的力量交集，变得难以理喻。

VUCA		BANI	
描述外在世界的不确定性	←转变→	描述内心世界的具体感受	
Volatile	不稳定	**B**rittle	脆弱性
Uncertain	不确定	**A**nxious	焦虑感
Complex	复杂	**N**onlinear	非线性
Ambiguous	模糊	**I**ncomprehensible	不可知

不确定和焦虑的时代

数实融合三大洞察

不确定世界的确定性，科技进步不会停滞

身处变量层出不穷、变化周期越来越短的世界，对不确定、不稳定、非线性、模棱两可、复杂的现状感到焦虑、难以理解、脆弱，实属正常。

但是企业家该如何应对呢？也许可以试图去预测一两年的未来。但这几年下来，相信很多人对此已经有切身体会：太难了，无法预测。

我认为最好的方法，就是用长期的确定性来倒推短期的不确定性。假如你看准未来三五年的长期趋势（如科技自立自强、人口老龄化、碳中和、乡村振兴等），再去倒推公司经营的话，方向不会走偏太多。

长期趋势中一个很重要的、对绝大部分企业家而言必须面对的趋势就是科技进步不会停滞。无论你印象中的现代世界多么变幻莫测，事实上科技进步一直在发生，一直在推动人类迈向更好的生活。

在漫长历史中的很长一段时间，人类毕生从事的是体力劳动和操持家务，夜幕降临时只能点燃蜡烛，半夜睡醒得去户外如厕。随着能源、交通、通信、冶金、化工、建筑、材料、生物等领域都出现了重大创新并且相互促进，人类的生产和生活发生了全面性的变化。人类有了电、煤气、电话、自来水、下水道、高楼大厦、汽车、飞机，生活便利程度大增，同时还有了大量提供新奇娱乐方式

的设备，比如留声机、收音机和电影放映机。

以半导体和软件为核心底座的数字技术，向各行各业不断赋能，影响力在70多年间越来越深，覆盖范围越来越广。前文提及的近30年互联网行业的诸多全球性浪潮，也是其中的注脚，每一股浪潮背后的核心推动力也都来自技术的进步。

网景浏览器的背后有JavaScript编程语言，诸如社交网络、博客、维基百科这样的产品形态仰赖于XML、AJAX、RSS、Wiki、P2P、IM等技术的成熟。云业务依靠分布式计算、载荷、存储、虚拟化等技术。元宇宙仰赖于显示、追踪、交互等技术的进步，web 3.0重度依赖区块链的成熟。ChatGPT则体现了大型语言模型与强化学习等技术的出色结合。

各类半导体芯片、电脑、互联网、算法、软件等技术产品在全球范围内的普及，往往可以刷新用户和客户的体验，重塑生活与生产方式。如今人类的社交、被尊重、自我实现等精神层面的需求得到了极大满足，人类展示自我个性的深度和广度亘古未见。

这一波波的技术突破和产业升级，对企业家、企业而言意味着洗牌。能跟上趋势的大量新生优秀企业有机会成长为新时代的巨头，比如20世纪八九十年代的微软、英特尔，PC（个人计算机）互联网时代的谷歌、亚马逊、Meta、腾讯和阿里巴巴，移动互联网时代的美团、滴滴、优步、字节跳动，最近这几年的特斯拉、OpenAI等。

那些跟不上趋势的企业只能成为时代更迭的背景板。

多技术爆发、融合，数字科技趋近成熟

从科技层面来讲，数实融合的诸多技术已经成熟了。它们已经走过了论文、实验室等阶段，逼近了产品化、商业化的临界点。

比如数字科技领域里可信协议的初步落地。自2009年中本聪上线比特币后，以商用密码算法为核心，结合了分布式网络通信及存储的综合应用技术区块链登上了历史舞台。随后，智能合约[1]、可流通的加密数字权益证明（token）[2]等技术产品的出现，让开发者可以便捷地在区块链平台上开发出各行各业的区块链应用，并确保数据权益的归属和可交易。区块链不可篡改、去中心化的特性又被推广至游戏、内容出版、供应链溯源、司法、金融等各行各业，催生了2021年的web 3.0浪潮。

比如实体产业半导体制造里的技术迭代。为了追求更高的性能与更小的功耗，CPU（中央处理器）、GPU的制程工艺越来越小，当逼近当前技术的极限时，人类总能让新一代技术实现落地量产。当应用了几十年的MOSFET（金属-氧化物-半导体场效应晶体管）逼近自己20nm（纳米）的物理极限时，它已经控制不好电流，漏电率的升高令业界无法容忍。这时，1998年发明的FinFET（鳍

---

[1] 智能合约是一段代码，一些人为指定的规则运行在区块链中，参与者必须遵守规则才能正常使用。2015年上线的以太坊以其智能合约技术大大降低了开发区块链应用的难度，因而大获成功，被认为开启了区块链2.0时代。

[2] token又译为"通证"，代表区块链上可验证和可拥有的数字价值，可与智能合约交互，可以简单分为两种：加密货币这样的同质化通证，以及每个都独一无二的非同质化通证。

式场效应晶体管）派上了用场，英特尔在 2011 年推出了商业化的 FinFET 工艺技术，其他代工大厂也迅速跟进。当 FinFET 逼近自己 7nm 的物理极限时，1990 年提出概念的 GAAFET（全栅极场效应晶体管）将带领晶体管进入 5nm 及以下的领域，并且已经被三星在 2022 年实现了 3nm 的量产。

科技突破其实很少体现为单一技术的突破，而是多个关键技术如算力、算法、协议、交互等技术在相近的时间点同时爆发，这样才能对产业升级形成足够大的撬动力。

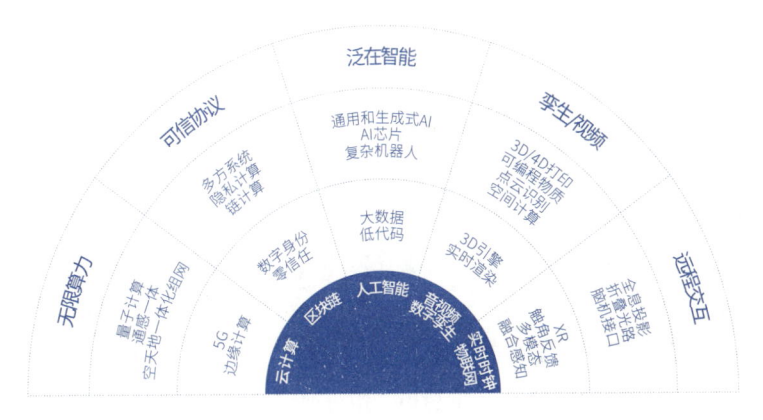

数实融合技术不断突破

政策支持的方向：数实融合

科技成熟了，如何在不同产业应用，带来新的变化？换言之，你要如何选择技术应用的方向？这就涉及关于未来的另外一个确定性——中国企业家除了锚定科技进步的趋势，还要看政府规划的指引。

企业家在政府支持的主要方向寻找创新突破、解决痛点，是更高效的顺势而为。如今政府给出的指引十分明确，即推动数字科技与实体经济深度融合，让各类资源要素互联互通、快速流动，打通堵点卡点，降低交易成本，提升产业链供应链的韧性和安全水平。

重点是要用 AI、算力、机器人、数字孪生等数字科技来为实体经济的持续健康发展提供源源不绝的内生动力。"动力"，并不仅仅是指完成数字化转型。

在这里，我得界定一下"数字化转型"与"数实融合"这两个容易混淆的概念。我在《数智革新》一书中将"数字化转型"的本质表达为尽可能地挖掘和释放数据的价值。在对众多标杆企业的长期观察中，我发现数字化转型在产业、企业中的落地更多体现为通过成熟数字技术把业务"在线化、数字化、智能化"，以打通数据孤岛和挖掘数据价值，帮助企业在内部实现降本增效，它更偏向现有科技的应用。

"数实融合"更多偏向未来科技与实体经济的深度融合和模式创新，在不确定性更强的世界里，用更加前沿的数字科技给用户和客户带来完全不同的使用体验，给企业带来商业模式的创新，乃至于重塑整个产业链的形态。

中国政府也不希望数字经济起到的作用仅仅是降本增效。工信部将大力推动数字经济和实体经济深度融合的目的之一，明确为"推动制造业产业模式和企业形态根本性转变，以'鼎新'带动'革故'，以增量带动存量，促进我国产业迈向全球价值链中高端"[2]。

杨五环 2.0

那么，企业家该如何推动企业用前沿的数实科技重塑用户体验和产业格局？我在一年多的时间里了解了几十家前沿科技色彩浓厚且得到了市场正反馈的候选标杆企业，并在青腾《一问》节目中深度访谈了其中五家在数实融合领域出类拔萃的企业，分别是群核科技（酷家乐）[①]、天合光能、蔚来、极飞科技、XREAL。

这些案例企业通过新兴科技带来的创新正在重塑产业面貌，并找到了自身的独特定位。它们都处于政府支持的方向，在行业内也名列前茅。我希望了解它们对未来的洞察，它们看到机会以后如何做战略布局，以及要实现自己的目标需要哪些配套措施。

将企业最高领导者以及高管、同业、专家的回答进行抽象和提炼，科技、产业、战略、组织、领导力仍然是高频词汇，数字技术仍然扮演着极其重要的角色，"数智革新杨五环"仍然适用，但其部分表述和内涵有所迭代。

此前的"数智革新杨五环"包括战略驱动、业务重构、科技赋能、组织升级、变革领导力五大环节。它的内涵大体如下，企业家重新梳理公司的发展战略，重构产品研发、供应链管理、营

---

① 2013年11月，群核科技推出了在线室内设计平台"酷家乐"，随着业务的拓展，群核科技于2020年11月宣布以"群核科技"作为整体品牌名，"酷家乐"为整体品牌中的一个子集。在后文的案例叙述中，为了在准确表达和叙述渐变之间取得平衡，在品牌名变更前，有时不明确区分公司名和产品名，直接使用"酷家乐"。

销与用户增长、服务与交互等企业内部的价值链条,弄清楚哪些现有科技能力适合赋能业务。数字化转型是否成功,有赖于组织和团队能力的建设,有赖于企业最高领导者具备更强的战略洞察能力、勇气决心和资源投入的魄力。这五环层层递进又首尾相连,一般而言,战略驱动在前,企业家的变革领导力则贯穿始终。

面对前沿数实科技的跳跃性发展,如今企业思考不应只局限于"业务重构",也要关注"产业重构"。换句话说,前沿数实科技的影响层面更广、更深,不单是帮助企业内部降本增效或者提升用户体验,而是从更宏观的产业重构开始。比如自动驾驶会重塑人与车、车与车、车与路的相互关系,进而重构整个出行产业的产品、服务和基建。新的人机互动终端如 XR 设备,也很可能像十多年前的移动互联网浪潮一样,重新定义很多生活和工作方式。智慧农业也将改变未来农耕的产业生态,改变从业者的工作和生活方式。

在全新的产业链和生态演变下,企业思考的重点是如何提早进行"战略布局",重点是投资未来,而不只是借助数智科技,更快、更好、更便宜地落实现有战略。

面向更多不确定的未来,"变革领导力"仍是贯穿始终的角色,洞察、信念和坚韧尤其重要。进行"组织升级"才能实现新的战略布局,组织需要更多的探索性团队、更多的容错性文化和更多的创新型人才。

五个维度一般而言逻辑起点亦有改变,从以"战略驱动"开始转变为以"数实科技"开始,旨在强调是技术驱动带来新物种。

鉴于这些变与不变，我将此次的理论框架称为"杨五环2.0"，因为关注的科技更前沿，对产业和企业的影响更具颠覆性。每一代全新科技的出现，都能造就一批新的企业，同时淘汰一批本来很成功的老企业。新的科技带来新的游戏规则，本来成功的老企业不管如何降本增效或者改善用户体验，都无法抵御产业重塑带来的冲击。

令我印象最深刻的一个例子是我曾经担任独立董事的一家德国企业。它在机床设备制造领域是全球隐形冠军级别的企业，专门提供制造汽车零部件所需的机床。大概10年前，董事会开始关注智能电动车如何重塑传统机械汽车产业，这一趋势对汽车零部件的需求改变尤其大，电子零部件、传感器、软件将变得更加重要，机械部件的需求将会下降。虽然管理层知道智能电动车来临乃是大势所趋，但一直强调不能确定转折点的来临，不能确定汽车制造业什么时候才会真正切换技术路线和规模化生产智能电动车。基于惯性思考和设备、技术、技能等既有投入，管理层的心态是抗拒拥抱新科技，一直觉得这个转折点不会这么快来临。结果2019年之后，智能电动车持续成为市场热点，纵使这家企业内部非常努力地降本增效，也顶不住产业重构的影响，当年营收便下滑80%。如今这家企业因为贷款原因已被银行正式接管。

在展开描述"杨五环2.0"前我仍需强调一点，这是从优秀案例企业提炼出的通用性框架，意在让大家探索未来时知道大方向在何处，但企业必须结合自身的产业特点、公司状态和具体情况做决策。

第一章 一定会发生的确定性

```
                    数实科技
                   数字孪生
                     XR
                     AI
                     算力
                    机器人


   组织升级          变革领导力          产业重构
    员工能力           洞察              孪生设计
    员工思维           信念             智能生产
    员工治理           坚韧              沉浸体验


                    战略布局
                   技术赋能
                   应用场景
                   创新物种
                   用户热情
                   生态配套
```

杨五环 2.0

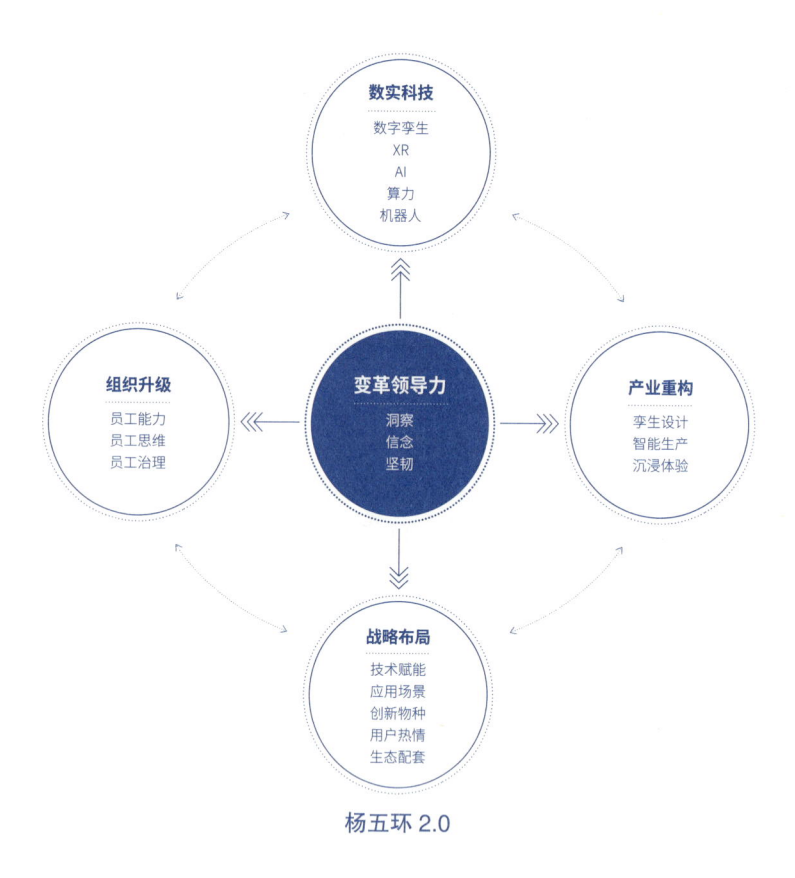

数实科技

数字科技纷繁复杂，但万变不离其宗，可以从算法、算力、数据三个角度去理解。数据是数字科技的基础，是重要的生产要素，一般通过不同类型的传感器采集。随着数据量、数据维度的暴增，算法作为难以被直观理解的部分承担着"大脑"的角色。数字科技，尤其是人工智能领域的每一次里程碑事件都伴随着算法层面的突破与创新，2016年AlphaGo战胜世界围棋冠军、2022年ChatGPT的震撼出现，都是重要里程碑。算力则是数字经济的核心生产力，是如同电力一样重要的国家级基础设施。

数据的技术门槛已经相当有限，大量的传感器渗入了人类生活的许多角落，且覆盖密度还在飞速提升。算力的技术门槛，已经由GPGPU（通用图形处理器）基本解决，还有各类专用AI芯片[①]不断推动着算力的迭代；如果从AGI（通用人工智能）[②]的角度来看，当前算法仍有众多不足，但它们的迭代速度快得惊人，从10年前作为提效工具已发展到目前具备一定的创造能力。

正是在算法、算力、数据这样的底座技术渐次成熟的基础上，前文提及的数字孪生、XR、区块链、机器人等技术才迎来了突破和爆发。

其他实体产业的技术近年来也显露出了爆发的态势。不管是生命科学、材料科学，还是清洁能源等领域都出现了突破性发展，它们往往在产品定义、用户体验等方面与数字技术有着大量融合应用的空间。

---

① 广义来看，可运行人工智能算法的芯片都算AI芯片，比如GPU。但狭义的AI芯片一般指针对专门应用场景进行半定制或全定制的芯片，比如微软的Maia芯片、亚马逊的Trainium芯片和Inferentia芯片等。
② AGI没有统一的定义，一般包括自动推理、知识表示、自动规划、学习、使用自然语言进行沟通，以及整合以上这些手段来达到同一个目标等内涵。可以简单理解为机器智能达到一般人类的智慧水平，即为AGI。AGI是人工智能的迭代目标，但到目前为止仍是科幻小说中的概念，人类离此境界还十分遥远。

产业重构

数实融合的科技会带来产业的重构，即产业链的原材料生产加工、技术研发设计、中间品制造、成品装配流通、终端消费、客户服务、回收循环等多个环节都有可能发生改变，或者已经被改变。

比如设计环节。跨职能团队通过现实世界的资源与数据实时交互的数字孪生技术，以交互式、沉浸式的可视化方式协作设计。如此一来，客户在施工前便可体验无缝多用户协作和数据分析。这一点将在项目的整个生命周期中发挥巨大价值，因为在设备生产、使用和维护过程中产生的 80%~90% 的成本都是在设计阶段确定的。

比如生产环节。在物联网、人工智能等数实科技加持下的制造业里，智能生产带来的柔性效果已经不算稀罕。消费电子行业的整机生产线可以像搭乐高积木一样灵活切换，有工厂接受的超 80% 的订单都是单笔小于 5 台的极限定制。[3] 化工行业顶尖工厂的安全系数前所未见，其电子鼻气味智能监测系统可以对 6 万多个密封点进行动态识别、监测和预警，出现泄漏时可以精确定位泄漏点，判断出泄漏的物质和其成分。[4]

比如用户体验。只向用户提供产品和服务就可以获得回报的时代已经结束了，用户现在要求全生命周期内的良好体验和个性化服务，回报则是忠诚度、口碑营销和客单价的提升。随着数实科技的落地，各行各业纷纷以 DTC（直接面向消费者）模式进入了加强与消费者连接、重视用户需求、挖掘用户价值的体验时代。

诸多环节的类似改变将革新整个产业链的面貌。比如，光伏行业正处于数字科技给现有产业链降本增效的能源数字化阶段，随着数实融合的深入，将进入数字化能源阶段，能源的发、储、配、用均会被改变。以分布式光伏为基础的虚拟电厂将聚合起生产商、消费者和存储单元，通过人工智能加持的系统监测、预测，优化发电和调度，并支持参与者的电力交易。

为什么有的产业是设计环节先被重塑，有的产业是营销环节被重构的幅度更大？根据我的观察，具有低效、技术成熟度高、颠覆性强等特征的产业环节，更容易被企业家们挑中作为突破口。细究下来，它们是一个产业链中当前投入产出比更高的地方。

战略布局

对产业重构面貌有了展望后，企业该如何制定自己的战略？对于在存量市场使用成熟模式的企业，战略重点是驱动，让技术驱动自己降本增效。对于洞察三五年后的科技演进，追求创新模式带来增量市场的企业，战略重点应该是投资未来，即布局。两者对应的商业逻辑并不相同。

专注于成熟技术和模式的企业，思考战略的起点是了解和发掘现在用户的痛点、痒点，然后设想有什么创新的产品和服务能够解决这些痛点、痒点，考虑商业上该如何变现，再选择技术能力予以实现。这是用户驱动的创新，发生在技术相对成熟的时期。

在某种程度上，这时用户能清晰表达自己的需求。比如智能手机这个产品成熟后，用户的需求清晰可见：更快的处理速度、更清晰的屏幕、更少的打扰、更多的隐私保护等等。

追求技术创新的企业，思考战略的起点是哪些技术已经走出实验室趋于成熟，可能应用到自己所处的产业中，再考虑开发出的产品在哪些方面必须达到及格的可靠性才能投向市场，然后再想产品切入的刚需场景在哪里，如何去挖掘和定义。用户热情至关重要，前面的准备动作能否带来一批堪称粉丝的热情用户？只有粉丝才有能力和意愿去感染更多人，所有创新的科技必须由一群愿意尝试新事物的早期拥护者推动。

总而言之，追求创新模式的企业得从前沿技术出发来思考有哪些场景适用，而不是从用户需求出发来思考产品改进。因为这时用户说不清楚他的真正需求。他只是希望有更好的体验，但他并不清楚这个体验对应的产品形态是什么。一个经典的描述是，人们想要一辆更快、更舒适的马车，但马车其实满足不了这个需求，汽车才可以做到。前沿技术会引领、定义用户的需求，并给出全新的解决方案。

这两个不同的商业逻辑并不冲突，本质上它们是企业在不同的技术发展阶段采取的不同方式。当企业从初创期步入成熟期，创新科技也变成成熟科技，你会感觉技术已经不是核心问题，市场需求才是关键，于是你构思战略的思维模式又从技术引领改为需求驱动。

值得一提的是，创新科技要迎来爆发走向成熟，尤其得注意行业生态的配套。当年 iPhone 手机能够改变行业走向，触摸屏技术、代工厂的制造能力、3G/4G 的普及、开发者群体的活跃等都是必不可少的关键因素，最终智能手机的普及还是有赖于千元手机的出现。现在很多前沿技术催生的行业初兴，其配套的基础设施大多并不健全，这时或者自己去建设和培育，或者耐心等待。

例如极飞科技要实现设想中的智慧农业，需要具备有脑力的新型农民、更便宜的设备、人工智能更贴合农作物的种植经验等条件。有些条件在极飞科技的掌控之内，它可以更改设计、提高采购规模以降低设备价格，可以改进自己的算法以提高智能程度，但新

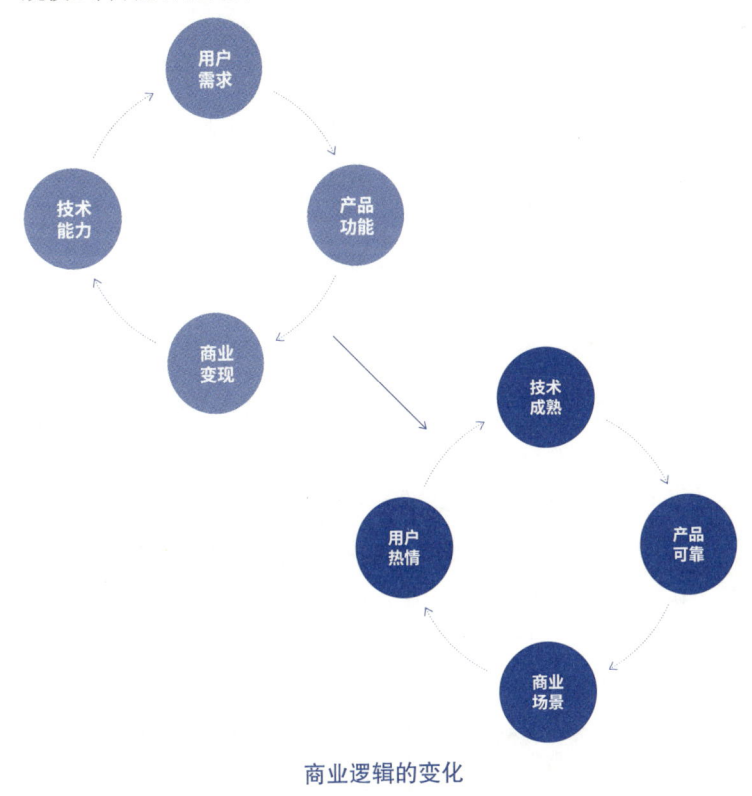

商业逻辑的变化

型农民何时出现、出现多少就不在极飞科技的控制范围内，它就得等待和借势。

生态配套为什么如此重要？是因为在很多科技引领的行业里，

并不是技术最领先的公司或者产品能笑到最后，而是要看整个生态系统的支持情况。

组织升级

当企业的最高领导者基于科技的洞察，给企业描绘完产业变革的蓝图和公司的战略路径后，组织能力的建设便成了影响企业能否取得成功的至关重要的因素。我将用"组织能力杨三角"的框架来为大家剖析前沿技术驱动的公司该如何培育自己的组织能力。

员工能力

由于要推出的是全新的产品，得具备超出用户/客户预期的功能，所以企业要将技术研发能力提到至关重要的位置，创始人往往是技术出身，企业也得准备好在研发上大力投入。

在公司还不大时，要招募到核心人才是一件很有挑战性的事情。在初创期可能需要创始人投入不低于招募联合创始人的精力和诚意，即便如此，核心技术人才也未必愿意来。待公司有所成长后，招募人才仍然需要讲故事的能力，但造势借势会更有效率。比如，建设国家级实验机构曾对天合光能吸引人才起到了至关重要的作用。

值得注意的是，在数实融合浪潮的覆盖面越来越广、影响越来越深的情况下，新产品会融合越来越多的技术，这导致一专多能的T字型人才尤为珍贵。他们可以运用自己的横向技术能力和垂直行业知识，有力地推动产品研发、内部沟通等工作。

员工思维

为了实现战略，打造所期望的组织能力，CEO必须想清楚公司需要具备哪些共同的思维模式。比如，该如何鼓励员工去做创新，企业文化应该如何致力于建设一个包容失败的环境，如何提高公司内部的透明度，等等。

技术出身的创业者并不擅长组织能力的建设，一般在创业初期会凭借职业习惯和期望界定这些重要问题，并在相当长时期内不会提升其优先级。但随着公司员工数的增加、产品的推出、商业模式的确立，应及早寻找专业人士帮助自己强化组织能力。

关于企业文化，最常见的问题就是无法落地，变成了挂在墙上和员工手册里的口号。个中原因往往是管理层自己无法以身作则，员工若看见这些原则只是用来束缚自己的工具，轻则无动于衷，重则向反方向做动作，无论如何都会影响公司的口碑和产品竞争力。所以谈到企业文化时，领导者只需要关注一点——自己能不能做出表率。

员工治理

员工少的时候，组织架构比较容易设计，其重要性也相对较低。随着人员的增加，合理设计组织架构，让员工有序分工合作就显得尤为重要。待企业的规模大到一定程度后，往往拥有臃肿的组织架构，衍生出的官僚气息会严重损害企业的活力和敏捷性。这时企业一般会采取扁平化的调整举措。

随着外部环境波动的加快、不确定性的提高，众多企业都在努力以客户为导向，让自身能够更加敏捷，向员工高效地提供管理资源和制度支持。我推荐建立市场化生态组织，它是企业组织架构演进的方向，"共享平台＋敏捷业务团队"的模式兼顾了业务侧的自主性和职能侧的规模效应，二者协同会让组织发挥更大的功效。

变革领导力

面对不确定性、波动性大增的世界，CEO 应该具有更强的探索精神，我认为其对应的领导力特征是洞察、信念、坚韧。

当前，CEO 的一个很重要的任务就是对科技的洞察。除了底座性质的数字技术，各行业都有专门的技术，它们都有可能带来产业重构的机遇。CEO 得先去判断，这些领域里有哪些新的科技突破，技术处于论文、实验室、商业化、量产等哪个阶段，掣肘点是什么，未来走势是什么。

如今，CEO 必须看到更广阔世界的趋势，包括但不限于科技、行业、用户需求等，如此才能有机结合科技与产业，确定好企业面对未来的战略布局。CEO 在企业发展的每个阶段都应该努力保持深刻的敏感性和洞察力。因为企业的使命、愿景、价值观可能不会经常改变，但年度的战略、战术、前沿技术等都具有动态性。

当技术成为企业的底色之后，阶段性的发展重点到底该如何确立？初创期肯定要求生存，但经营现金流转正甚至开始盈利后，是否应该加大对研发的投入，它占营收的比例为多少才合适？这一点的确定或许最有难度，也最重要。

比如在周期性强的行业里，企业发展上轨道后的重点其实是别冒进，在做好风险管理的前提下投资。而在非周期性行业里，CEO

则要为企业的长线发展做前期布局，这时得准确地在现金流、长期主义中做取舍。

"信念"总有些自证预言的味道，但面对未知的世界，你在找不到更多数据、事实时，是需要一些信念去支撑的。正如亚马逊的创始人贝佐斯在1994年这样的互联网蛮荒时代，便深信互联网必定会改变未来。

需要注意的是，要区分好"信念"和"盲目"，比如前者可能一时找不到什么数据支持，但总该是逻辑自洽的、冷静的，后者则情绪多于逻辑。

比如对技术的信念，不能变成为了技术而技术。无论是在初创期还是在成熟期，无论是在新增市场还是在存量市场，无论从事的是基础研究还是成果应用，企业在科技上的投入都应该着眼于引领和满足用户的需求。

企业应该投入基础研究，这有利于自身竞争力的积累，也是国家提倡的方向。但企业不是大学，在投入基础研究的前提下应更加注意技术的产品化。研发部门不能成为企业竞争中的世外桃源，其工作可以较为超脱和前沿，但应该与业务部门有着较强的关联性。

技术驱动的创新企业在产品技术、商业模式等方面的探索涉及众多无人区，在当前不确定性大增的世界里，突然遭遇重大不可抗力实属必然。影响生死的重大挫折是对CEO领导力的最佳考验，CEO是否敢于坚持自己的理念至关重要。

但这股韧性应该是来自科学理性的判断而非固执的情绪。任何时候都别以"拍脑袋"的方式来做决策。如果曾经成功过，也只能证明那一次"拍脑袋"其实融合了多年的创业、行业经验，是一次事实上的人工大数据的结果，或者就是单纯的运气好。

另外，"坚韧"一方面体现在困境中，另一方面其实也体现在顺境中，只是后者体现得相对微妙，比如多体现为对抗骄傲自满、名利心驱使的扩张冲动。顺境中的"坚韧"容易被人忽略。

本书基本结构

数实融合的"杨五环 2.0"，很大程度上仍是基于我在腾讯青腾以《一问》节目与前沿公司和青腾校友企业的共创学习。

这次为数实融合主题筛选案例企业，首先根据对人类生活的重要程度筛选出未来能源、未来终端、未来出行、未来家居、未来农业这五条赛道，再从中挑选具有代表性的头部公司。

这些案例企业确实在通过数字科技驱动的创新重塑产业面貌。诚然，重塑的程度根据产业创新进程的不同而有高有低，但它们确实已经做了动作并得到市场的正反馈。比如案例中规模相对较小的 XREAL，其产品 XREAL Air 发布一年在全球累计出货量已超过 20 万台，创下消费级 AR 领域前所未见的销售纪录。AR 眼镜会成为下一代智能终端，我们会迎来键盘、鼠标、触摸屏之后的下一代交互方式，可能并非虚言。

当然，我无法保证这本书的案例企业能够持续成功下去。前沿探索和创新一旦成功，收益巨大，但失败的概率也高得惊人。无论最终结果是成功还是失败，努力前行的探索者的经验都值得参考。

为了方便大家理解"杨五环 2.0"框架与案例企业的关联，这次我将五个引人深思的案例企业拆分成了子案例与每一环配对。一环即一章，每章辅以对应的导言，便于大家阅读。

《数实科技》一章，对应的案例企业是群核科技和 XREAL。前者以 GPU 带来的算力为基础，为设计师和业主提供了颠覆性的产品体验，并在家居家装行业的设计环节实现了"所想即所见"，在制造环节正实现"所见即所得"。后者以自研、多传感器融合的 SLAM（即时定位与地图构建）算法，自研的光学模组和 97% 生产良率的制造工艺，在消费级 AR 领域实现了销量突破。

《产业重构》一章，对应的案例企业是极飞科技。极飞科技拥有具备自主飞行和精准喷洒、智能播撒、巡田测绘等能力的农业无人机，已经在相当程度上改变了农业植物保护（简称"植保"）环节的现状。随着农机自驾仪、智慧农业管理系统、农业物联网等产品的渐次落地，机器人、人工智能、新能源技术正在从根本上重构包括耕、种、管、收等环节在内的农事链条，让农业进入自动化、精准化、智能化时代。农业从劳动密集型向知识导向型的转变，会为乡村地区提供更多的就业机会。

《战略布局》一章，对应的案例企业是群核科技和极飞科技。群核科技一早依据手中的先进技术确定了大概的发展方向，然后反复寻找具体应用场景，得偿所愿后再不断进行投资布局，扩大其市场外延。群核科技的战略变迁路径颇具代表性。极飞科技则是误打误撞进入了此前从未设想过的农业领域，并在植保环节初战告捷后更改了使命愿景，决心扎根于农业领域。极飞科技推出了更丰富的产品线，开始为农业生产者提供智慧农业的整体解决方案。

《组织升级》一章，对应的案例企业是天合光能与蔚来。天合光能作为一个传统的制造业企业，在产品登顶全球后从组织变革入手，试图把自己打造成一个开放的创业平台，并成功培育出了分布式光伏这样的新兴业务。蔚来则依据其用户企业的理念，对组织进行超扁平化，并从用户全生命周期的体验出发，在组织变革中加入时间维度，探索建立四维组织等，引领了汽车行业重视用户的潮流。

《变革领导力》一章，对应的案例企业是蔚来与天合光能。蔚来作为布局广、产品和商业模式相对独特的公司，在发展过程中屡遭质疑，2019年更是命悬一线，但创始人李斌从未对公司的根本理念产生过怀疑，蔚来最终也得到了用户的拯救。天合光能的创始人高纪凡作为对光伏有信仰的最早一批从业者之一，以节制力、强化风控和撮合行业集体发声等举措，成功穿越了这个周期性行业里的多次强震。

第二章

数实科技

数实科技纷繁复杂，但万变不离其宗，过往可以从硬件和软件的划分去理解，当今时代，从算法、算力、数据三个角度去划分和理解数字技术产品更合乎未来趋势。这章将深入介绍群核科技和XREAL如何掌握不同前沿科技，布局和创新家装行业和人机互动终端。

数据是重要的生产要素，算法承担着"大脑"的角色，算力则是基础设施。在算法、算力、数据这样的底座技术渐次成熟的基础上，数字孪生、XR、机器人等应用技术与底座技术之间又衍生出了新的结合逻辑。

人工智能的基础技术"神经网络"的第一个迭代产品感知器在60多年前就已经被发明了出来，但在20世纪80年代算法取得突破、21世纪初开始有了互联网和物联网上的海量数据后，这个发明才得以普及。人工智能呈现加速度发展的趋势并向各行各业渗透，更是有赖于GPU变成GPGPU，摆脱了算力的掣肘。

区块链则建构了新一代互联网世界的架构和规则，理论上适用于所有软件组成的虚拟世界；数字孪生中需要用到 XR 提供沉浸体验，数字孪生亦与智能机器人在捕捉物理数据、创建数字孪生副本、提高自动化水平等方面有广阔的融合空间。

类似组合不胜枚举，接下来我展开阐释一些受关注度更高的、技术日趋成熟的数实科技子类。

算力

算力的供应基本不存在技术门槛。过去十几年，云计算技术以分布式和虚拟化技术替代了大型机，以资源池化技术突破了规模和稳定性的瓶颈。云计算已成现实，即便一时面临瓶颈也相对容易解决。

对低延迟、高算力的渴求，让调度越来越多遍布全球的超大规模云计算服务器阵列成了难题。云厂商从配置通用服务器变为配置 AI 服务器[1]，即可实现大幅扩充算力；从 CPU 上卸载关键网络、存储、安全任务，降低 CPU 运算压力，智能网卡变身为拥有独立计算单元的 DPU（数据处理器）则可解决调度问题。

群核科技的发展很大程度上仰赖于算力。正是依靠着 GPU 带来的算力，该公司才能带给家居业主、设计师颠覆性的产品体验，并且让这种颠覆感一步步从效果图延伸到了 VR 全景图、VR 视频……

智能电动汽车的智能驾驶功能本质上是在模仿人类驾驶时的感

---

[1] 通用服务器的核心是 CPU，一般为 4 颗 CPU+ 内存 + 硬盘；AI 服务器的核心是 GPU，一般为 2 颗 CPU+8 颗 GPU+ 存储单元。

知、规划和控制，其中的感知环节即用摄像头、雷达等传感器捕捉到丰富的信息，经过计算后输出成结果，再去做相应的规划和对汽车的控制。算力越高，汽车捕捉到的信息就越丰富，做出的决策就更加安全、合理。蔚来是智能电动车行业算力时代的急先锋，其NT 2.0 平台的车型会搭载四颗英伟达 Orin X 芯片，总算力达到了 1016 TOPS[①]，可以充分支撑高速、城市场景的辅助驾驶功能，并留下了相当的升级潜力。

人工智能

2012 年的 AlexNet 算法捧红了英伟达的 GPGPU，掀起了深度学习的科研热潮。2016 年 DeepMind 研发的 AI 算法 AlphaGo 战胜世界围棋冠军李世石，证明了深度神经网络可以赋予 AI 学习能力，在部分场景下解决问题的能力超越了人类。

天合光能针对光伏组件支架的可自我调节的跟踪算法便属此列。通过识别天气信息，算法可以利用散射辐照提高光伏组件在阴雨天的发电量。在不平坦地形环境下，算法通过独立控制单排跟踪支架的角度，减少前后排遮挡，增加发电量。配备了跟踪算法的光伏组件，相比只有普通支架的光伏组件，发电效率提升了 3.06%。[1]

人工智能的进步之快超过了预期。2017 年发表的《注意力是你所需要的全部》（Attention Is All You Need）论文、2020 年发表的《去噪扩散概率模型》（Denoising Diffusion Probabilistic Models）

---

① TOPS 是一个算力单位，即每秒万亿次运算，主要针对 GPU 而言。

论文、2021 年 OpenAI 发布的 CLIP 模型[①]、2022 年发表的《基于潜在扩散模型的高分辨率图像合成》(High-Resolution Image Synthesis with Latent Diffusion Models)论文，展示出了 AI 令人咋舌的文生文、文生图、文生视频能力，证明 AI 竟然在某种程度上拥有了类似人类的创造能力，科幻照进现实。

以 ChatGPT 为代表的终端产品在几个月内风靡全球，掀起生成式人工智能的热潮，在国内亦引发了强烈的震动。"百模大战"高潮过后，2023 年 9 月腾讯发布了自第一个 token 开始从零训练、全链路自研的腾讯混元大模型，并将之作为腾讯云 MaaS 服务的底座，客户可以通过 API（应用程序编程接口）直接调用，也可以将其作为基底模型。

在垂直领域的应用方面，国内亦有动作。2023 年 6 月群核科技发布面向家居设计场景的生成式人工智能应用"酷家乐 AI"。用户上传实景平面图，只需要选择设计风格并给出简单的指令，酷家乐 AI 可快速生成多个不同风格的 3D 装修效果图，而不仅仅是一张更漂亮的平面图。换言之，它不是仅仅能图生图，而是能将 2D 实景图生成 3D 效果图。

数字孪生

数字孪生是对物理实体的数字化表达，力求实现对物理对象的映射呈现、分析优化、诊断预测以及闭环控制。随着近年来 3D 模

---

① CLIP 模型是用于匹配图像和文本的预训练神经网络模型，直接使用大量的互联网数据进行预训练，能够同时理解自然语言描述和图像内容，并在二者之间建立联系。

型轻量化处理、实时渲染和云渲染、基于多源传感器数据的前融合或后融合算法、5G 云化核心网等技术的进步，数字孪生在描述对象物理形状的准确度、虚拟空间的拟合、对外呈现的速度上均有大幅的进步，在交通、制造等行业已经有了广泛的应用。

XR

2015 年前后的第一波 XR 浪潮中，由于画面显示模糊、画质低、视野狭窄、卡顿严重、过于笨重、晕眩感严重、发热严重等不良使用体验，细分下来无论是 AR 还是 VR 领域都没有产品实现规模级销量，本质上还是因为技术不成熟。

近年来，随着阵列光波导、生产工艺、实时渲染、Micro-OLED（微型有机发光二极管）、6DoF[①]（六自由度）、Inside-Out（由内向外）定位[②]、眼球追踪、面部识别、手势识别、射线交互等细分技术的进步，XR 行业已经推出了不少使用体验至少达到及格分的产品。

XREAL 在 2019 年推出了第一代产品，这是当时世界上第一个眼镜形态的全功能 AR 设备，双目视觉，搭载了进行空间感知的传感器，具备 6DoF 追踪能力。这款分体式 AR 眼镜还可与手机的内容进行连接，XREAL 为此开发了兼容现有 2D 内容的空间交互

[①] DoF：自由度，degree of freedom 的缩写，表示物体在空间里运动的方式。六种运动方式包括前后、左右、上下的位移运动，以及前后翻转、左右摇摆、水平转动的旋转运动。

[②] Inside-Out 定位技术不需借助外部辅助设备，仅通过头戴式显示器（简称"头显"）自身的摄像头和传感器、SLAM 算法来追踪用户的动作，实现自主定位。

系统。在 HoloLens、Magic Leap One 等头显卖两三千美元的时候，这款产品做到了售价不高于 500 美元。遗憾的是，它的销量远远不如预期，也正是这一点让 XREAL 意识到，AR 技术的发展其实到了"开发者也许喜欢炫技，但是消费者只关心体验升级"的阶段，他们针对消费者的刚需场景做了功能取舍与技术开发，推出的第二代产品在一年内便实现了 20 万台的销量。

受限于预算，群核科技在 2015 年开发了针对单一场景有 3D 效果和沉浸感的 VR 全景图，业内人士看起来寒碜的 VR 产品对用户而言已大超预期。沿着提升可视化体验这个思路，该公司在 VR 产品方面又陆续推出了虚拟现实设计引擎 Kool VR、VR 渲染技术等，成为生产效率最高、用户互动性最好的 VR 内容生产平台。

机器人

过往投入产业应用的机器人多是工厂内的多关节机械手，得益于传感器、芯片工艺、遥感、通信、人工智能等技术的进步，机器人越来越智能。它们可以通过感知、定位、决策、规划等步骤，自主完成特定行动或任务。

比如，通过多传感器融合感知的方式来完成无人机和环境的交互，极飞科技的无人机可以做到在 GPS（全球定位系统）失效的情况下，基于双目相机的视觉感知和智能认知算法自主生成的飞行控制指令，完成悬停、绕行或继续执行航线测速等任务。

当然，机械本身亦有进步。比如极飞科技首创了倾转双旋翼结构的农业无人机，只需要调整倾转双旋翼的角度，便能更加灵活地完成加速、急停等一系列飞行动作，在复杂环境中可以更快做出反应来规避风险。

受限于篇幅,我们不再展开论述更多的数实科技子类。

本书所选的企业极飞科技、XREAL、群核科技在数实科技方面均有特色,但群核科技和 XREAL 在运用数实科技方面的特色更明显,其创始人对技术的理解更鲜活。他们从技术出发,自以为做对了产品,但市场反馈不佳让他们重新思考技术,最终找到了阶段性的正确答案。技术出身的创业者,对技术、产品的理解若要走上正轨,大抵会有这么一段探索技术与产品、产品与市场匹配度的旅程。所以我将这两家公司作为数实科技这一环的代表性案例。

未来家居

以"杨五环 2.0"中数实科技的分析架构来看,家居行业的未来很大程度上仰赖于不同类型的数字技术与实体产业的深度融合。

提高对算力的应用,可以摆脱这个行业在设计方面的掣肘。没经历过装修的人,可能很难理解为什么出一张效果图曾经需要那么长的时间。

XR 技术可以大幅提高业主对装修效果的可视化预期,让他能更直接地想象自己未来的生活。

数字孪生的落地可以实现家居行业的设计生产一体化,设计出来是什么,生产出来就是什么,即"所见即所得"。大家可以据此想象一下未来的制造流程会有多么流畅。

生成式人工智能的创造力,可以使 2D 实景图自动生成 3D 效果图，甚至可以帮助用户自动生成设计方案。

群核科技这个案例很好地体现了我在前文所言的数实科技的分类逻辑和融合趋势。依靠 GPGPU 带来的强大算力，积累数据，不断迭代算法，再与其他应用方向的技术相融合，企业也从提供相对单薄的工具向提供整体解决方案迈进。

算力 ×XR

算力爆炸的起点

2002 年 11 月，英伟达发布了第一款采用 130nm 制程的图形芯片 NV 3.0（GeForce FX 5800 ultra），其核心运行频率突破了 500MHz（兆赫）大关，有 100 多个 SIMD（单指令多数据流）内核。换句话说，GPU 的算力已经十分可观。英伟达首席科学家戴维·柯克（David Kirk）开始琢磨一个问题，如何能把 GPU 日益强悍的算力应用到更广阔的领域，而不仅仅是用于电脑游戏。

GPU 因 3D 游戏而生，电脑显示 3D 图形的原理是用无数个小三角形（最简单的多边形）堆砌成 3D 模型，这个过程需要对每一个顶点进行同样的坐标交换，按照同样的光照模型计算颜色值。而 CPU 与 GPU 不同，可以应用在一切场景中。

应用场景的不同，来源于定位的不同。CPU 是计算机的核心处理单元，主要用来解释计算机指令以及处理计算机软件中的数据。GPU 在计算机中的定位是协处理器，是一个专用硬件。

两者的结构也大不相同。CPU 可以简单分为控制单元、运算单元、存储单元等，控制单元从存储单元中获取可执行的代码，通过指令译码转化为可执行的指令，运算单元基于此对存储单元中的数据进行计算。CPU 以四核、八核居多，每个核都有足够大的缓存、足够多的数字和逻辑运算单元。

CPU 有的，GPU 基本上都有，但侧重点相差极大。GPU 的核数远超 CPU，但每个核的缓存小，数字逻辑运算单元也少，而且简单。GPU 就没花心思去做程序上的控制，还是依靠 CPU 控制程序。

前述不同导致 CPU 和 GPU 的计算能力、潜力相差甚远。CPU 擅长通用类型的串行运算，擅长逻辑控制和判断，每个核心都可以处理不同的复杂任务。GPU 擅长的是大规模的并行计算，每个核心都执行同一份指令，完成多个相同的、简单的小任务。一个常见的比喻是，CPU 就像大学教授，可以用微积分处理复杂的计算任务；GPU 就像小学生，对微积分毫无概念，只能做 100 以内的加减乘除。

从算力的角度来看，CPU 有多强大在于性能有多高，即教授的能力有多强。英特尔 CPU 广告中的 1.5GHZ、2.0GHZ、3GHZ 即指性能。而 GPU 的强大并不在于单个核心的性能，而是在于核心的数量，即有多少个小学生来做加减乘除。教授当然能做加减乘除，但是在海量的加减乘除任务面前，远不如海量小学生更具性价比。

戴维·柯克认为释放 GPU 算力的解决方案应该是通过合适的编程模型，让程序把并行计算放到 GPU 上运行。在英伟达 CEO 黄仁勋的支持下，戴维·柯克主持开发设计了名为 CUDA（计算统一设备体系结构）的指令技术，并且让 2007 年推出 Tesla 架构之后的每一颗英伟达 GPU 都支持 CUDA。

使用普及程度最高的编程语言 C 语言的 CUDA 大大强化了 GPU 的可编程性，编写出的程序可在 GPU 算力的支持下高性能运行。如此一来，GPU 变成了 GPGPU，电脑里不再只有 CPU 这一个通用算力来源。

每一台装了英伟达独立显卡的个人电脑，都变成了一台至少有上百核的大规模高性能计算机。2008 年，GPGPU 已经应用于超级计算机、解码编码加速、期货风险分析系统、医疗 CT 立体化提速、地理气象分析系统、生命科学等适合大运算量的科学领域。2010 年，吴恩达用了 16 000 个 CPU 才让 AI 程序识别出一只猫，但换成 GPU 的话，只需要 12 个。

2009 年 1 月戴维·柯克从英伟达离职，去了伊利诺伊大学厄巴纳-香槟分校（UIUC），和一直对 GPGPU 有独到见解的计算机系教授胡文美开设了一门 CUDA 开发及并行计算课程。

胡文美的一个硕士研究生黄晓煌，在听了这门课后觉得 GPGPU 一定有用武之地，便拉着 UIUC 的同学陈航做了很多尝试，内心有了创业的想法。黄晓煌从 UIUC 毕业后去了英伟达，工作内容便是参与 CUDA 语言开发。

2011 年春节时，黄晓煌和陈航开发出了渲染①技术的 demo（演示程序），还兴奋地参加各种创业比赛。日后，这个渲染技术发

---

① 在设计领域，渲染指的是把计算机生成的 2D 或 3D 模型变得更加逼真和生动，让它们看起来更像真实的物体或场景。这个过程包括为模型添加颜色、纹理、光影等效果。

展成了ExaCloud渲染引擎。它的原理是依靠每个GPU上都有的2000~3000个计算核心，通过算法并行计算来提高渲染效率。2011年底，黄晓煌与陈航回到杭州创立了杭州群核信息技术有限公司（简称"群核科技"），意即计算的趋势是向一群核心的方向发展。

几个月后，黄晓煌和陈航在UIUC的硕士同学、在亚马逊云计算组做软件工程师的朋友朱皓加入了他们，并将他们的渲染引擎改成了云上调用的版本。

极速云渲染

经过一年多的探索，他们确定了自家渲染技术的用武之地是家居家装行业，而不是游戏或者电影行业。2013年底，他们推出了针对消费者的在线云设计平台"酷家乐"网站，彻底颠覆了装修设计环节的用户体验。

此前消费者要先交费，还无法很快看到图纸。经过量房、出平面设计图、做3D效果图等流程——其中的建模、打光、渲染需要不同工种完成——最后耗时大约一周时间制作出一个全屋效果图。如果只渲染一张全屋家居原型图，一般也得5~6个小时。

酷家乐最快只需要10秒即可生成效果图，3分钟即可生成装修方案，1~3小时内设计师可完成全屋效果图的制作。[2]酷家乐作为云设计平台，不用下载，不用安装，用户打开链接就可以随意拖拽、设计特定空间的布局、布光等。

运用"杨五环2.0"中数实科技的分析框架来一探究竟，可以发现酷家乐和以前的设计工具是两个不同技术时代的产品。设计师常用的 3ds Max[①]本质上是建模软件，并不长于渲染，而且那个年代的 3ds Max 基本上依赖本地电脑里的 CPU 进行渲染——这也是传统的 3D 渲染方式。CPU 渲染的优点是光影效果更精确、真实，尤其是场景的光照和相机的观察角度，因此 CPU 渲染常常被用于制作影视、动画等的特效。

问题是 CPU 渲染会占用更多的内存，而且很依赖 CPU 的主频速度。一旦要处理大规模场景、大量多边形、复杂材质和纹理，计算任务便极其复杂，常常使得 CPU 占用率高达 100%。3ds Max 基于本地部署，专业设计公司甚至需要配备服务器硬件来支撑其运转。它的学习门槛也非常高，光 3D 打光就要学好多年。另外，购买正版授权的软件也需要一笔不小的费用。

而酷家乐是前沿数实科技支撑下的新一代产品，云计算、GPGPU 提供的强大算力融合了酷家乐的渲染引擎，造就了一个易上手的云设计平台。本地运行的软件功能复杂、安装包庞大，而云端软件相对简单，所有功能呈现在一个页面上，并且随时随地可用。黄晓煌说："向云端迁移，不能直接照搬 PC 端的界面体验，因为云端软件在性能等方面，肯定不如 PC 端软件那么流畅，但如果要把云端优势发挥出来的话，整个体验和架构要发生变化。"[3] 这个不一样的体验，便是上文提到的极致速度。

选择云端的产品形态还有一个现实原因，即大部分个人电脑上没有 GPU。而云设计平台背后的渲染引擎跑在 GPU 阵列上，价格

[①] 3ds Max 是设计研发类工业软件巨头 Autodesk（欧特克）的产品，具有强大的 3D 建模和渲染能力，用于创建具有专业品质的 3D 动画和设计可视化效果。

便宜[1]，单台计算能力10倍于顶配的CPU服务器。酷家乐的渲染也不是由本地的单台服务器完成，而是由云端的多台服务器快速并发完成。

酷家乐的工程师也用算法对模型、纹理等素材的读取原则、顺序进行了大量优化。但要发挥出云端速度优势还有一个前提，酷家乐只为免费用户提供中等画质的渲染效果，对付费用户才提供高品质的效果。

普通用户看不出类似是否使用了质量细腻的全局光照技术这种细节上的差异，当初创始人选择在视觉呈现相关行业探索发展方向，技术上的原因之一就是图片渲染容错率高。陈航说："渲染一张图，如果有一个像素坏了，其实关系不大。"[4]

酷家乐必须在渲染速度、用户接受度和成本高低[2]上求得平衡，毕竟2016年初酷家乐一天要渲染的效果图已经达到了几十万张。如果免费的渲染效果也十分精致，其成本之高会导致公司难以为继。

朱皓说，酷家乐整个公司的技术追求方向之一就是成本要够低，"只有成本足够低，无限低，低到最低，才能够让技术被广泛地应用。这是我们做这个东西的初衷。电影渲染早就能做比我们的渲染效果更漂亮的东西了，我们跟电影渲染的效果是不可比的，但

---

[1] 比如，2008年的顶配显卡英伟达GeForce 8800GT不过1000元出头，而入门级的四核CPU也要上千元。

[2] 2016年酷家乐计算过，如果免费渲染的品质达到付费用户的水准，需要3万台服务器。那时百度也只有十几万台服务器，黄晓煌说："这么搞肯定要破产。"酷家乐不可能为免费用户提供付费渲染的画质。

是它成本高。我们的成本低，就可以民用"。

从 2015 年左右开始，酷家乐就给相关技术团队下达了每半年降低大约 20% 成本的任务。他们尝试了很多路径，包括但不限于购买便宜的硬件、自己设计服务器硬件和机房。

正是因为渲染成本一直在降低，酷家乐才能把更耗资源的视频渲染当作追求目标。一个视频一秒钟有 25 帧图，15 秒的视频就有近 400 张图。由于量太大，原先的 GPU 阵列算一晚上也只能渲染几十个视频。

在离线光线追踪进化到实时光线追踪，其他软硬件技术及成本亦有迭代的前提下，酷家乐从几乎不具备视频渲染能力，迭代到渲染视频隔夜交付，到 2023 年 7 月，1080P 高清渲染视频不用再隔夜出。在短视频平台上，"酷家乐渲染视频"话题的播放量超 6 亿次，不少设计师已经默认给业主提供渲染好的视频来看设计效果。

VR 超低成本可视化

酷家乐以低成本让技术广泛可用的逻辑，还有一个代表技术类型是 VR。

2015 年，VR 被谷歌的 Cardboard 和暴风科技的 VR 盒子"暴风魔镜"引爆。酷家乐也适时推出了自己的 VR 产品全景图，通过渲染一个点上、下、左、右、前、后六个面的图片，让消费者只需要把手机横过来观看便有从 2D 变成 3D 的立体感。

虽然酷家乐的全景图只是针对单一场景而言，缺少其他 VR 应用常见的场景切换带来的虚拟世界漫游感，严格来讲不算真正的VR。但对于当时的业主而言，能立体地感受到房屋的空间、布局，已经是革命性的体验。而且全景图的制作、传播、分享、研讨成本都极低，比如与市面上其他VR体验产品不同，消费者不需要购买几千元的头显，只需要买个几十元的眼镜。在4G套餐的普及下，用户亦不在意流量的消耗。

那时候，酷家乐除了人力、服务器等可被规模级产品分摊的成本，几乎没有额外成本。当然，那时酷家乐省钱做产品跟融资环境不好有关。黄晓煌解释道："不敢烧钱，所以就挑成本最低的做，成本最低的反而是最容易普及的。"

2015年，酷家乐产出了几十万张全景图，一张全景图的用户平均停留时间长达6~7分钟。全景图产品的总浏览时长相当于杭州市民人均看了5遍电影《战狼》。全景图在设计师、业主间名声大噪，成为继户型图后的第二个爆款体验，并带动公司流量再次增长了10倍。

全景图的火爆也反映出业主过去在装修设计时的"可视化"需求基本没有被满足。"（全景图）什么功能都没有，就看一张图。一个独立访客平均停留7分钟，这是非常夸张的体验。（在这个行业里）可视化是非常非常核心的东西。希望把家具怎么挪一挪，楼梯扶手要换成这种玻璃的，都建立在可视化的基础上。"朱皓说。原来业主不能完全感受到的东西，现在能够低成本地呈现、探讨、确立下来。比起效果图，全景图进一步加快了设计师与业主的沟通效率，也避免了业主与装修公司日后的潜在纠纷。

为了提升虚拟世界的漫游感，实现"真"VR，2017年酷家乐自研了虚拟现实设计引擎 Kool VR，让用户从卧室跳到客厅、厨房、卫生间等地转一圈，便对设计师的思路和风格有了整体观感。酷家乐甚至设计了 1.2 米的儿童视角来观看儿童房的效果。

Kool VR 也大幅提高了 VR 内容的生产效率。只需搭建一次场景，就可以根据不同的虚拟现实设备输出相应格式的内容与之适配，实现了 3D 模型的即传即用。到 2017 年时，酷家乐已经成为国内生产 VR 内容最多的平台，每天可以产生几十万个 VR 场景。[5]

为了进一步提升互动性，酷家乐引入了基于虚幻引擎开发的 VR 渲染技术和大数据学习系统，可将整套户型的 3D 模型自动转换生成互动性 VR 场景，用户在场景中可以更换地板、更换墙纸、摆设家具，体验不同日照条件下、各种天气环境下的场景变换。

2020 年 VR 渲染技术日趋成熟后，酷家乐从渲染全景图进化到了渲染 VR 视频。业主在观看新居的 VR 视频过程中，行走体验和沉浸感更强。"从大门走到客厅，在客厅感受一下，然后进到卧室，再转一转感受一下。"朱皓说。

VR 视频内的生活场景感也越来越强，比如 VR 效果也体现了近年流行的无主灯照明。通过中控面板可以选择阅读、会客、观影等灯光模式。

数字孪生 × 算力

建模引擎迭代

在渲染、VR 等技术实现设计师和业主的"所想即所见"后，酷家乐开始切实考虑如何实现"所见即所得"。经过尝试，黄晓煌等人意识到其思路是设计生产一体化，即用数字技术升级信息化程度最高的全屋定制行业的工厂，用技术去降低人工干预的程度。

2016年底，酷家乐开发出了全屋定制工具，提供了包括柜体非标定制、样板间定制、参数化可变家具全覆盖、海量素材精细化调整等深度开发的功能。"原有的系统基本上重做。"黄晓煌评价道，"这里面的主要难点就是数实融合建模的过程。原来只要看一个表面，效果出来对了就行，现在你得把内部结构都分毫不差地建模出来。"

并不长于建模的酷家乐至少得掌握"曲面建模"（NURBS）和"多边形建模"（Polygon建模）这两种最常用的3D建模技术。由于精度较高，曲面建模多用于设计工业产品，它像机床一样可以切割出各种工业品。多边形建模灵活可控，多用于视觉设计，它可以像刻刀一样雕琢出纹理。

经过三年研发，2020年酷家乐推出了云端几何建模引擎。它是包括了一系列几何建模的算法库，支撑着酷大师（建模软件）、酷家乐（定制、硬装自由造型）、模袋云（下文将提到的建筑设计软件）等具体产品，实现了包括多边形建模在内的复杂结构的数字化设计。设计师用建模软件构建完模型后，可以直接贴在家居场景内查看效果。

只有多边形建模能力还不够。建筑设计、衣橱衣柜等家具模型中的曲线和曲面，可以用多边形建模的很多小线段模拟。当数量足够多、清晰度没那么高时，肉眼看到的是圆形弧线。可一旦放大，它就现了形，再次变成线段。真曲面曲线的建模应该做到，不管如何放大，电脑计算后的呈现仍然是一段圆弧，如此应用于工业设计、生产时才能确保准确。

"我们用多边形建模去模拟曲面、曲线，已经比较成熟了。我们自己的建模软件每天都有四五万人在用。"2022年，朱皓表示酷家乐会继续迭代自己的建模能力，"这一两年在探索真曲面曲线的建模，并且希望在云端和本地用同一套代码实现"。

设计软件、建模软件与家居家装行业生产端的应用软件对接，即可实现设计生产一体化。对用户而言就是实现"所见即所得"的效果，设计出来是什么，生产出来就是什么。其中的本质，是将效果图转化为工厂设备能理解的数据语言，去指导家具生产流程。

如果落地程度足够深的话，融合了大量前沿数实科技的产品将呈现出数字孪生的效果。即通过建模、数据采集、数据清洗运算、可视化呈现、云计算等技术，酷家乐将数字世界的设计模型与物理世界的实物生产一一对应起来。

数字孪生的前提之一是确定一个行业各类数据的标准，让量房、设计、采购、工程、安装、木作、软装、服务等众多产业环节的企业兼容此标准以实现相互协同。正如黄晓煌所说，"家居产业数字化的关键点是全链路打通，产业链各环节可以数字流通，让数据流动起来，而不是割裂"。酷家乐也需要从单一装修领域的在线设计工具，变成产品体系庞大的智能云设计平台矩阵。

酷家乐的迭代是整个中国研发设计类工业软件在建模领域的缩影。自20世纪80年代后期至90年代中期，国产自主工业软件经历短暂的春天，又被资金匮乏、商业化乏力、盗版软件、成熟国外软件击溃后，建模领域基本被 Rhino、ZBrush、Maya[①] 等国外软件占领。随着数字技术与工业需求的深度融合，应用数据的大量积累，酷家乐相信自己可以去"定义下个时代的 CAD（计算机辅助设计）科技，去追回中国工业软件失去的 30 年"[6]。

BIM：云建筑设计

随着酷家乐从家居家装开始向全空间的家居、房产、公装、别墅/小型建筑四大领域拓展，设计渲染、营销展示、几何建模等能力的用武之地会越来越广，生产施工及其所属的 BIM（建筑信息模型）能力也被放到了越来越重要的位置。

生产施工能力的构建最初来源于酷家乐网站上线时一批出人意料的用户。在装修设计公司覆盖不到的区域里，酷家乐几乎成为几万名自建住房的农村业主解决家装设计的唯一工具。他们与 2017 年前后大客户要求酷家乐尽快支持施工图在线编辑、水电智能设计、建筑管线布设、建筑空间整体布局等功能的诉求，共同构成了酷家乐从建筑物的内部装饰领域扩展到框架结构、外部装饰领域的核心动力之一。

2018 年，酷家乐正式布局 BIM 领域，力求融合、打通 3D 设计和 2D 施工图纸，并陆续推出了在线修改图纸、水电智能设计、精准户型绘制、专业施工图、精准算量平台、3D 模型与 2D 图纸

---

① Rhino 由美国 Robert McNeel & Associates 公司出品，主要应用于工业设计和建筑设计。ZBrush 由美国 Pixologic 公司出品，主要应用于游戏和影视行业。Maya 由美国 Autodesk 公司出品，主要应用于游戏和影视行业。

联动等功能。酷家乐的 BIM 采用"云+端"的结构，数据、计算及渲染等涉及大数据、高运算量的内容都在云端存储、分析。本地终端则承载了快速报价、装修效果展示、初步设计、深化设计、工程预算等针对不同需求的专业功能。

为了强化自己 BIM 产品的 3D 可视化能力，酷家乐在 2020 年 4 月全资收购了建筑地产设计资产管理及 3D 数据可视化 SaaS（软件即服务）软件"模袋"（Modelo）。模袋可以让做好的建筑模型模拟出实景的效果，后与酷家乐的多项能力整合成面向泛建筑行业的产品模袋云。

"原来是用 3ds Max 建好模，再传到酷家乐出个图，现在不是了。用模袋云就实现了从景观到楼都是我们自己做，然后就有一个比较好的兼容能力。现在我们的实时渲染引擎在模袋云里面是有应用的，它可以在前端实时出一些光照效果阴影。"朱皓说，"已经有一些国内的设计师拿它来画楼、画别墅、画乡村旅馆这种小型建筑。"

模袋云未来的使用场景当然不止于此。以售楼中心为例，业主在售楼中心看到的是粗糙的沙盘+有限的样板间，用模袋云则可让业主通过网页观看楼盘在大场景内的 3D 效果图，并可沉浸式感受楼间距、园林绿化、通风采光等细节信息。如此一来，酷家乐可以做到营销前置，消费者在售楼部建好前就可以线上看房。由于用户参与设计，售楼处兼具设计中心功能，样板间可实现千人千面。设计营销也可以实现一体化，售房阶段就可以推销硬装、软装方案。

以先在虚拟空间里搭建建筑模型，然后再据此盖楼为标准，中国并没有类似 Autodesk 的 Revit[①]、Bentley 的 MicroStation[②] 那样正向的建筑设计软件。中国的从业者大多都是在国外产品上做插件，提供一个垂直的局部功能。

如同当年自家的云渲染相当程度上替代了 3ds Max 的本地渲染，朱皓希望他们有朝一日能开发出云端的正向建筑设计软件，替代 Revit 等国外公司的产品。"从设计，到做成图纸，到去建筑院审批，全套软件都可以用我们的。"

AI，从提效到创造

人工智能有望成为酷家乐最新的核心能力，虽然它一开始并不在酷家乐技术演进的主航道上。

2013 年酷家乐就开始研究基于纯规则的自动设计功能，但由于数据积累得不够，该功能设计的房屋整体布局效果一般，设计风格与业主喜好风格的匹配度不算高。随着数据积累的增多，2017 年酷家乐已成为国内家居家装设计行业的最大数据库，涵盖了全国 90% 的新房户型图，拥有 200 万真实商品模型，千万套装修设计方案，吸引了 1000 万用户。[7]

2017 年推出"AI+"设计后，人工智能技术在酷家乐的应用水

---

① Revit 用于设计、记录、协调、管理和交付建筑项目，与兄弟产品 AutoCAD 类似，通过二次开发插件实现了丰富的开发者生态，在国内市场接受度较高。
② Bentley 为创立于 1984 年的基础设施工程软件公司，主攻基础设施建筑领域（公路、水利、桥梁等），产品覆盖了几乎所有国家和地区。MicroStation 为其明星产品，是专为基础设施设计而开发的计算机辅助设计软件。

准越来越高。业主只需给酷家乐搭建的分布式深度学习计算平台提供一张完整的室内设计图,它即可自动识别图像中的所有家具,并进行图像检索。如此一来,业主可以快速找到匹配户型的装修美图,还能根据识别结果,边看边搜索家具产品。AI还能帮助酷家乐节省成本。比如用计算机视觉的算法,将一张800×600像素的图放大成1200×900像素的图,让用户看不出清晰度差异的同时减少云端算力的占用。

对设计师,酷家乐则竭力让机器从海量的设计方案数据中学习设计知识,推动实现自动设计。比如渲染打光环节,机器根据场景自动计算光场,实现了智能打光。下单/拆单环节的系统,具备了智能识别并纠正错误的能力。出图时支持一键智能标注,可根据客户的要求支持千人千面的图纸版面布局、标注信息。

朱皓说:"设计师平常在设计的时候,每摆弄一件家具,系统都会知道,然后智能推荐下一步要摆什么家具。你选择一个房子,它给你推荐怎么设计,你只要按一下键就可以把这些设计方案应用好。"AI旨在降低设计师的重复性设计工作,让设计师专注于创意和艺术等高附加值的部分。

随着深度学习算法的进步和数据量的积累,2020年后酷家乐实现了只要提供一个空户型,算法即自动给出多套家居模板,设计师只需要再调一下方案即可与业主沟通,后续要做的也是对方案的个性化优化。

行文至此,可见酷家乐AI技术先前的侧重点是协助人类,通过对海量数据的分析,将设计规则转化为机器语言,将一些重复性工作以智能自动的方式输出。随着2022年底OpenAI的ChatGPT

火遍全球，生成式人工智能浪潮被推向了各行各业。群核科技意识到AI除了继续扮演较为基础的体力工人外，也可以承担一些创意类的任务，逐步走向人机共创。

在全球近万台自研服务器、超2.7亿商品素材模型、近五年新房户型库数据覆盖90%、累计超33亿张渲染图的支撑下，2023年2月，群核科技宣布成立了AIGC实验室。[8]它着力研究AI如何在家居家装、商业空间、地产建筑等全空间领域生成和创作，希望用户和企业通过AI生成关于3D空间的创意创作。

2023年6月，群核科技发布面向家居设计场景的生成式人工智能应用"酷家乐AI"，用户上传实景平面图，只需要选择设计风格并给出简单的指令，酷家乐AI便可快速生成多张不同风格的3D装修效果图，而不仅仅是一张更漂亮的平面图。

智能设计也继续迭代。设计师只需要简单地布置调优，酷家乐AI就会针对同一套户型自动生成多风格、多角度的设计方案。针对品牌门店导购，酷家乐AI则可做到一键换搭选品。

酷家乐AI这个时髦的应用很受欢迎。在两周的用户内测时间里，酷家乐AI日均出图超30万张，这是群核科技创业第四年才达到的水平。现有功能正在嵌入定制、门窗、建材等更多细分行业，嵌入办公、餐饮等更多空间场景。此外，酷家乐AI还在探索支持输入语音、文字后自动生成设计方案的Copilot能力。

"业主说我家有个儿童区，你这个方案里没有。Copilot基于对建筑结构的理解，比如承重墙没问题，那就把阳台设计成儿童区。"陈航说。Copilot设计的初始方案一定很难得到业主的认可，但没关系，业主可以继续与Copilot沟通。

虽然生成式人工智能在设计行业刚刚开始探索落地场景，但陈航相信家居家装行业的消费者体验、设计师能力以及企业端效率，正在因此发生生产力变革。"大家可以想象传统的绘图软件，都是一个专业人士在那边一根线一根线地画。未来，通过跟机器互动，不需要去理解背后的逻辑，输入也可能比较宽泛，就可以很快捷地生成各种内容。"

青腾一问 | 杨国安对话黄晓煌、朱皓、陈航

杨国安：群核科技可以给消费者带来哪些不一样的体验？

黄晓煌：我们公司的名称是群核科技，听到这个名字就感觉比较硬核。实际上我们代表算力，我们相信算力会改变人的想象模式。过去，一个消费者拿到一张装修效果图，至少要一个小时。而用大量的 GPU 集群去计算，只要几秒钟就可以出结果。调整的时间也大幅减少了，想改哪里随时改，随时看到结果。

一家公司还没把业主的需求记录下来，另外一家公司已经把业主家未来的样子通过 VR 的方式呈现给业主了，那这两家公司的消费者满意度是天差地别的。我们的产品其实就是靠这一点在市场上很快普及的，现在没有这种体验的家居经营门店是很难生存的。

杨国安：家居家装行业细分品类繁多，链条也很长，标准化、数字化水平都很低。从技术的角度，你们该如何改善行业的整体水平？

黄晓煌：目前的金属加工行业还处于大规模批量生产这个水

平，还没有实现每一款产品都不一样。硬要实现柔性，可以用3D打印或者其他技术去实现，但当成本10倍于大批量生产的时候，这样就没有意义了。

原材料的消耗不比原来多，制造周期也不比原来长，但是仓储等成本大幅降低，柔性生产的技术马上就能在行业里普及。这需要（行业）技术的升级迭代，不是靠我们一家公司的。

朱皓：我们所有的产品和技术的研发方向就是（质量）先凑合用，但是要即时，要成本低。渲染得漂亮，但是成本高，不行。效果虽然差点，我就让设计师打草稿。打草稿的能力越来越强以后，终稿也在我们这边打了。

我们追求效果和成本的平衡，稍微平衡，这样最能实现规模化。技术还是要能够被广泛使用才有意义，我们回国干的事情才有意义，如果只有几个人用，是没有意义的。

杨国安：如何做到成本一直比别人低？

朱皓：我们设定了一个体验的门槛，比如说渲染图的标准是10秒出图。然后尽可能做到用户同时排队渲染的请求不超过三组。你等10秒，再等10秒，再等10秒，那我绝对不会让你再等，就可以开始渲染了。

渲染量每年翻番，但是我们GPU的成本每年只涨50%，剩下50%的算力从哪里来呢？大约从2015年开始，做渲染的这个团队的目标就是每半年将成本降低20%左右，想尽办法降。有的时候买一些更便宜的硬件；有时候是通过技术手段，比如渲染器，在中间做一些插帧，做一些小分辨率扩成大分辨率的技术。到2022年，我们的渲染成本是其他竞品的1/5。

这种技术优化是很漫长的一个过程，但是得坚持做。不能指望有大杀器，一用某个手段，成本一下子降下来，这是不可能的。

杨国安：大模型推动的生成式 AI 对群核科技的产品会带来哪些影响？

陈航：AI 的通用能力可以比较广泛地嵌入用户体验过程，而且它可轻可重，可 to B（面向企业）可 to C（面向个人）。

以前我们的软件都要通过 PC、通过 web 端去打开，现在能够通过酷家乐 AI 小程序让所有消费者都体验到，直接服务消费者。

to B 的场景也有轻有重。以商品为入口，AI 生成的各种风格可以解决企业在营销过程中的痛点，因为任何一个商品放到不同风格的业主家里，效果可能是不一样的。通过 AI 可以很快捷地完成这个过程。

我们已经在帮一些企业客户打造专属的 AI 模型，因为它们有海量的设计方案和素材在我们的平台上，所以我们可以帮它们训练、学习。比如给顾家家居的一款沙发生成海量的可能的样子，并且都是基于顾家推出过的套系的效果图。

我们希望推动 CAD 软件由传统的基于 PC 端的手工操作，向基于大数据的智能云计算模式转变。

杨国安：这么强大的 AI 工具会不会导致设计师失业？

陈航：很多用户也会问我们这个问题。我的理解是，未来这更可能是一个结合的过程。在 AGI（通用人工智能）真正普及之前，一部分工作必须由人来做，一部分相对简单的工作可以由 AI 来做。

AI 并不会颠覆整个产业，它会提升产业的效率，会让高端服务业得到普及，会更大程度发挥 AI 大脑的作用，但不会让所有的设计师失业。

未来终端

从 20 世纪 90 年代 PC 互联网时代的键盘、鼠标，到移动互联时代的触摸屏，到近期的语音、视觉甚至脑波，人机交互的终端一直在迭代演变。消费者与下一代终端的互动方式正在走向自然交互，即以自然的、直觉的方式进行人机交互，这将持续推动人类生活和工作方式的改变。

以"杨五环 2.0"中数实科技的分析架构来看，未来终端近年来趋向成熟，也是因为 XR 的近眼显示、感知交互、网络传输、渲染处理与内容制作这五大技术领域有了不少突破，或者是不同子类的技术良好地融合在了一起，推动 XR 技术不断向前。

Micro-OLED 显示取得突破后，"救活"了光学方案 Birdbath[①]，两者的融合让一批轻盈小巧的 AR 眼镜得以问世，给消费者提供了不可思议的沉浸感。相关算法、算力和数据的进步，让 XR 的空间感知、定位、地图等能力日趋成熟，让消费者能在虚拟空间里找到自己的位置，融入数实融合的世界。

前沿技术的进步与融合正在带给用户一个全新的未来世界。

---

① Birdbath 是光学结构的通用名称，简言之，指带有光束分离功能的曲面镜，垂直于曲面镜的光通过分束器反射到曲面镜上。

算力 × 算法

从移动计算到空间计算

在 2023 年 6 月的 WWDC（苹果全球开发者大会）上，研发了七年之久的苹果 Vision Pro 面世。这是苹果正式发布 XR 领域的产品，意味着 VR、AR、MR（混合现实）等下一个十年的技术产品将逐渐走进人们的生活，也意味着我们站在了从移动计算时代跨越到空间计算时代的转折点上。

VR、AR、MR、XR 四者均为用户提供虚拟体验服务，但在技术上存在差异，其发展也经历了几个阶段。

VR 是一种计算机生成的 3D 环境，为用户创建一个完全沉浸式的虚拟世界；AR 可以理解为"真实世界＋数字化信息"，是将计算机生成的视觉效果，包括文字、图像、视频或 3D 模型，叠加到真实场景之上；MR 包括了 VR 与 AR，将现实世界与虚拟物体融合在一起，创造出一个新环境；2017 年，高通提出的 XR 概念涵盖了 VR、AR、MR 的范围，成为虚拟现实交互类技术的统称。

XR 的发展历程最早可以追溯至 20 世纪 60 年代。早在 1968 年，图形学先驱伊万·萨瑟兰（Ivan Sutherland）研发的 The Sword of Damocles（达摩克利斯之剑）系统被普遍认为是头显及 AR 的雏形。

自 2012 年开始，XR 逐渐从实验室走向市场，随着互联网的快速发展，大数据的积累为深度学习算法训练提供了数据基础，XR 的发展进入了热潮期。其中的标志性事件是 2014 年脸书以 20 亿美元收购 VR 公司 Oculus；同年 10 月，AR 初创公司 Magic

Leap 获得由谷歌领投的 5.42 亿美元融资；2015 年微软发布 MR 头显设备 HoloLens；2016 年 AR 手游《宝可梦 GO》（*Pokémon Go*）发布，玩家可以在现实场景中捕捉到宠物小精灵。

2016 年是 XR 行业的分水岭，面向 C 端市场的谷歌眼镜 Project Glass 和头显产品 Magic Leap One 销量远不及预期，之后 Project Glass 更暂停销售。此时的降温普遍被认为是因为终端硬件门槛高，量产化困难，以及 XR 生态不够完善。

2019 年至今则被认为是 XR 产业发展的另一个阶段。脸书的 VR 一体机 Oculus Quest 2 于 2020 年发布后，凭借其硬件升级与高性价比，在人们因为疫情居家期间快速热销。而 Oculus Quest 2 销量破 1000 万、字节跳动高额收购 VR 创业公司 Pico 等事件，也标志着整个 XR 产业逐渐从此前 2012—2015 年的热潮期、2016—2019 年的冷静期，步入当前的复苏期，消费级市场有望逐渐开启。

在产业链的共同推动下，XR 在光学、显示、感知交互及算法等方面取得持续创新。例如，在显示上，显示屏分辨率正从 4K 向 5K 演进，并由此前的 Fast-LCD（快速响应液晶显示器）逐步向 Mini-LED（次毫米发光二极管）背光甚至 Micro-OLED 显示技术升级。

2019 年索尼发布的 Micro-OLED 屏亮度提升了近 10 倍，达到 3000cd/m^2（坎德拉每平方米），这让光能利用率很低（10%~25%）的 Birdbath 光学方案起死回生。传统的 Birdbath 光学显示方案在亮度、分辨率、色彩、对比度、炫光过滤和画面畸变矫正方面存在缺陷，索尼 Micro-OLED 小屏达到成熟后，Birdbath 亮度提升明显，才让这项光学技术有了进入消费级市场的前提。

并且，随着相机和IMU（惯性测量单元）等传感器实现了高精度化、小型化和低成本化，以及AI芯片和各类神经网络算法取得进展，能提升佩戴者对环境感知力的关键技术SLAM的软硬件走向成熟，可满足在移动端的实时运用。

消费级 AR 眼镜

在技术小步跃进的时间点，几个毕业于浙江大学竺可桢学院、彼时于中美两国不同公司工作的同学已经跃跃欲试。

当时在英伟达工作的徐驰，看到了AI和计算机视觉的发展对用户体验提升显著这一趋势。2016年前后，美国的公司已先后将这一技术应用到VR眼镜中，并且不断加码。凭着对这一趋势的直觉，徐驰加入了AR公司Magic Leap，成为Magic Leap最早一批中国工程师之一。

当时徐驰判断AR眼镜一定是下一个计算终端：手机是过去15年最成功的智能终端，2007年第一部iPhone发布之后的10年中，全球一共售出了85亿部智能手机，并深刻地改变了数字化进程。但人类体验仍受限于2D空间和屏幕大小，未来将体验升维到3D空间的AR眼镜会达到与手机同等的量级。

2016年底，徐驰找到浙江大学竺可桢学院的本科同班同学肖冰，还有他们的师弟吴克艰，三人一拍即合。

肖冰当时在中航研究所工作，工作内容涉及飞机头显和屏显的设计，创业后他担任XREAL首席光学科学家，负责AR眼镜显示的部分。肖冰后来回忆创业时的环境：当时微显示技术比之前向产业界更进了一步，特别是 Micro-OLED 的亮度，以及光学塑胶镜片和注塑技术都有了较大的发展，这些是能够把之前在实验室里的技术推向消费者的前提。

至于为什么选择回到中国成立公司，徐驰认为在新的终端变革下，中国会处在更领先的位置，因为中国有巨大的人才、供应链、市场、政策优势。任何一个细分赛道都会因为终端重新洗牌，与之匹配的内容、应用生态以及前端供应链也会有新的机会。

初生牛犊不怕虎，尽管谷歌、微软、脸书等巨头纷纷在 AR/VR 战场上铩羽而归，并且当时整个 XR 市场里 to B 的份额远大于 to C，XREAL 仍选择从一开始就全力投入 AR 消费级市场。

徐驰的判断是，有一部分人愿意为了超级体验去忍受像苹果 Vision Pro 那样的重量和体积，但未来轻量化设备会占市场份额的 80% 以上。并且，MR/VR、AR 这两种不同形态的设备会共存：MR/VR 体验更好，但更重、更不便携，而 AR 更加轻量化和便携。

对于 C 端产品而言，颠覆式创新往往不是由行业里最领先的公司完成，比如苹果颠覆诺基亚，特斯拉颠覆众多传统车企。而颠覆者之所以能成为颠覆者，在于它们没有选择跟随前者，而是重新定义了这个品类，并且在一开始定义的时候，对产品形态想得非常清楚，对每一个细节背后的技术边界认知也都很清楚。

徐驰觉得，一个行业发展前景最好的时候，就是早期市面上的产品还五花八门的时候，直到有人把标准定义清楚。就像 iPhone 问世之后，所有手机都是统一的大屏幕。

这一次，XREAL 想早一步入局，做行业的定义者。2017 年徐驰、肖冰、吴克艰在北京成立 AR 眼镜公司 XREAL，2019 年 XREAL 推出第一代产品 Light，并把售价做到了 500 美元以下——HoloLens、Magic Leap One 均为 2000~3000 美元。2022 年，XREAL 正式在国内发布产品 XREAL Air。一年后，XREAL Air 在全球的销量已经突破了 20 万台，至此，XREAL 成为全球第一家具有量产能力的 AR 公司，徐驰称这是 AR 面向消费者市场的里程碑。

硬件：光学显示技术

要想把 2D 的世界升维成 3D 的，有两个最核心的技术难点：硬件的光学，软件的算法。

AR 是将虚拟物体叠加到现实场景中，正是多了"叠加"这一步，使得 AR 和 VR 走上了完全不同的两条光学结构路线。

一款 AR 眼镜主要由摄像头（即传感器）、光学模组（微显示屏、光学方案）、CPU 处理中心（芯片、感知交互等）、架托等部分构成，通过测量用户与真实场景中物体的距离进行重构，实现虚拟物体与现实场景的交互。因此，AR 设备比 VR 设备需要多加一个或一组光学组合器，通过层叠的形式，将虚拟影像和真实场景融为一体，互相补充。

常见的 AR 光学方案包括棱镜、自由曲面、Birdbath 和光波导。目前消费端产品相对统一，主要有两种：其一为 Birdbath 方案主打观影场景的产品，如 XREAL Light/Air、雷鸟 Air、Rokid Air；其二是信息提示类（例如导航），以光波导方案为主，如 HoloLens、Magic Leap One 等。

光波导的优势是结构简单、视场角大、光效高，具有良好的发展潜力，谷歌、微软、苹果、Meta 近年均进行光波导技术研发。但现阶段它的技术和生产制造工艺成熟度还不够高，存在色散和光损控制的问题，因此短期内难以被大规模应用。

Birdbath 属于传统技术，所需零件数少且构造简单，由眼镜上方的一个 Mirco-OLED 小屏向下照射，通过前方的反射镜片，把光反射向人眼，眼前随即呈现出一幅"大屏"。

Micro-OLED 是半导体技术与 OLED（有机发光二极管）技术的结合，是一种在单晶硅片上制备主动发光型 OLED 器件的新型显示技术，又称硅基 OLED。能同时看到虚拟世界和真实世界的苹果 Vision Pro，其屏幕用的就是两块单眼 4K 总计 2300 万像素的 Micro-OLED。

在此之前，市面上主流的 XR 设备用的是 Fast-LCD。它是 LCD（液晶显示器）的增强版，优点在于产能成熟、成本低，但像素密度低、分辨率低、亮度低，且容易让人产生眩晕感；同时，它还不能显示局部的黑色。

与 LCD 相比，Micro-OLED 具备以下优点：（1）Micro-OLED 是一种自发光的显示技术，不需要背光模组，因此可以做得更薄、更轻、更省电。（2）Micro-OLED 的像素密度更高，达到每英寸 3000ppi 以上，可以提供更清晰、更细腻的画质。（3）Micro-OLED 的响应速度更快，适合用于高帧率的 AR/VR 等应用。[9]

从技术层面来看，Micro-OLED 已经进入成熟量产阶段。其技术工艺主要分为单晶硅光刻的基底驱动层技术和 OLED 蒸镀技术。单晶硅光刻的基底驱动层技术方面，Micro-OLED 采用成熟的 28nm、55nm、180nm 的 CMOS（互补金属氧化物半导体）工艺，这类 CMOS 工艺制程广泛应用于光电传感器，已经踏入了成熟阶段。OLED 蒸镀工艺方面，Micro-OLED 蒸镀工艺主要集中在 8 英寸和 12 英寸硅晶圆上，蒸镀面积小，难度相对低很多。

由于 Micro-OLED 屏具有自发光、不需要背光模组等特性，在其加持下的 Birdbath 光学方案的分辨率、清晰度、亮度问题得到解决，实用性大幅提升。前沿技术的进步和相互融合给彼此带来了改变：Micro-OLED 屏有了一个应用场景，Birdbath 方案也焕发了生机。

"无论从产品体验、设计研发、供应链生产还是从成本来说，现阶段 Birdbath+Micro-OLED 都是一个相对平衡的方案"，但肖冰也知道，他们是从成本和量产的角度出发而采用 Birdbath 方案，该方案可能会在一些应用场景存在局限。

肖冰表示，他们也在做光波导相关的研发："两者并不是完全分叉的技术路线，（我们）之后会慢慢过渡到光波导方案上去。"

工艺：从自研到量产

光学模组是 AR 眼镜的核心，就像手机的屏幕一样。不仅要追求显示效果，同时要控制功耗和发热；作为消费类产品，还要考虑到量产的良率和成本。在创业之初，XREAL 也考虑过用外部厂商的光学模组方案来做整合。

但肖冰发现，从设计到生产，在整个光学引擎产业是缺失的。他说："当时我们与国内做手机摄像头模组的一线厂家交流下来发现,尽管这些厂家的设计、技术人才已经有足够的经验,但涉及XR眼镜的生产,需要XREAL团队作为采购方反向输出更多,才能把这条线真正地建起来。"

遍寻一圈无果后,肖冰决定自己设计这套光学方案。他说:"在行业早期设计、供应链、工艺都不成熟的情况下,为了软硬件的结合协同能做到最好的状态,自主研发可能是一条必须走的路。"

几年内,XREAL的生产线已经从最开始的实验室——在北京办公室内搭的无尘棚,扩展成位于无锡的两万平方米、完全自主开发的全自动化AR光学引擎产线。

AR显示环节中极高的放大率,使得整个生产制造环节的技术难点,除了光学方案和显示技术本身,还涉及高精度的固定——如何让自动化夹取和固定技术以微米甚至亚微米的级别对光学镜片进行调整。首先通过精密的传感器把镜片调整到最佳位置,在不改变状态的情况下,用螺丝、硬件压接或者胶水固化等工艺让其保持在这个水平。但不论用哪种方式,都会因为应力而产生位置的变化,"这些都是一个个啃下来的技术难关",肖冰说。

他总结,光学引擎的难点从来不在设计,而在攻克量产上的难题。当初选择全产线独立自有,便于前期的设计跟后期的工艺、装配、测试等环节协同,大大提高了沟通效率,才能实现如今90%以上的高良率。

"这些量产所积累的门道和诀窍,是今天XREAL比多少个专利更重要的技术壁垒。"徐驰回顾。深度研发、定制光学模组的沉淀,使得XREAL实现了量产的爬坡,如今XREAL Air的销售量已经超过20万台。无锡的工厂也成为世界上第一个,也是目前唯一的全自动化光学产线，实现了设计、研发、生产、制造工艺的闭环。

算法 × 交互

软件：3D 空间感知算法

对于完美的 AR 体验而言，硬件显示只是一部分，搭载其上的软件系统也是厂商必争的核心技术。AR 也会诞生一套属于自己的安卓和 iOS 操作系统，这套软件系统除了计算资源管理、存储管理、上层应用管理等最常见的能力，延伸出来的部分就是 3D 空间感知、定位、低延迟的相关算法，也是 AR 专有的核心算法。

可以从输入和输出这两个方向来理解 3D 空间感知算法。当人戴上眼镜之后，眼镜显示给人的内容和声音，即输出；人要去跟内容做互动，即输入。

想要达到完美的输出效果，需要从时间和空间两个维度进行计算和考量。

从时间的维度，当我们肉眼看真实世界时，光线反射到人眼里的过程是即时发生的，基本上没有延迟。戴上 AR 眼镜后，佩戴者的观感是在非常近的距离看一块很大的屏幕，这块屏幕的稳定性会影响虚拟内容和真实环境的融合，更会影响观众的体验。过往人们戴上 AR/VR 眼镜后会感到眩晕，通常是因为晕动症，即看到的东西和实际运动不符，跟晕船晕车是同样的原理。

基于此，真正的 AR 需要依赖强大的空间感知能力，来保证画面稳定、不延迟。其中最基础的是被称为 6DoF 追踪的能力，通过追踪眼镜在 3D 空间中的运动，将虚拟画面牢牢地锚定在现实空间中。这是空间化的基础。最重要的技术指标是 M2P 延迟，以及对延迟的补偿，用以衡量虚拟内容固定得稳不稳。[10]

M2P（motion-to-photon）即运动到成像的时延，是 AR 系统中的关键性能度量。理想状态下，延迟短于 10 毫秒才不会引起人体的敏感。

因此，降低系统延迟就成了 AR 和 VR 界著名且传统的难题。一方面需要在硬件层面让整个系统更加快速和高效，但无论怎么精细都会有延迟，因此要通过软件算法去补偿。

首先需要用运动传感器去捕捉运动状态，涉及追踪定位、交互手势识别、日常拍摄功能等，并送到核心的算法模块。算法模块会融合各个传感器的信息来进行 6DoF 追踪（3DoF 的朝向和 3DoF 的位移），计算运动轨迹。接下来是空间定位，结合运动传感器和摄像头的数据，计算出当前的空间位置，并进行实时渲染。之后进入时间层面的补偿，即延迟补偿模块——需要预测出佩戴者未来会处于什么样的位置，并在位置和位置之间做补偿。补偿完，最后进入光学显示模块之前还有一个小小的补偿——显示畸变补偿。经过这一系列识别、处理、多维感知，最后将信息传输给屏幕。

在 M2P 这条通路中，motion 对应运动传感器，photon 光子是最后显示的内容，整个链路需要硬件和算法软件紧密配合，才能实现实时无缝融合。

比如，XREAL Light 用两个灰度摄像头实现对环境感知的稳定性，将补偿后的 M2P 延迟降到了 1 毫秒以下。它还基于空间计算能力实现了悬停的显示模式，在身体保持稳定的前提下，无论头部以何种角度旋转或晃动，屏幕都稳稳地固定在空中同一位置，还原实体屏幕的观感。

软件：空间定位 SLAM 技术

时间维度的延迟依靠算法补偿，从空间维度来说，涉及的是空间定位问题。空间定位、运动追踪，需要融合运动传感器和眼镜上搭载的摄像头的信息，去正确、低延迟、高精度地计算出空间运动的信息，"理解"眼前的现实场景，这就是 SLAM。

SLAM 是 simultaneous localization and mapping 的缩写，意为"即时定位与地图构建"，最重要的就是解决"定位"和"建图"两大环节——在没有环境先验信息的情况下，于运动过程之中建立环境的模型，构建关于空间的全局地图，这一技术是实现虚实结合的关键。

学术界研究 SLAM 已有将近 20 年时间，但直到近几年，该技术才开始成熟并足以满足 C 端应用，作为底层基础能力被广泛应用于 XR、3D 重建、辅助自动驾驶、机器人自主导航等领域。

在 SLAM 工作的过程中，传感器是必不可少的一部分。不同的传感器观测环境信息的方式不同，根据前端传感器类型的不同，常用的主流方案可分为基于激光雷达的 SLAM 和基于视觉的 SLAM 两大类。

在当前的 AR 领域中，绝大多数 AR 应用主要的适配对象为手机这类移动设备，往往并不具备激光传感器，因此当前主流的方案是纯视觉 SLAM 和将视觉与 IMU 惯性传感器结合的融合 SLAM 方案——视觉惯性 SLAM（VI-SLAM）。

类比于人类通过眼睛感知外界信息的方式，视觉 SLAM 可以从环境中获取海量的、非常丰富的纹理信息，拥有超强的场景辨识能力。因此其优点是结构简单、成本较低、可提取空间语义信息等。

由于视觉 SLAM 的稳定性依赖于场景特征的丰富程度，因此在极端光线、弱纹理平面或高速运动等特殊条件下，仅通过图片很难估计相机的运动，加入其他传感器就能有效地解决这一问题。例如 XREAL 自研的视觉和 IMU 多传感器融合 SLAM 技术，IMU 具备完全自主的测量特性，可稳定获得定位定姿数据，能有效弥补视觉 SLAM 在弱纹理区域的环境信息缺失，提供更丰富的运动信息。

软硬结合的全新交互方式

量产出的 AR 眼镜，在各类算法和光学显示技术的紧密融合与协同下，除了现实与虚拟叠加的画面，与众不同的交互能力也会让消费者感受到科幻般的体验。

最早的个人计算机通过键盘、鼠标来实现人与机器的交互；移动互联网时代，通过触摸屏和语音实现人机交互；如今的空间计算时代，人机交互的核心是强调视觉和感知。从 2D 到 3D，交互必须进行重构。

让人置身于 3D 世界的 AR 眼镜需要具备三项全新的底层技术：3D 显示、3D 空间感知和 3D 交互。目前比较成熟的交互方式是外接设备，比如手柄，以及连接手机。

将设备与智能手机配对是缩减体积和成本的一种可行方法，可以将部分处理能力转移到配对设备上，从而省去头显设备上的部分模块，实现更轻量化、更美观的设计。针对用户不同设备的连接需求，XREAL 推出的硬件产品 XREAL Beam 投屏盒子使得其 AR 眼镜具备了"全连接"能力：支持无线和有线两种连接方式，兼容包括手机、平板、电脑、游戏掌机/主机在内的全部个人智能终端，大大拓展了眼镜的使用场景与多设备兼容性。

不过，手机等设备的交互有一定的局限性，它们更像是遥控器。除了通过外接设备交互，还有诸多自然交互的方式，即不使用 AR 眼镜之外的设备，用户只通过自身行为发出指令与 AR 眼镜产生交互。

XREAL 推出了远/近场组合的交互方案：远场，首创"手机虚拟射线"，实现选取、拖拽、放大；近场，基于手势追踪识别算法，赋予用户手势操控的能力。这个交互方案背后的逻辑是，当人戴上眼镜后，双手就被解放出来了，因此手势交互是未来更理想的交互方式。

作为近眼显示设备生产者，XR 领域的公司也都在布局自己的眼动追踪交互技术。这是更具科幻感的交互方式，通过仪器设备监测眼睛的实时动态，获取瞳孔的定位，计算注视点，让 AR 眼镜知道你正在看什么，进而操控虚拟/现实世界的物体。

总之，AR 的交互方式会向多模态发展，从不同维度去丰富交互体验。人和机器的交互方式将从以前人需要主动地去操作机器，变成未来机器主动响应人。

技术路线的选择

在行业发展早期硬件、算力等各方面资源有限时，软硬件只有强协同才能从时间和空间的角度完美融合在一起，保证佩戴体验最佳。

选择怎样的技术路线，源于对产品形态的定位。其实技术方案归根结底全在取舍，扩大硬件追求体验，就意味着需要更大体积来承载。比如早期的 HoloLens 采用了 4 个摄像头；Vision Pro 则拥有 12 个摄像头、一个激光雷达传感器（LiDAR），再加一个 M2 芯片和一个 R1 芯片作为双处理器，其中 M2 负责图形计算，R1 负责对周边环境和用户手势的感知协助。

在 XREAL 联合创始人、负责商业化的金鹏眼里，无论是 Vision Pro 还是 HoloLens，都更像科研型产品，并且只有大公司有家底支持这样纯技术探索型的产品方向："这条路必须有人蹚，但通常创业公司会选择更产品化的，能更快让消费者接受的产品。"

苹果的方案，或许很难在消费领域铺开。这种路线和 XREAL 现在采用的技术路线是有区别的——后者选择减少硬件数量。例如，X 系列眼镜整机重 106g，搭载 2 个 SLAM 摄像头、1 个 RGB 摄像头以及 2 个近耳扬声器。"但这反过来对算法提出了更高的要求，因为在减少摄像头数量的情况下，可感知的区域就变小了。"XREAL 联合创始人、负责算法 /AI 的吴克艰表示。

"为了强调技术先进而在产品上加硬件，产生额外的功耗，在消费者体验端也感觉不到，因为目前市面上没有那么多内容。反而应该尝试做减法，换来的是更加便捷，待机时间更长。"徐驰说。

XREAL 的理念是，好产品一定是经过极致剪裁的。其产品从外观、硬件取舍到算法架构，无不在体现这一核心产品理念。比如 XREAL 不断寻找产品使用场景后，最终选择了"随身巨幕"作为产品的支撑点。"巨幕"有多大？在等效 4 米的距离上可以投出 130 英寸大小的画面。根据 XREAL 掌握的信息，现在用户使用 XREAL 眼镜主要是用来观影和玩游戏，这符合 XREAL 对现阶段产品的设定。从产品设计开始，XREAL 的目的就不是打造一个全天候佩戴的设备。

很多人认为，今天的 VR/AR 眼镜需要一个 Killer App（杀手级应用程序），或者说需要找到到底哪几个场景能成为转折点，让用户更快接受。徐驰认为这种想法过于激进："终端平台的更迭从来不是一蹴而就的，一开始它是一个工具属性的产品，在几个场景上做得特别出色。慢慢地，交互方式确定，且终端有了一定的规模，开发者才能够快速进来，内容厂商也开始叠加内容，整体呈螺旋式上升。"

对于 XREAL 而言，将消费级 AR 眼镜实现量产只是完成了一个阶段性目标，如果能以普通眼镜或墨镜的重量达到 AR 眼镜的效果，或许 AR 眼镜替换掉智能手机的那一天就不远了。肖冰预计，到达这一天还要 10 年。

青腾一问 | 杨国安对话徐驰

杨国安： 现在比较热门的话题有不同概念，比如"数实融合"，比如"元宇宙"，你觉得这些概念的差异在哪里？

徐驰：在过去 20 年的科技发展浪潮中，"数实融合"这件事也是存在的，只不过是通过电脑、手机来呈现。我觉得用什么词不重要，但大家确实想营造数字世界和真实世界的无缝融合。伴随不同终端能力的发展，这种融合会越来越紧密。

过去，我必须端端正正坐在电脑前，才能进入互联网。现在手机非常方便，我随时随地就能融进去。终端再演变，当它变成眼镜形态之后，会打破 2D 屏幕，这个时候的融合最紧密——戴上眼镜之后，你会发现数字世界和真实世界就是无缝、完美地融合在一起的。

杨国安：所以，你把 AR 理解为移动互联网的下一代？

徐驰：是的。其实我们觉得更形象的叫法是"空间互联网"，数字世界要 3D 化。

杨国安：你们做的 AR 眼镜和其他主流公司的 AR 眼镜有什么差别？

徐驰：在我们之前，几乎所有设备都是笨重的头盔。我们看到工程师特别喜欢在产品里不停地堆一些高科技的东西——我要去做冗余，我要做得更严谨，不要犯错——结果，传感器、算法变得越来越复杂，肉眼可见头盔变得越来越大。但我们觉得，消费者想要的 AR 设备一定是轻量化的眼镜形态。所以，从创业第一天开始，我们想的就是：如何打造一个 AR 眼镜，而不是头盔。同时，在眼镜形态下，如何给到足够有黏性的体验。一体式设备是不够的，我们只能选择跟今天大家最常用的设备去做融合，就是手机。所以，我们真正实现了这样一种分体设备。

杨国安：你们更多是从用户体验来设计产品，而不是技术驱动。为什么这么坚决专注在消费端的AR眼镜？我也看到有不少厂家做的AR眼镜是面向工业各方面的。

徐驰：我们非常坚定，从来都觉得要做to C产品。这是基于两点。第一，对产品体验和未来几年技术发展给产品体验带来的变化，我自己是有底的，我们已经到了消费级产品体验的阶段，所以，我们会全力投入消费端，这是一个巨大的市场。

第二，to B和to C是两种不同的公司基因，而我们公司的基因是希望通过把产品给到消费者，拿到消费者的真实反馈，快速迭代，不断优化和精进产品体验。to B需要不同基因和商业模式。能让XREAL保持领先的最核心的点是不断提升用户体验，在to C方向上坚定走下去才能够实现。

杨国安：你觉得to C的市场来得更快吗？

徐驰：一定是的。

杨国安：在中国还是在全球？

徐驰：我觉得全球都是这样的。依据我们的判断，未来几年，整个AR眼镜体验会有一个大的提升。

杨国安：我知道你也很关注AR化的内容生态，为什么？

徐驰：首先，用户希望的是一种端到端的体验，光有终端是不够的，一定要有更加丰富的内容生态。这需要一个过程，不是一蹴而就的事，我们希望推动内容生态AR化。我们有两个方向：一个是吸引全球独立第三方开发者，我们创造一个社区，让大家互通有无，交流碰撞；另外一个是和大的、超级App厂商一起努力，带动整个内容生态AR化。

杨国安：在新一代智能终端交互里面，AR和VR谁会跑出来？还是两个共存？

徐驰：它们两个最大的共同点是真 3D 内容的呈现，这是与过去所有终端最大的区别。我们认为，3D 化是未来的趋势，虽然今天 AR、VR 有点不一样，最终会融合在一起，实现 AR、VR 的一键切换：戴着眼镜，摁一下开关，现实就被遮挡住了，只有虚拟世界；再按一下开关，虚实很好地融合在一起了。今天，它们两个以不同节奏发展是因为一些底层技术的成熟节奏不同，所以，我们看到的是 VR 普及更快，AR 相对来说普及慢一些。其实，VR 因为逃离了现实，更像一个代替客厅的游戏机、一个娱乐终端，而 AR 更像一个随时随地可以带在身边使用的手机替代品。

杨国安：所以，AR 某种程度上比 VR 更广义？

徐驰：是的。甚至从广义来讲，今天的手机也是 AR，因为它也是某种设备在增强现实，只不过被局限在 2D 而已。

杨国安：你觉得 AR/VR 在中国的爆发期跟在欧美其他国家的爆发期，是会差不多出现，还是会早一点或者晚一点？

徐驰：我们有一个非常大胆的判断，这一次平台更迭，中国会跑在世界的最前面。15 年前，智能手机出来，iPhone 出来的时候，无论是硬件端还是系统端、交互端，中国的相关人才储备、知识储备都不够。15 年后，供应链以及移动互联网培养的巨大人才储备、庞大的市场让中国完全有机会在这波新浪潮下，更快进行创新和引领。无论是美国还是欧洲，虽然目前在这个行业跑得快一些，但在快速迭代过程中，中国完全具备优势，能够冲在最前面。

第三章

产业重构

数字化转型升级落地更多是在一个公司内部实现降本增效,而前沿数实科技的冲击更多会影响产业链的整体面貌。研发设计、生产制造、库存流通、用户体验、客户连接、回收循环等多个环节都有可能因技术而发生改变,或者已经被改变。

　　以数字孪生技术实现交互式、沉浸式的可视化方式协作设计,已经投入产业应用。智能生产带来的柔性效果在多个行业都已不算稀罕事。各行各业纷纷以 DTC 模式进入了加强与消费者连接、重视用户需求、挖掘用户价值的体验时代,力求给用户更强烈的沉浸式体验。下一阶段将借助生成式 AI 重构不同产业,改变的速度和力度可能比很多人想象的快和大。

　　那么,不同产业链的诸多环节在被重构时呈现了哪些共性特征? 为什么有的产业是设计环节先被重塑,有的产业是营销环节被重构的程度更深? 根据我的观察,具有低效或痛点明显、技术成熟度高、颠覆性强、国家强力支持等特征的产业或者产业中的某个环节,更容易被企业家们挑中作为突破口。

重构切入点一：低效环节

一个环节低效，说明它曾经的投入产出比较低，产业链地位不高。但随着其他环节的高回报逐渐落地，改造这个低效环节的预期收益相对变得更高，投入产出比更高。如此一来，曾经的低效环节便成了产业重构时的刚需切入点。农业便是个典型。

农业生产可分为耕、种、管、收四大环节，我国在耕地、播种、收割这三大环节的综合机械化水平从 2010 年的 52.28% 提升到了 2016 年的 65%，2022 年这个比例又超过了 72%，其中小麦、玉米、水稻三大主粮的耕种收综合机械化率更是高达 97%、90%、84%。[1]

但是包括了巡田、施肥、灌溉、除草、打药等作业的管理环节，因传统植保机械受到农田地形、农作物高度等影响而效果不佳，机械化率一直上不来。而管理环节占据了农业生产近 80% 的时间，其中的工作场景也非常辛苦，比如农民要在三伏天顶着酷暑背着刺鼻的药箱给作物打农药。

管，也是被凝结着数实科技的植保无人机率先改变的环节。植保无人机每小时的作业量可达 40~60 亩，效率是人力的 40~60 倍，而且更环保，其喷雾喷洒方式可以节约 50% 的农药和 90% 的水。随着 2016 年前后极飞科技、大疆等公司的进入，无人机对该环节的渗透力度迅速提高。如今每两三件棉织品衣物或每一两粒大米中，就有一件或一粒曾被无人机作业过。

类似的低效产业环节在很多行业都曾存在。大概 10 年前，业主在装修房子时如果已经有了原型图，想看看 3D 效果图，得等上五六个小时。如果要从头制作一张全屋效果图，得花上一周时间才能走完量房、出平面设计图、做 3D 效果图等流程。

拥有高性能计算渲染引擎、云端 3D 设计引擎等技术的群核科技，让消费者只需要 10 秒即可看到效果图，3 分钟即可看到装修方案，1~3 小时内可以看到设计师制作的全屋效果图。而且，如果不追求精细效果的话，消费者并不需要花钱。

传统火力发电的痛点也很明显，部分由于它排放二氧化碳，全球变暖已经成为人类面临的共同问题。火力发电的能源安全性也不够，传统能源往往成为大国之间博弈的焦点之一。而通过光伏、风力等绿色能源发电，再加上传感器、算力和算法，可以精准预测、调和供电与用电的波峰波谷，还没有能源安全方面的顾虑。在这样确定性的趋势下，电力行业的发电、传输、储能和用电等各个产业环节，都将被绿色能源整体重塑。

重构切入点二：技术成熟度高

不是所有低效的产业环节都有那么高的优先级，科技改造产业链时还会看技术本身的成熟度有多高。这点在智能电动车上体现得很明显。十几年前最早实现量产的特斯拉电动车使用的松下 18650 电池其实是从消费电子产品上"借"过来的成熟产品，并且一直用到了 2020 年之后。2017 年特斯拉才与供应商联合开发 21700 电池，并于 2020 年量产。

无独有偶。蔚来的电池供应商宁德时代，也脱胎于生产消费电子产品所用软包锂电池的宁德新能源科技有限公司（ATL）。而卫蓝新能源与蔚来联合开发的结构上更先进的半固态电池，150 千瓦时可以支持 1100 多公里的续航，但还处于量产的早期阶段，2023

年的目标是生产1000个电池包。[2]至于固态电池，无论是特斯拉还是蔚来，都离量产相去甚远。

也就是说，即便某个产业环节的效率很低，但改造它的技术若还处于实验室甚至论文阶段，那更具性价比的选择是将现有技术运用到更合适的领域。

光伏发电作为一项诞生了几十年的前沿技术，一直并未投入大规模的商用，原因就在于各种应用技术都没办法在光电转换效率上取得质的突破。直到2000年，光电转换效率突破了10%，再叠加政策刺激，光伏发电在全球范围内才成了具有投资回报价值的"新能源产业"。

重构切入点三：颠覆性强

有的产业链里改造低效的环节投入产出比最大，有的产业则不然。有时，当前产品或服务已经在相当程度上满足了用户所需，但仍有很多企业家和创业者前赴后继，试图用全新的产品来革新产业链。

传统装潢依赖手工艺装修，是包工团队依据设计师图纸在现场施工。这种模式常见的问题包括施工时间不断拖延、成本超预算、施工质量没保证、施工噪声和空气污染等等。酷家乐通过"所见即所得"的理念和前沿的云渲染、数字孪生等技术，着力打通设计端到生产端。如今可以在工厂丝毫不差地预制家具和施工部件，最后再快速组装，如此一来，产业链里的低效、成本高、污染等问题便可大幅改善。

随着数实融合的深入、分布式光伏在能源业中占比的不断提高，100多年来未曾改变的能源行业的发、储、配、用均会被改变。天合光能目前的分布式能源系统数字平台，在未来有可能承载大量的相关方进行电力交易，通过这个平台，普通居民发出的电量也可以卖给隔壁的工厂、商店。

在德国已经可以看见这种模式的雏形。Next Kraftwerke公司凭借数字系统聚合了德国、比利时、奥地利、法国、波兰、荷兰、瑞士和意大利的上万个小型分布式能源，包括但不限于风电、生物质能、光伏，其并网发电装机容量已突破1万MW（兆瓦）。该公司帮助发电企业实时监测发电状况，根据其状况调整用电侧的需求，提供储能服务，参与电力交易，优化参与者的发电收入，并在客观上为整个能源系统的平衡做贡献。

XREAL认为，当今的数字世界已经十分丰富，但绝大多数信息都被压缩在2D的屏幕里，这无法带来人所习惯的3D体验。人类与远处的物体之间需要一个全新的交互方式，用与生俱来的工具眼睛、双手、语音与近处的交互方式结合在一起，与当前的键盘、鼠标结合在一起。

人类需要一个智能手机之外的新的智能终端，它方便携带、极其轻巧，以便用户随时进入一个沉浸感极强、数字世界与物理世界完美融合的世界。这样的智能终端无论是苹果Vision Pro之类的头显，还是XREAL认为的AR眼镜，目前的销量或产量都还处于几十万台的起步阶段，但一旦起势，它们对智能手机产业乃至人类智能生活的改变都将极其深刻和全面。

颠覆性强，这个切入点背后的根本性驱动力，是人类作为一个整体永远在追求更好的使用体验：看更清晰的屏幕，听更无损的音质，要更方便、直观、高效地交互，获得更多的信息，购买商品和服务时可实现所见即所得……

重构切入点四：政策支持

政府重点扶持或者支持的产业，也往往更值得企业借助前沿数实科技去重塑产业。个中原因是，探索前沿科技的不确定性本来就很大，革新产业失败的概率比应用成熟科技去降本增效要高得多。假如前沿数实科技应用的领域是国家的重点发展领域，企业将会获得更多支持，减小不确定性。

很明显，本书介绍的案例都高度符合国家政策，属于国家倡导的用数字科技升级实体经济的方向。极飞科技从事的智慧农业，与国家的乡村振兴方向不谋而合。群核科技通过云渲染、数字孪生技术，让数字世界的设计模型与物理世界的实物生产一一对应起来，实现设计生产一体化的个性化制造，这也是中国通向高端制造的必然路径。天合光能的零碳运营、零碳价值链和零碳产品，高度响应了国家的碳达峰、碳中和政策。蔚来的智能电动汽车、智能驾驶，也是国家大力扶持的战略性新兴产业之一。"十四五"规划提出要加快数字化发展，建设数字中国，XREAL所属的XR领域亦被列为数字经济七大重点产业之一。

本书所选的天合光能、蔚来、XREAL、群核科技在产业重构方面均有亮点。但农业更加传统，想象空间大，而且我们已经初窥堂奥，所以我将极飞科技作为产业重构这一环的代表性案例。

未来农业

如果手握先进科技想去重构农业产业链，该如何运用"杨五环2.0"中产业重构的分析框架？

农业的诸多环节看上去都很低效，最低效、投入产出比最低的环节是哪个？该如何选取合适的技术，最先进的技术适合农业吗？是否有颠覆性强的产品和服务，在相对高效的农业环节里也有用武之地，甚至创造出全新的产业生态？

极飞科技的判断是，农业生产中的管理环节的投入产出比最低，融合了数字科技、物联网等趋向成熟的无人机技术适合做切入产品，待前沿技术渗透进更多的环节，产业生态将完全不同以往。

低效 × 技术成熟度高

机械化"洼地"

你可以从亚马逊2021年出品的真人秀纪录片《克拉克森农场》一窥发达国家农民的生活生产方式与农业机械化的情况。纪录片主人公克拉克森的农场里，从耕地、播种、施肥、打药，到最后的收割，基本都实现了机械化，人只需操作各种机器工具。

第一季第二集中，克拉克森把一架搜救用无人机改造成了牧羊无人机用来放羊。一只牧羊犬需要2万英镑，无人机只需要2500英镑；克拉克森学会操作无人机放羊只花了25分钟左右，还省去了与牧羊犬的磨合环节，通常这个过程需要半年左右。

相对于发达国家农业的高度工业化，中国的农业生产正在经历全面机械化的过程。

目前，我国农业生产已经进入以机械化为主导的新阶段，背后靠的是科技进步驱动高质量发展，我国农业科技进步的贡献率已经从 2013 年的 55.2% 提高到 2022 年的 62.4%。

农业生产的耕、种、管、收四个环节中，耕地、播种、收割环节近年来的机械化水平得到相对快速的发展。但在"管"这个环节，科技发挥的作用其实相对薄弱。

"管"即所谓的管理，包括巡田、施肥、灌溉、除草、打药等作业，棉花作物还包括"打顶"，即在棉花开花的前期，将棉花顶端的芽叶剪去，促进棉花的分枝生长和发育，以增加棉花的产量和品质。

管理环节占据了农业生产近 80% 的时间，但用拖拉机这种地面设备来"管"，受到了不少地形地貌的限制，故绝大部分农业生产还是由人力完成施肥、洒药和除草作业。极飞科技创始人彭斌和团队观察到，全国农田实现机械化管理的比例还不到 10%。[3]

无人机切入

显然，"管"是农业生产四个环节中最低效的一个，要重构产业链的话，"管"是最佳切入点。

2013 年秋天，彭斌和龚槚钦受彼时客户的邀请，来到新疆考察，正值当地棉花采摘的前期，需要喷洒落叶剂，加速棉花叶的脱落，以提升棉花采摘效率。拖拉机停在田间路边，农民或拖着皮管，或背着药箱，走进棉田深处，给棉花喷洒农药。棉田地里难走，药箱重，药味刺鼻，阳光毒辣，农民们一不小心还容易中毒中暑，"这件事情干得太辛苦了，而且作业方式的科技含量非常低"。

打药是植保作业之一。他们想，用无人机这个新奇的智能硬件来进行植保作业是不是可行？如果可行，一来可以实现人药分离，人不用那么辛苦；二来机器的效率肯定比人高；再者，无人机在天上飞，不会像拖拉机等地面设备可能对田埂乃至作物造成一定的损害。减损就相当于增产，这对实现粮食安全也颇具意义。

他们做了个试验，给大号塑料可乐瓶子安上在当地农机市场买的水泵，灌满水，安装在他们带到新疆的一台八旋翼航拍用无人机上，试飞下来，用无人机打药是可行的。无人机完全不惧地形地貌的限制，也不会出现压坏田埂之类的状况。

彭斌和龚槚钦判断，机械化替代人工植保作业，一定会是个刚性需求。原因很明显，一方面是人口老龄化的趋势，人的寿命越来越长，人类对粮食作物的需求仍在持续增加；一方面是随着工业化和城市化进程的发展，留在农村种田的人口，尤其是年轻人口已经越来越少，用更少的人力支出获得同等甚至更高的农作物产量，必然是未来农业的发展方向。

而植保无人机"满足国家在农业转型过程中的需求，这个问题解决的规模是巨大的，带来的商业价值也是非常大的"，龚槚钦这样分析。[4] 仅在新疆，耕地就有 1.06 亿亩，棉花种植面积也有近3800 万亩[5]；从全国范围看，耕地红线是 18 亿亩，目前全国耕地面积为 20 亿亩左右。南北地区平均下来，耕地一年有两季种植季，每季有 1 次播种和 4~5 次喷洒农药、施肥作业，这样算下来，"光

第三章 产业重构　089

是喷洒农药、施肥，每年中国有 200 亿亩次的农田管理需求，是一个千亿级的市场"[6]。还有有待开发的国外市场，这个市场的前景空间不可谓不大。

自主飞行

2014 年，极飞科技团队开始投入研发植保无人机，并在新疆进行全年的棉花农药喷洒试验。他们清楚地认识到当时大热的航拍无人机与农业无人机的区别，前者"其实是创造一个新奇、酷炫的产品，让消费者愿意掏口袋里剩余的钱来购买产品。而做农业无人机，本质是在一个传统行业里帮助这个行业提升效率、节省成本，从而获取利润"[7]。

植保无人机的作业流程大致是：先完成田地的测绘，再绘制无人机的飞行航线，无人机按照航线飞行进行植保作业。早期，大部分无人机使用 GPS 导航系统，其定位精度为 1~10 米，需要人手持遥控操作无人机飞行，以减少误差。

极飞科技起初采用"遥控＋半自主"模式，即起飞和降落用人工遥控，把飞机遥控到一个位置后上传航线，飞机根据规划的航线自动完成飞行洒药作业。但这种方式对飞手的要求高，体验也不够好，"半天下来，脸上全是药液"；而且在高强度作业下，人容易出错，造成飞机损失率高。"使用全自主，把人和药远远分离，把重复的劳动交给机器去做才是王道。"2014—2015 年，彭斌在自己操作无人机打药后得出结论。[8]

极飞科技 2015 年下半年开始尝试多种技术方式以实现全自主

飞行。随着4G/5G技术、网络RTK（实时动态载波相位差分）技术的成熟，它们与无人机融合后帮助后者开始实现厘米级定位与全自主飞行。

这些技术的成熟对农业作业很重要。先不说定位精度不够可能造成的漏喷洒或者重复喷洒，在南方地区，不少农田紧挨着鱼塘，若定位误差偏大，很有可能导致农药误喷洒到鱼塘中，造成水污染甚至鱼虾的死亡。

2016年4月，极飞科技发布P20 V2植保无人机系统，搭载D-RTK（双频载波相位差分）系统；同年10月发布P20 2017植保无人机系统，以及增加了RTK定位技术的飞行控制系统SUPERX2 RTK，实现了无人机的全自主飞行。

喷洒均匀

无人机喷洒的关键，全自主精准飞行是其一，还要喷得均匀。"无人机打农药浓度很高，稍微多打100毫升，就可能烧苗，这些苗烧了，你一年的服务费都会赔进去。"彭斌解释，当时市面上普遍应用的是压力喷头，但存在的问题是没办法在流量变化时稳定控制雾化。[9]极飞科技自主研发离心雾化喷洒技术，从2015年发布的P20 V1开始使用，"无人机在速度变化时，可以做到精准匹配变速变量喷药"。

他们还通过实验验证，雾滴越细越均匀，植物吸收越快，药剂效果发挥越好。到P20 V2时，其离心喷雾技术可以将农药雾化为100微米以下的小颗粒，在螺旋桨旋转产生的下压气流作用下，不会出现农药漂移问题，农药的利用率可达到85%。到了P20 2017版无人机，其离心喷头可以把雾滴粒径控制在90~125微米。2022年发布的P100 2023版农业无人机，雾滴粒径范围达到60~400微米，可满足多种场景与环境下的作业需求。

同等体积液体雾滴数量对应雾滴粒径	适用场景		
400微米	杂草	林叶害虫	大龄害虫
200微米	低龄草地贪夜蛾	蚜虫	
100微米	蓟马类	螨虫类	粉虱类
≥80微米	卫生害虫、苍蝇蚊子类		

不同喷洒场景对雾化颗粒的要求

来源：极飞科技官网

对精准的追求，也使得极飞科技发布的前两款植保无人机价格均在10万元以上。大疆2016年3月开始交付的第一款植保无人机 MG-1 售价为 52 999 元。直到半年后，极飞科技于 2016 年 10 月发布的 P20 2017，才有了较大幅度的成本降低，裸机售价为 48 500 元。

提效与节省部分成本的效果随着技术的持续更新与无人机得到更广泛的应用而显露出来。彭斌表示，如今一台农业无人机的工作效率相当于 60 个农民。极飞科技发布的《企业社会责任报告 2020》也显示，依托其精准变量喷洒技术，其智能设备每一次作业减少 30% 的农药化肥使用量，节省 90% 的农业用水，截至 2020 年累计减施农药量达到 45 363 吨。

这也响应了国家绿色发展和农药减量化的行动规划。从全国范围看，如今航空植保统防统治效果比农民自防效果提高 10%~20%，减少农药使用 20%~30%，农药利用率提高 10% 以上。[10]

颠覆性强 × 低效

转动智慧农业的钥匙

经过近 10 年的发展，极飞科技的农业无人机逐步增加了播种、施肥、巡田的功能。"它已经变成一个刚需产品。"彭斌说。

但对于极飞科技来说，农业无人机的价值不仅在于此。为了实现全自主飞行和均匀喷洒，极飞科技花了大量精力在测绘采集农田高清地图和建设大量厘米级的导航基站上。2017 年 3 月，极飞科技发布首款智能测绘无人机 C2000，采用自主研发的飞行控制系统，实现全自主航线飞行及高精度地图自动采集。

一方面，农田有了精准的地理数据信息；另一方面，农业无人机在田间作业的过程中，还会记录下喷洒农药、施肥、播种的用量、作业时间等数据，"数字农田"基于此而生，无人机开始反推反哺农业的数字化。

从这个角度而言，"农业无人机是一把开启智慧农业的钥匙"，彭斌说。

拥有了当今信息时代的核心生产要素"数据"，极飞科技考虑的是如何利用数据做更多的事情，比如农田的地理数据。"农田里的任何作物都种在土地上，要把土地照看好，需要有高精度的导航以及高精度的地理信息数据来支持精准看护每一棵农作物；实际上，未来所有自动化飞行和行走的设备都会跟测绘地理信息相关；AI也都是围绕着农田的地理信息数据情况做决策。"彭斌曾在采访中说道。[11]

在彭斌看来，所谓智慧农业，其底层是数据，数据之上是AI，AI通过数据分析输出决策和指令，由机器人或自动化设备/软件执行。"所以智慧农业，就是未来自动化机器与AI结合以更好地辅助农民，用越来越智能的生产方式取代传统生产方式，实现人越来越少的新型农业生产关系"。极飞科技还需要更全面的数据、更强大的AI学习与分析能力，以及更多的机器人渗入农业生产的耕、种、管、收全产业链环节去解决问题，推进智慧农业的前行。

2017年，极飞科技发布P30 2018植保无人机，首次将人工智能技术应用到植保无人机上——AI故障预判功能能及时提醒用户可能存在的故障，最大限度减少安全隐患；并尝试AI处方图技术，为发生不同程度病虫草害的农作物匹配最佳变量喷洒方案。

智慧农业旨在达到的一大目标是"精准"，某种程度上这是一个永不停歇的动态寻找产业链"低效"环节的过程。以产业重构的视角来看，此前管理环节已达到预期的"精准"程度，面对新的要求可能又成了"低效"环节。过去相对高效的耕、种、收环节，在新科技的助力下也有了颇高的提效空间。

智能化的拖拉机可否根据土地形状和不同作物的需求来完成耕作？喷洒农药时可否通过 AI 的视觉模块将农作物与杂草分开，检测到杂草时才打开喷嘴洒药，并根据杂草的大小来确定喷洒率？……

农业生产足够精准，会减少对人工的依赖，提高生产效率，进一步降低天气因素对农业生产的影响；随着对环境的污染的减小、对土地损耗的减小，还有助于打造绿色可持续的生态环境，提高农产品的质量和安全，大幅提高农业的整体可持续性。

全面感知—智能决策—精准执行

2018 年前后，极飞科技开始思考自己的定位并重新确立了战略方向：极飞科技不仅仅是一家农业无人机公司，而应该是一家农业硬科技公司，为农业带来更多更新的科技产品。沿着用前沿数字技术融合实体技术来重构农业这条道路，极飞科技陆续发布了更多维的产品。

2019 年发布的新一代 XIoT 农业物联系统，利用智能相机、传感器等一系列农田物联网设备及应用软件来获取气象及土壤信息，建立数据模型及预警体系来指导农业生产；首款农业无人车 R80、农机自驾仪 APC1，在耕、种、管、收各环节均能实现应用；智慧农业系统 SAS 可实现农田的数字化管理。

自驾仪的应用场景是传统拖拉机。"我们可以用它把中国所有的传统拖拉机改造成自动驾驶拖拉机。"龚槚钦表示。自驾仪的原理与无人机里的自动飞行控制系统基本一致，极飞科技的核心技术之一在新场景得到应用，还能以较低的成本实现拖拉机的智能化改造。"中国有 600 多万台拖拉机，我们把它全部改造一遍，就是一个百亿级的市场。"[12]

2020 年发布的 R150 2020 款农业无人车增加撒播与割草模块，分别可满足大田、果园的规模化播撒作业需求与执行全地形自主割草任务；新睿图模块，可以实现全自主拍摄、拼接、分析农田影像，在 10 分钟内完成 100 亩田地的高清 3D 地图测绘；新版可落地的 AI 处方图技术能够根据农田信息自动生成施药"处方图"，搭配其睿播、睿喷模块，可以为无人机的变量作业提供智慧指引，从"均匀喷洒"进阶至"精准喷洒"，进一步提升农药化肥的使用效率。

至此，农业无人机、农业无人车、农机自驾仪、遥感无人机、农业物联网、智慧农业系统这六大产品线，贯穿智慧农业耕、种、管、收生产全周期，基本构成了极飞科技的智慧农业解决方案闭环——全面感知—智能决策—精准执行。

几乎所有的智能机器人，都遵循着同一个基本架构：感知—决策—执行。以自动驾驶为例：第一步，通过雷达、摄像头等传感器感知获取周围的路况信息；第二步，根据感知到的信息做路线规划、加减速、变道、转向等决策；第三步，将决策获得的指令转为调节油门、刹车、打转向灯等动作，控制车辆的速度与方向。

极飞科技则是通过遥感无人机和物联网，精准感知农田里发生的一切，比如摄像头观察农田里的作物生长情况和病虫害，土壤温湿度传感器感知温度和湿度，土壤酸碱度传感器检测土壤生产潜力和土壤环境质量等。

结合高清农田地图和物联网传回来的各类数据，智慧农业系统能够运用人工智能技术进行基本苗识别、产量预测、作物长势分析等，算出该区域所需的农药用量，即形成"农田处方图"。某种程度上，智慧农业是在模拟一个老农夫的种地经验，模仿他的视觉、触觉、嗅觉等，在AI的辅助下，农户可以做出更好的决策。执行环节，农户根据处方让空中或地面设备执行系统命令作业。

"我们的产品线从农业的感知到决策再到执行，并不是各打各的，是连起来的一条线，最终实现无人化。"彭斌曾表示。但在他看来，无人化不是没有人，而是尽可能少用人，实现同样的产量。"可能两个人就可以经营3000亩地或者5000亩地。"[13]

技术成熟度有待提高

2020年召开的十九届五中全会首次在文件中提出建设智慧农业。农业农村部信息中心主任王小兵介绍，智慧农业就是以数据为关键生产要素，以现代信息技术为手段，以人工智能为支撑，具有预测预警和优化资源配置两大突出特征的高级农业生产形态。[14]

国家精准农业航空施药技术国际联合研究中心主任兰玉彬认为，无人机通过与物联网、大数据及云计算等现代技术密切结合，目前已在遥感监测、精准植保、智能撒播等方面进行了大规模应用，在农业人工智能发展中呈现"头雁效应"，有力地推动了我国智慧农业的发展。[15]

除农业无人机外，极飞科技的农业物联网设备、农业无人车、农机自驾仪及智慧农业管理系统等新产品仍在培育市场阶段，销售规模和占比目前都比较低。

极飞科技2018年、2019年、2020年及2021年上半年的营收分别为32 032.68万元、35 205.87万元、52 961.05万元、46 785.15万元，其中智能农业装备（包括无人机、无人车、自驾仪、物联网等）营收占比分别为93.91%、87.17%、89.60%、90.39%。而智能装备的收入主要由农业无人机贡献，占比分别为72.19%、75.87%、79.43%、79.47%。

"我们的自动驾驶，还有很多东西需要去论证，无人车到底是什么样子，传感器也有非常多特殊的地方。"彭斌坦言，"如果说无人机的成熟度可能在七八成，其他一些（产品）可能才两三成、三四成。"

当下，智慧农业仍然处于早期阶段，技术成熟度不够是其中一个原因。重构一个产业的前沿技术，一定是一个已经产品化、商业化的技术。停留在实验室里的那些技术看似技术指标很先进，但其实是环境单一的实验室让它看上去先进，它还没受到复杂多变的落地场景的检验。

比如各类传感器可以看到五颜六色的光、记住每一次温湿度数据，但数据共享不畅、区域模拟技术发展缓慢等原因，导致现有的作物生长模型在生产力预测、极端气候效应模拟、管理方案设计等方面还有相当大的完善空间。[16]

现在智慧决策跟一个经验丰富的老农夫比起来，只能算是个小婴儿，这也导致了市场方面有待突破。农业上的决策一旦错误，很可能导致作物死亡，进而出现减产的情况。这对于经营规模相对不大的农户或农场而言，是一个值得重视的挑战。

智慧农业的发展还需要时间。

打造智慧农业"样板间"

智慧农业要挑大梁很困难，而作为辅助决策工具，它已经非常奏效，尤其是在规律性较强的领域。比如小麦的赤霉病是温湿气候型重大流行性病害，智慧农业可以非常精准地感知到持续性的温度变化，进而提醒农户打预防性农药。

为了更好验证技术产品并做出示范，2021年4月，极飞科技在新疆启动了"超级棉田"项目。他们在新疆尉犁县承包了一块3000亩的棉田，交由两位90后年轻人负责，用极飞科技自己的工具与服务，对棉田进行耕种管收的全面管理。"如果成功了，那就证明两个完全没有大规模种地或农场管理经验的年轻人能够以农民为职业，并且获得盈利。"龚槚钦认为这个尝试极具意义。[17]

从4月播种到9月收割，极飞科技的六大产品线的设备都有所应用：农业无人车松土，自驾仪播种，农业无人机打药，遥感无人机巡田、验收外包服务；智能灌溉系统实现水肥一体化的自动化管理；物联网设备即时监测气候、土壤和农作物情况……这些作业产生的所有数据都可以在智慧农场管理系统上查看，管理者可以通过系统了解每一块地的作物长势，并根据数据的统计和分析，进行智慧化的农事管理。

6个月后，这片"超级棉田"实现了254公斤的亩产，共收获700吨棉花。他们表示，在传统种植模式下，相同面积的棉田至少需要30人才能完成巡田、水阀控制、棉花打顶、打药等工作，而这片棉田在管理环节省了60%的人力；并且通过水肥一体化智能灌溉系统，仅在用水这个环节就降本100元／亩。

2022年，极飞科技对"超级棉田"里的相关技术与设备进行升级优化。农业无人机每天可以完成1000亩的打脱叶剂工作，比传统的拖拉机一天打300亩的效率高出不少。正在研发的棉花打顶机器人，1个机器人顶20个工人，并且能够24小时工作。

这一年，"超级棉田"实现了亩产棉花403.6公斤，比上一年提高149.6公斤。他们测算，相对于周边传统农户，"超级棉田"每亩多投入166.9元的智能设备改造与维护费用，而种、水、药、肥及其他生产资料的投入减少411.2元，人力成本也节省了175.3元。[18]

"超级棉田"做出了良好示范。当然，这个无人化管理模式还需要更多的市场验证。极飞科技2023年在当地挑选了两家种植大户进行推广示范。其中一家流转了2000亩棉田，引入"超级棉田"设备后，雇用工人数从上年的14人减少到9人，按当地用工成本计算，一年下来2000亩棉田人工成本就可节省近10万元。[19]

除了在棉花田里示范，极飞科技的另一个水稻种植试验基地"超级农场"坐落在广州市黄埔区，占地300亩左右，也在探索水稻耕、种、管、收全生命周期无人化种植方案，为稻田的数字化转型提供示范。

龚槚钦介绍，中国在大力发展家庭农场和农民合作社，它们的规模基本上就在 50 亩到 1000 亩之间，300 亩正好在这个范围。"如果能够服务好这个规模的农场用户，我们的产品就可以服务大部分农户。"

颠覆性强 × 政策支持

变化场景的起点可能在中国

一旦智慧农业开始实现规模化的复制，将大规模重构农业产业链，让它变得智能、高效、高产。对消费者而言，这样的未来农业很可能意味着彻底的食物自由，单从供给角度来讲，每个人都能获得充足、丰富和安全的食物。

彭斌他们研究比较过中国与欧美、日本等发达国家和地区的农业发展历程，有两个关键阶段：一个是内燃机驱动的拖拉机取代畜力，提高了农业的耕作效率；第二个是插秧机、收割机等精密生产工具，提高种植过程中的精细化管理水平。这两个阶段分别成就了两家公司，美国的约翰迪尔（John Deere）和日本的久保田。

随着农业无人机等智能硬件产品的落地应用，彭斌认为，新的技术窗口期正在到来。这个窗口期，是在自动化、AI、新能源等各种技术加持下的机器人化的一个过程，它要比过去 200 年发生的内燃机取代牲口畜力更加精细，更加智能。

"这次机会，可能最大的变化场景的起点在中国。"

极飞科技正在持续朝着这个方向努力。他们希望未来能够像玩游戏一样种地，需要做的是把农业耕、种、管、收全环节的每一个场景摸透，逐步实现自动化、信息化，最后实现智能化、无人化，也就是人尽量少参与，让不会种地的人通过这套系统和各种各样的智能设备也能够种好地。

要达到这个境界，智能产品的成本需要足够低，作物的生长规律以及管理经验需要数字化、AI化，彭斌说。

在极飞科技投入最多精力之一的棉花种植中，打顶这个场景目前仍然需要靠大量的人力进行作业，"需要在新疆汇集60万农民工人，用10天时间完成这项工作"[20]。他们正在投入研发棉花打顶机器人，截至2023年10月已有约4年的时间。负责极飞科技智慧农业板块的刘波预估，还需要几年，这项技术才能成熟，"需要突破的技术点更多"。

"首先是全场景下的识别准确率问题，要把顶心给识别出来。其次就是执行准确率的问题，它要基于识别的结果，驱动机械臂准确地落到顶心上面。这两个问题解决完之后还有效率的问题。对于农户来说，他才不管你前面用的技术难度有多大，因为一个人一天可以打4亩地，如果我们的设备一天最多打1亩地，他肯定也不会用。'三座大山'攻克之后，还有第四个问题——综合成本。"刘波说。

正如不止一条大路通罗马一样，关于打顶这一项作业，极飞科技也面临着来自不同领域的竞争。机器人打顶属于物理打顶，市面上还有化学打顶，即用喷洒药剂的方式。刘波听说，还有棉花研究所正在培育一些自封顶的品种。

"这四座大山其实都属于我们内部可以解决掉的，但是你就算解决掉,还得跟其他的方式进行竞争。"

无论哪种方式,可以肯定的是,越来越少的人力参与到农业生产中是必然趋势。

青腾一问 | 杨国安对话彭斌

杨国安:农业无人机带来了什么具体的降本增效?

彭斌:非常多。用传统方式喷施农药,1克农药可能要兑1000克水,千分之一地稀释。因为无人机可以更精准地喷洒,所以不需要兑那么多水,对水的节约是显而易见的。能不能省下农药呢?据统计,中国60%的化肥、60%的农药都被浪费了。农田病虫害并不是整片田都得,应该是在得病害的(地方)多喷一点,没得(病害的地方)少喷一点,而不是均匀喷施,所以,(无人机)必然会节约农药。

当然,还有能源。无人机器全是电力的,用5000瓦功率就能非常高效地施洒几百上千亩地。这样低的能耗,可以施洒管理非常大的面积,这都属于(无人机带来的)节能部分。目前,已经有上亿人次使用无人机服务,服务大约14.5亿多亩次的面积。应该说无人机变成了一个农业全场景工具,已经是农业里使用频次最高的产品。

杨国安:你觉得未来的农业跟传统的农业相比,主要会发生哪些变化?

彭斌:农业本身是靠天吃饭的行业,不只靠天,还靠地。因为农产品的生长过程就是光合作用和土地肥力被作物吸收的过程,我们很难在农业领域里面实现加一倍的设备、加一倍的看护,产量就翻倍。所以在过去很多年的时间里,大量的农业从业者从农村到了城市。

在这个背景之下,土地就开始要么集中,要么荒芜,农田的种植过程就会发生一次新的技术革命。过往经历了好几次,其中一次就是拖拉机,我们看到的拖拉机取代了各种各样的牲口,比如牛、马的过程。那之后,又出现了比如更精密的插秧机、收割机这些设备,帮助人进一步提高了种植过程中的精细化管理程度。

城市工业化、农业人口逐渐减少的过程,在中国也一样,所以土地就开始荒芜或者没人耕种。同时,土地开始逐渐伴随着国家政策集中,更多的土地集中要更少的人干这件事情,这个时候,新的科学技术窗口期就来了。这个技术窗口期,我们认为是在自动化、AI、新能源等各种技术加持下的无人化,其实就是机器人化的一个过程。它要比过去200年发生的内燃机取代牲口畜力更加精细,更加智能。这次机会,可能最大的变化场景的起点在中国。

杨国安: 会是很少的农民,很大块的土地。

彭斌: 土地未必很大块,难就难在小个地(块)上。能够自动化,也能精细化,还要保证跟人一样高产出,所以应该是一个个小型化的机器人部署在农田里。这很像家里面原来清扫地板需要用扫把和吸尘器,现在买一个扫地机器人就解决问题了。农田也一样,未来你能看到一个一个轮式或者会飞行的机器人在农田里面干农活。

杨国安: 你对智慧农业的理解是什么?就是智慧农业包含什么关键的内容?

彭斌：我们从结果反向来理解它。智慧农业要解决的问题，就是让种地过程更高效、更多地产出，同时更少人参与。我们既然要取代一部分人，要让一个人管理更大的面积，就需要大量的传感器，大量的自动化机械，还需要软件、数据分析等等。所以智慧农业本质上是一种农业的耕种方式，它不是一个软件决定的，它是一套生态体系，一种新的生产方式。

杨国安：你曾经讲过一句话，像玩游戏一样种地，这是你们的终极境界吗？

彭斌：像玩游戏一样种地，主要是指我们能够掌握各项数据，通过一个简单的入口和界面，像用电子设备，比如手机、电脑一样指挥操控，甚至实时观察到各种各样的生长数据。然后可以用引擎的方式驱动种植过程，让它越来越健康，越来越智能。

杨国安：要达到这个境界，你觉得从技术角度或者整个行业来讲，需要什么样的配套？

彭斌：首先，我觉得最重要的是成本。我们看到很多实验室也做了非常多先进机器人，能够精准除草、施肥，但可能需要几十万元人民币，而且只能看护1亩地，那1亩地的产出可能10年都没有几十万元。如果一个设备就需要几万元人民币，能看护10亩土地甚至更大面积，技术就可以完全覆盖。所以，这就要靠产业链的完成。

其次，我们对于农作物生长规律的获取，以前靠经验，而经验并没有被总结或者说没有被数字化，没有被智能化AI取代。所以，需要一个学习、逐渐探索的过程，这就是所谓的AI模型和数字模型化过程。这个过程一旦完成，智慧农业就真正具有智慧了，真正开始规模化使用，基本上就能实现我们的目标。

杨国安：智慧农业提高效率，替代了部分从事农耕的人口，释放出来的人力会导致社会问题吗？

彭斌：我认为，虽然智慧农业的发展在提高农业生产效率的同时，可能会替代部分从事农耕的人口，但这不会导致严重的社会问题。我们需要理解社会的动态发展过程。今天，我们可以明显地看到，越来越少的年轻人愿意像他们的父辈那样，在农田里用传统的方式耕作。现在还在农田里耕作的人中，大多数人只能维持这样的工作方式 5~10 年。

因此，智慧农业并非瞬间完成的，而是一个逐渐与社会融合的过程。随着农村人口或农业从业人口的减少，我们需要依靠技术进步来保证粮食产量甚至提高产量。这类似于工业领域的发展，当工厂的劳动力需求下降，或者对劳动力的强度要求更加合适时，机器就会逐渐替代人力。

农业也是同样的情况。以前机器不能替代人工，主要是因为它们还不够智能。总的来看，这是一个互助的过程，而不是一个社会矛盾。当然，如果科技发展过于突然，可能会在短期内引起一些问题，但我相信这种状况不会发生。我们会看到一个渐进的、平稳的转变，而不是一夜之间的剧变。

第四章

战略布局

企业如何预判和掌握数实科技带来的创新机遇，提早进行战略布局？

处于技术成熟阶段的企业，制胜关键往往基于用户痛点或没被满足的需求进行创新，提供差异化产品或服务。其战略思考的起点，是了解和发掘现在用户的痛点、痒点或没有被满足的需求，然后设想有什么创新的产品和服务能够解决这些问题，考虑商业上该如何变现，再选择技术能力予以实现。这种思维我们称为用户驱动的创新。

多年以来，腾讯非常关注用户体验，掌握用户驱动创新是所有产品经理的基本功，不管负责的产品是游戏、音乐、视频还是支付。同样，美的不同家电的产品经理，也需要基于对用户使用习惯的了解、客服中心的反馈或者网页浏览数据，理解用户喜好，从而定义产品的规格、价格和功能。这些都是当企业所在产业的技术处于相对成熟阶段，企业成长和差异化的重点在于开发满足客户需求的产品和服务的例子。

当成熟存量市场红利已经不在，新一代数实科技日趋成熟，企业该如何制定自己的战略？我的思考是面向未来增量市场，投资未来，重点在"布局"。

寻找增量市场新机遇的企业，思考战略的起点是看到某些前沿技术可以创新或重构产业。如群核科技看到 GPU 技术、极飞科技看到无人机技术、XREAL 看到 XR 技术、小鹏汽车看到无人驾驶技术，商业逻辑应该更多是一个反推的过程。例如，小鹏汽车制造无人驾驶汽车，何小鹏思考的商业逻辑更多是这样：第一，智能驾驶的相关技术如摄像头、激光雷达、算法是否成熟？第二，产品可不可靠？驾驶是否稳定？是否安全？这需要不断上路测试。第三，智能化的刚需应用场景是什么？比如，在智能座舱里先做音乐还是导航地图？先做高速还是城市的智能驾驶？自动泊车的优先级有多高？第四，少数用户会不会有足够热情（铁粉），推动其他用户参与？这种思维是技术驱动的创新。

很明显，技术驱动的创新与用户驱动的创新逻辑是截然不同的。总而言之，你得从技术出发来思考有哪些创新性应用场景，而不是从用户需求出发来思考产品改进。用户不懂技术，并不清楚未来产品的形态。前沿技术会引领、定义用户的需求，而不是用户需求去引领技术。

乔布斯在开发 iPhone 智能手机时，更多是依靠技术驱动，而不是用户驱动，因为那个时候的用户很难想象出他们所需要的全新产品。20 世纪我在美国开车旅游时，依靠一张大地图来提早规划路线。假如那个时候有人问我什么会是更好的导航地图，我绝对想不出后来的 GPS 和手机导航，想象不出来它们除了可以提供不同路线选择，还可以在走错路时即时纠正，在堵车时给出动态的交通建议。

技术探索

企业必须预判技术发展趋势和演变，较为准确地判断出哪些技术已经走出实验室趋于成熟，可能应用到你所处的产业中，哪些是较为纯粹的实验室技术，离应用还远得很。亚马逊的创始人贝佐斯是互联网产业中不断引领创新的巨头之一，他常说一般 CEO 关注未来三年、五年的事情，但他更关注的是七年或更远的趋势以提早布局，特别是技术路线的演变。马斯克被公认为现今世界最具创新力的企业家之一，非常关注前沿技术驱动的创新，除了创立现在家喻户晓的特斯拉，他还创立或支持了航天探索公司 SpaceX、脑机接口公司 Neuralink 等创新企业。

新一代光伏技术路线繁多，天合光能除了做好技术预研、储备，在产品化方面坚定选择了可兼容当下制程、可基于现有产线改造升级、降低设备投资和折旧成本的 TOPCon（隧穿氧化层钝化接触）。这一路线如今已经成为行业主流选择，正在走向大规模量产，下一代的光伏技术还包括钙钛矿等新兴技术，目前受限于量产成本高、规模化生产挑战等，还在规划储备阶段。

在消费级 AR 眼镜的显示和光学模组方面，"硅基 Micro-LED+衍射光波导"理论上是最有希望也最理想的技术方案，但在产品良率、成本等方面仍有掣肘。于是 XREAL 使用了看上去相对成熟的"Birdbath+Micro-OLED"方案，并在 FOV（视场）、eyebox（近眼显示光学模组与眼球之间的锥形区域）大小、镜头

MTF（调制传递函数）值、投屏尺寸等整体光机设计以及产品量产良率方面发力，结果亦令人满意，生产出了业内最畅销的消费级 AR 眼镜。

在智能驾驶领域，特斯拉与小鹏汽车或者蔚来所采用的技术路线就很不一样。特斯拉选择了更多依靠摄像头、较为便宜的纯视觉方案，这是因为特斯拉先期积累了大量里程数据，有着较为成熟的自研芯片和规模庞大的超算中心。小鹏汽车、蔚来这些后来者很难逾越如此门槛，它们多选择"摄像头+激光雷达"的融合感知方案。该方案虽然较贵，但是激光雷达可以识别更多物体，还可以把物体定位到厘米级别，提升驾驶系统的安全性和行驶体验。

简言之，能重塑产业的科技不一定是最前沿的，但必须是最稳定、最能规模化，符合公司产品化、商业化目标的选项。

应用场景

用新技术打造出来的产品有哪些必然存在的刚需场景，这需要企业的最高领导者摒弃成见，用第一性原理去反复思考，并且反复试错。十几年前，黄晓煌已经意识到了未来世界里 GPU 的算力将带给诸多行业全新的驱动力，从美国回来后，他与同学创立了群核科技，开始了一段长达两三年的给渲染技术寻找应用场景的试错之旅。

他们尝试过大屏硬件设备、"服务器+软件"的产品形态，询问过家居、游戏、电影等行业，始终不得其法。直到 2014 年他们才以室内装修效果图在线设计平台"酷家乐"的极速渲染功能找到了大量业主用户。他们又在 2015 年底才意识到用户不等于客户，低频的装修行业里的高频角色设计师才是自己的付费客户。进而在2017年他们才明确了，自己的客户不光有作为"小B"的装修公司设计师，还应该包括作为"大B"的家居公司。

从2011年开始，极飞科技在科考、巡检、搜救、物流和农业等领域积极探索无人机的应用前景，他们更看好商用无人机市场，认为它更宽泛且更具有实际意义。2015年发布的"极侠"（XMission）便承载了这种期待，极飞科技认为它会衍生出一个生态系统，并在此基础上设计了四款具体机型覆盖澳大利亚警务、国内消防、环境巡护、快递四个领域。但市场反应并不理想，反倒是农业的植保场景给了极飞科技很高的认可，有农户愿意主动付费。这让极飞科技创始人彭斌意识到，在无人机应用场景中，农业将是一个非常重要的可能性。

创新物种

新技术带来了新产品，基于此可能会演化出新的商业模式，让企业变成一个业内的新物种。比如智能电动车的共性问题里程焦虑到底该怎么解决？蔚来创始人李斌深入思考了当时被国内外同行广泛唾弃的换电模式。他详细调研了已经倒闭的业内独角兽，认为它们的死亡并不是因为换电模式不行，而是因为没从用户体验出发。

李斌反复比较用户的充电与加油场景后，认为换电模式足以成立，因为换电所需的全程时间短，能做到和加油一样便利。值得注意的是，李斌认为换电模式与充电模式并不是竞争对立的关系，而是互补关系。截至2023年9月，蔚来用户的换电次数累计超过了

2900万次[1]，对很多蔚来用户来讲，换电比加油还要方便。

用户热情

新产品能否带来一批堪称粉丝的热情用户，也是需要思考的问题。粉丝才会有能力和意愿去感染更多人，以口碑营销的方式低成本地完成推广。蔚来围绕着用户企业的理念，从上到下设计了高性能的智能电动车、换电模式、蔚来App、NIO House（蔚来中心）、用户信托等独特的产品和服务，俘获了一批批热情洋溢的粉丝。

在蔚来并不长于主动性营销的前提下，很大程度上是这一批批粉丝自发宣传产品、维护蔚来，带动着蔚来的销量。在2019年蔚来最困难的一年里，蔚来部分车主粉丝更是去门店做志愿者，举办试驾活动，甚至自掏腰包给蔚来打户外广告、出租车广告等，如此带来的销量直接推动蔚来走出了生死困境。蔚来内部公认的结论是，在他们最困难的一年，是用户救了蔚来。

生态配套

新兴技术要迎来爆发走向成熟，尤其得注意行业生态的配套。当年iPhone能够改变行业走向，触摸屏技术、代工厂的制造能力、3G/4G的普及、开发者群体的活跃等都是必不可少的关键因素。现在很多前沿技术催生的行业初兴，很多配套的基础设施并不健全，这时或者自己去建设和培育，或者耐心等待。

XREAL创始人徐驰在发布两代AR眼镜得到了大相径庭的销售数据后，深入思考了苹果公司的发展脉络，相信在行业早期应该是"终端先能卖出一定数量，才可能有生态"[2]。在终端有一定销量之前，Killer App 不可能诞生，因为用户量稀少无法帮助开发者实现商业闭环，也就不可能吸引优秀的开发者。徐驰相信，"先生态再终端是一个死局"。

生态配套为什么如此重要，是因为在很多科技引领的行业里，并不是技术最领先的公司或者产品能笑到最后，而是要看整个生态系统的支持情况。典型例子就是多个产品线多年间遵循"挤牙膏"式创新的英特尔公司，挑战者甚众，却无一成功。最重要的原因之一，便是英特尔在多年前打造的成熟的 IT 生态构成了一道难以逾越的屏障。①

本书所选的极飞科技、XREAL、群核科技的战略布局均有特色。但群核科技和极飞科技身上的战略路径演化更具特色，它们均手持先进技术反复寻找应用场景，并且都在满足了市场一段时间的需求后再次切换到打磨先进技术，引领、定义用户需求的阶段。所以我将这两家公司作为战略布局这一环的代表性案例。

未来家居

在家居行业从以品牌商为中心转为以消费者为中心的趋势中，家居企业该如何满足消费者的多样化、个性化需求？如何抓住产业方向？

---

① 近年来对英特尔构成最大挑战的英伟达属于斜刺里杀出的对手。英伟达此前并不处于 IT 生态里的核心领域，其主要产品 GPU 与英特尔更多是互补关系而不是竞争关系。

运用"杨五环 2.0"中战略布局的技术探索、应用场景、创新物种、用户热情、生态配套这一评估框架，来看看群核科技是怎么做的。

该企业的创始团队一直在密切关注 GPGPU 这项技术，并且卡住其成熟阶段来寻找应用方向。在寻找增量市场时，创始团队一直在思考如何运用强大算力支撑的渲染引擎技术去创新或者重构某个产业，该如何布局未来。

当其产品打开销路，吸引来热情的种子用户后，群核科技也走向了正循环，它变成了一个与此前的同行在产品、商业模式上大相径庭的新物种。若还想迈上一个新台阶，让技术迎来更大的用武之地，它就需要考虑如何构造适合自己的行业生态了。

可以说，案主企业演化的具体细节和先后顺序或有差异，但基本暗合了"杨五环 2.0"中战略布局的内涵，说明了技术驱动的创新企业，其战略重点在"布局"。

技术探索 × 应用场景

拿着锤子找钉子

2010 年，CUDA 渐趋成熟，原先只能用来打游戏的 GPU 将应用到更多领域变成 GPGPU。

那时，正在英伟达参与 CUDA 语言开发的软件工程师黄晓煌与同学陈航判断 GPGPU 技术已经达到了应用阶段的初步成熟程度，并在 2011 年春节时开发出了渲染技术的 demo。

英伟达内部一般认为 GPGPU 有三个潜在 C 端用途可以考虑，

渲染、AI、挖矿[1]。黄晓煌感觉"渲染"更具可行性,"那个时代的算力离 AI 的落地可用还太早。挖矿,在中国的环境下明显不靠谱"。

此前的 demo 已经被他们鼓捣成了一个在 iPad+Chrome 上使用,渲染图形图像的通用渲染技术。那时在亚马逊云计算组做软件工程师的朱皓评价道:"速度是比较快的,效果只能说凑合,但拿来民用,给普通消费者看,相比过往的东西已经超出很多了。"

他们想着,这种快速呈现视觉的能力应该有些用,但不知道可以应用在哪个行业。游戏是一个不难想到的选项,渲染本就是游戏引擎的核心功能之一。DIY(自己动手制作)比较流行的汽车、首饰、家居、电影行业也会需要,比如在汽车上涂一点不一样的图案。最终,黄晓煌、陈航觉得国内付费软件的市场基础较差,比较靠谱的是卖一款家居行业的硬件,即在一个商场里面摆一个大屏设备,用来展示渲染后的家居效果图,供消费者购买时参考。

方案有了,产品和技术也有了,还在硅谷找了一个华人天使投资人,黄晓煌、陈航便在 2011 年底回到杭州创立了群核科技。几个月后,朱皓也回来了。不幸的是,由于天使投资人爽约,再加上融资困难,三个人只好东拼西凑了 40 万元用于公司运营。

他们得尽快找到渲染引擎的应用场景以求变现,但市场反馈令人沮丧。大屏硬件设备的思路无人问津,游戏行业对于既快又好的渲染技术也不是那么感兴趣。那时正处于手游爆发的时间点,大小

---

[1] 新比特币是由爱好者们使用高度专业的硬件设施运行相应的计算机程序所得,类似矿工们挖掘矿产,所以常用挖矿来形容获得比特币的过程。

游戏公司们追求的是赶紧上线，而不是打造 3A[①] 大作。中国的电影行业也不行，规模小，强势甲方的付款周期长，黄晓煌说"根本就做不下去"。

家居行业所属的大家居领域也需要视觉呈现，或许有机会。他们把软件装到插了两块英伟达显卡的服务器里，向一个橱柜公司打包售卖。对方愿意为服务器付点费用，至于这个软件，在给源代码的前提下也可以考虑买下。"大家对软件没概念。"他们认真想了想，觉得给源代码这事儿不靠谱。

装修公司或许能成为客户，结果反馈也很不理想。多家本地装修公司说可以给群核科技的渲染引擎付些软件使用费，但它必须具备几万个商品模型和户型后才可堪使用。他们那时只有从网上搜罗来的上千个免费的商品模型，一次建模的市场价格得几百元，客户要的模型库算下来得上千万元。黄晓煌他们没有这等财力。

无奈的从 B 到 C

ExaCloud 渲染引擎仍在被改进。他们进一步明确了在提供中等可接受画质的前提下，渲染速度要越来越快的思路。2011 年底，群核科技就把渲染从本地改到了云端，由多台服务器快速并发完成，还计划让渲染引擎跑在 GPU 阵列上……总之要加快速度。

但为了养活自己，他们一度将重心放到了技术外包上，接了一些云存储、渲染的项目。做外包作为纯乙方，拿到甲方的尾款十分

[①] 3A 游戏一般是指高成本、高体量、高质量的大型游戏。

困难，朱皓甚至曾跑到上海去催债。日后朱皓觉得"早期靠项目还是耽误了一些时间。项目做完，也不会第二次用到那些代码，也不会跟合作方有更深层次的合作"。

2012年底，他们苦苦寻觅的方向终于来了。一个家装企业一个月支付十几万元，请群核科技给他们定制包括云设计和数据系统在内的内部软件。几个月后项目结束，基于对质量的认可，客户提出与群核科技合资，由群核科技专门负责技术实现。陈航说："他们一看这个厉害，就付钱了，创造的价值很直接。"

从"杨五环2.0"中战略布局的框架来看，用户愿意为之付费无疑是一个应用场景算刚需的明确信号，黄晓煌、陈航、朱皓认为他们寻找的就是家居行业。这个行业规模大、公司多，又对快速渲染图形图像技术有明确的需求。他们决定减少在外包业务上的精力投入，回到做软件产品的初心上，将渲染引擎从通用方向聚焦为专做室内渲染领域的效果图。

家居企业就是客户。他们也意识到家居家装企业基本上不具有软件开发能力，卖给它们一个以算力为主的技术解决方案不具备可行性。"它还需要工程师做衔接（开发）的话，我们就认为这种方式基本上不靠谱了。"

于是他们基于ExaCloud开发了一款在iPad上运行的瓷砖设计软件，然后跑到建材城里推销，结果经销商们还是不感兴趣。"iPad这个设备，他们没有。（即便有）也觉得这个东西看起来挺好，但是让我去下载到iPad上来用，感觉也不太好用。"朱皓回忆道。

这一波面向B端的尝试还是失败了。他们仨明白自己的产品技术本质上是一个工具，适合服务企业客户去降本增效，却一直无

第四章 战略布局　119

法攻克 B 端。他们认为自己没有互联网基因，也没资本烧钱，做不了互联网产品，但在形势逼迫下，也在 A 轮投资人 IDG 的建议下，他们萌生了直接面向业主开发互联网产品的想法。"在设计师那儿，我们估计是卖不动的，因为我们的效果也没那么好。干脆做面向业主的。"

2013 年 11 月，群核科技上线了室内装修效果图在线设计平台"酷家乐"，将软件放在云端，适配所有终端。网站主要包括在线3D 云设计平台和云设计服务两大板块。业主上"3D 云设计平台"亲身操作，从搜户型、一键智能设计、匹配样板间、获取户型图库到快速渲染设计方案等不一而足。设计师主要在"云设计服务"里与业主交流，给出咨询意见，提供专业的设计方案。前者是流量入口，后者承担商业转化。黄晓煌说他们想"让消费者用起来后去倒逼企业提供服务"。

这时酷家乐已经积累了上万个商品模型和户型图，但很快客户再次强调不够用。为此酷家乐尝试了上传即补贴、在百度贴吧发帖、在天涯论坛发帖等举措，吸引业主、设计师以 UGC（用户生成内容）的方式上传户型图和模型。这还不够。鉴于全国也就只有三五十种流行户型，他们觉得不如把它们拆解成一个一个房间和商品，然后组合出杭州乃至全国的户型图和商品模型。2014 年夏天，他们在全国招募了几千名外包人员在酷家乐的网站上画户型图。

2014 年前后，互联网家装成为风口，从在线设计工具变为业主社区的酷家乐也相继完成 A、B 两轮融资，摆脱了当年的资金窘境。黄晓煌说："VC（风险投资）天天在门口排队想投钱，没有什么资金上的困扰，只要用户在涨，融资不断。"

用户热情 × 创新物种 × 生态配套

从 C 到 D，在低频行业里找高频角色

这次面向用户的转型击中了业主的痛点。在中国装修房子的全流程体验确实痛苦，比如设计环节。消费者要先交费，一张 3D 效果图在杭州的价格是 300 元左右，还无法很快看到图纸。要经过量房、出平面设计图、做 3D 效果图等流程——其中的建模、打光、渲染需要不同工种完成——最后耗时大约一周时间制作出一个全屋效果图。只渲染一张全屋家居原型图，一般也得 5~6 个小时。

究其原因，设计师常用的 3ds Max 本质上是建模软件，并不长于渲染，其学习门槛、部署门槛都非常高。与之相比，高性能计算渲染引擎、云端 3D 设计引擎等技术已有大成的酷家乐只需要 10 秒即可生成效果图，3 分钟即可生成装修方案，1~3 小时内设计师可完成全屋效果图的制作。陈航认为，酷家乐能挑战国外发展了几十年的设计软件巨头，最大的机会就在于他们处于云计算盛行的新互联网时代，大量云端服务器可以提供超高的算力，快速完成渲染。

虽然对门外汉来说，这一技术仍有门槛，但对设计师而言易用性大大提高。家居家装行业一直以来追求的"所想即所见，所见即所得"，至少在设计环节实现了"所想即所见"。消费者现在通过设计师可以很快预见到未来的家的样子，决策风险变小、周期变短、痛苦程度大大降低。酷家乐因此一炮而红。

黄晓煌回忆道："2014 年春节的时候，朋友圈、微博上有很多人都在转发我们的产品，这其实对行业形成了一个比较大的冲击。

用户自发宣传非常迅猛，所以直接的效果就是获取新增用户的平均成本也非常低……我们把原本需要几十分钟、几个小时的效果图渲染压缩到了 10 秒钟，这是一个颠覆性的产品，使用我们产品的设计师能够秒杀其他同行，所以一下子就爆炸式地传播开了。"[3]

2014 年 4 月，在堪称粉丝的热情用户的宣传下，酷家乐已经成为全国最活跃的家装社区，全年的流量更是增长了约 10 倍。酷家乐每天出的渲染图数量相当于一个大型装修公司一年的量。更重要的是，它基本解决了模型库的问题。到 2015 年初，酷家乐的商品模型量已经基本够用。户型图数量则超过了 100 万张，成为全国最大的在线户型图库，连全国最大的房地产家居平台房天下都成了酷家乐的合作伙伴。

用户、流量的增长还没结束。2015 年，谷歌推出了只卖 5 美元的 VR 头显 Cardboard，暴风科技推出了名为"暴风魔镜"的 VR 盒子，它们在国内外引爆了 VR 的概念。酷家乐也适时推出了自己的 VR 产品全景图，通过渲染一个点上、下、左、右、前、后六个面的图片，消费者不需要像市面上其他 VR 体验那样购买额外设备，只需要把手机横过来观看便有从 2D 变成 3D 的立体感。黄晓煌说："不敢烧钱，所以就挑成本最低的做，成本最低的反而是最容易普及的。"

在手机 4G 通信套餐的普及下，用户完全不在意多消耗流量，更希望沉浸式看到房屋的各个角落。2015 年酷家乐产出了几十万张全景图，一张全景图的用户平均停留时间长达 6~7 分钟。全景图在设计师、业主间名声大噪，成为继户型图后的第二个爆款体验，并带动公司流量再次增长了 10 倍。

遗憾的是，流量并不都能变现。装修对于绝大多数普通人来讲属于一生一次的超低频需求，黄晓煌发现"消费者装修完就流失了"。业主付费意愿不高且客单价低，一般也就是几百元。他们习惯的 App 界面很难承载更多的设计功能，对软件的操作也不够专业。

让黄晓煌、陈航、朱皓意外的是，装修行业的设计师在社区里异常活跃。黄晓煌说酷家乐"尤其在设计师群体里，几乎是每天都被激烈讨论的状态"。原来，他们当初用 C 端倒逼企业的设想部分成真了。业主也能快速操作一些简单设计的事实，提高了对设计师出图速度的要求。那个年代的房地产行业蓬勃发展，设计师的订单多到接不完。设计师不光可以用酷家乐快速、大量出图，还能提升业主的体验以此来提高自身的销售转化率。黄晓煌认为，与传统方式相比，酷家乐对于装修设计行业的提效，"就是走路和开赛车的区别"。

酷家乐其实不需要在意业主这个产业链低频角色的留存，工具型应用也不是直面业主的最佳界面，因为它可以通过设计师这个产业链高频角色接触到一个又一个新业主。设计师才是酷家乐的真正用户（to designer，面向设计师）。相比家装行业 10 万元订单中 3000~6000 元的获客成本，一个软件账号上千元的价格显得颇为公道。

他们需要做的是在保留 C 端社区与工具体验的前提下，为独立设计师、装修公司设计师等提供更好的功能和服务。比如业主也可以出效果图，但这些图只能看看，未必能用于施工，而设计师显然可以做到更多。还有更大的付费群体进入他们的视野，那就是站在设计师身后，为消费者提供家装业务的企业主。陈航说："我们需要扎实数据基座及标准化的产品架构,也希望通用型功能能为更广泛的中小企业服务。"

这次转型十分及时。2015 年的股灾让融资环境骤然变冷,投资人告诫酷家乐"做好两三年内不融资的准备"。开始为企业提供服务的酷家乐,在 2015 年获得了大约 1000 万元的营收,并在 12 月实现了单月的盈亏平衡。

2016 年,酷家乐的营收达到了大约 1 亿元[4],其中 12 月单月的营收便达到了 2015 年全年的规模;客户续约率达到 70% 以上,续约金额超过 100%,这意味着设计师们购买了更多账号以及升级了软件系统。2016 年完成 C 轮融资后,酷家乐的估值达到了 3 亿美元。

从工具到联盟

在以齐家网为代表的信息平台、以土巴兔为代表的家装电商夺人眼球时,酷家乐的异军突起为互联网改造家居家装行业提供了另一个思路。它并不打算重构这个行业,只是希望用数字技术为装修公司降本增效。对用户而言,也是如此。黄晓煌曾在一次采访中表示:"其实我们在商业模式上并没有太大的创新,就是因为技术和产品的体验更好,抓住了用户。"

但酷家乐的势能已不容小觑。在 2016 年,它聚合了 700 万用户、60 万专业设计师,覆盖了全国 90% 的户型图库。平台累计已产生近 800 万套家装设计方案、超 100 万真实商品 3D 模型库,日均生成 30 万张渲染效果图。

也是在 2016 年,黄晓煌、陈航、朱皓意识到给设计师更好的工具对家居家装行业的意义是什么。设计是整个家居家装行业前端的最大入口和产业链的最上游，有着接触客户、获取客源的天然优势，还产生了很多数据去衔接后面的营销、生产、施工等环节。用朱皓的话来说，数据是从设计往外导的，一定绕不开我们这个软件。

酷家乐适时调整了自己的策略。一方面是继续强化产品技术。比如2016年底酷家乐自研的VR设计引擎Kool VR只需搭建一次场景，就可以根据不同的VR设备输出相应格式的内容与之适配，实现了3D模型的即传即用。VR内容生产成本进一步降低，生产效率却大幅攀升。到2017年时，酷家乐已经成为国内生产VR内容最多的平台，每天可以产生几十万个VR场景。

另一方面，酷家乐寻求与合作伙伴更深入的合作。陈航说："2016年，是家装家居行业高速发展，也是高速洗牌的一年，单纯依靠流量模式已经无法取胜。企业在细分领域加重投入的同时，组成联盟而非单打独斗地开拓市场，多方融合成大势所趋。"[5]

从"杨五环2.0"中战略布局的框架来看，技术再强大的公司也没办法提供所有的产品和服务，于是恪守核心竞争力边界的公司一般采取的就是培育出适合自己的行业生态来共同提供消费者所需的产品和服务。不直面消费者的工具型公司，其成长路径在很大程度上就是其生态圈扩大的过程。

在合作的家居品牌超过2700家、装饰装修企业超过4500家的前提下，酷家乐希望自己的3D云设计平台发挥撮合能力，为各个品牌招商引流。

2016年，酷家乐推动大批一线家居品牌成立了品牌联盟，涵盖家装所需的各个细分领域。同时酷家乐推动平台上的几十万设计师成立了设计联盟，在为业主制定设计方案时可以链接家居、建材企业的真实产品体系，一键生成报价清单。

除了优化业主的全流程体验，广告服务也是酷家乐商业化的另一个方向。除了订阅费、设计服务抽成，酷家乐的收入来源还包括为客户提供相当于货架展示的广告服务。广告服务按周收费，客单价可达 30 万元。鉴于广告会消耗消费者的忠诚度和黏性，酷家乐未将其当作主要收入来源。

酷家乐的产品技术得到了设计师的持续认可。到 2017 年中，酷家乐的获客来源中，免费用户转化占 40%，老客户推荐占 30%，线上渠道占 20%，销售团队地推获客只占 10%。酷家乐的直营销售团队只有五六十人，在国内部分城市通过代理人建立销售体系。

2017 年，酷家乐营收达到了约 3 亿元[6]，其中七成来自软件服务，其他来自广告。由于它们均为高毛利业务，这一年酷家乐还实现了约 5000 万元的利润。[7] 由于新技术带来的新产品和新商业模式，酷家乐已经成为家居行业的创新物种。

几年后，黄晓煌结合酷家乐的技术优势谈创业经验："创业就一定要找到撒手锏，等于一根针捅破天。不要想着一开始什么都做，一定要专注一个点做到极致。这样一定能够杀出一条血路。"[8]

技术探索 × 应用场景

走向产业腹地

业务高涨之际，酷家乐注意到抱怨"设计师的效果图跟最终装修成品天差地别"的业主非常多。这会是一个越来越重要的问题。随着80后、90后成为家居装修的主力消费人群，家居行业兴起了全屋定制风潮以高效利用家庭空间布局，并满足新一代业主的个性化需求。定制家居企业将替代成品家居企业成为行业主流。定制，自然更强调所见即所得。

3D云设计解决了"所想"，GPU的算力带来的急速渲染实现了"所见"，但"所想即所见"只革新了家居家装产业链最上游的设计环节。要想追求"让未来生活所见即所得"的公司使命，黄晓煌认为还得帮助行业做好装修施工落地的管理。

2015年，《中国制造2025》发布，这对设计软件与制造业的衔接提出了要求。酷家乐意识到如果自己的主要功能仍然只是出效果图的话，既不符合行业趋势，产品也太单薄。

探索新的领域，也是因为酷家乐在主打极速渲染、10秒出效果图的室内设计领域已经形成了垄断级的用户壁垒。到2017年底，酷家乐拥有275万专业用户，覆盖了全国40%的室内设计师。[9]如果统计口径缩窄到使用线上设计软件的设计师，黄晓煌说酷家乐"已做到70%的覆盖"。[10]

靠着技术这一根针捅破天的酷家乐还吸引了1000万业主用户，服务了5000家品牌商、6000家装修公司。工具数据更惊人。酷家乐平台上的真实商品素材超400万件，2017年新增设计方案1500万套，年新增渲染图1.19亿张，年全景图浏览总时间达10亿分钟。

不考虑"所见即所得"的行业使命，哪怕只考虑增长的问题，酷家乐也必须向产业腹地发展。但深入接触施工落地环节后，黄晓煌发现这并不是一个管理问题。

全国家装行业的从业者少说也有几百万，没办法用一套标准流程、管理思想让他们的施工作业标准化。他们换了一个思路，与其折腾更后端的工人，还不如去做产业链中间的工厂的数字化升级。用数字技术去降低人工干预的程度，减少出错，提高效率。

当然解决思路还有一个，就是像尚品宅配那样，采用自己掌控设计、工厂、产品、供应链、营销等环节的垂直整合模式。"我们当然也有讨论过，但毫无疑问肯定选横向发展。横向战略的主要难度在技术通用上，但需要重新去开拓新的行业和新的市场。纵向战略面对的是同一个市场，但得去做不同的产品。所以横向和纵向战略的选择，主要在于对技术更热衷，还是对行业更热衷。"黄晓煌觉得酷家乐一直专注在软件行业，垂直整合模式明显不符合公司基因，他说："技术是我们最擅长的，做自己擅长且喜爱的事能更专注，我们会一直坚持做软件，把信息化、智能化这个点做到极致。"

追求大 B 客户

对技术更热衷的酷家乐得踏入 KitchenDraw、2020[①] 等迭代缓慢的 PC 端国外定制设计软件的领域，大幅迭代自己的软件功能。朱皓和曾在亚马逊与 Kiva System 工作了近六年的现群核科技资深副总裁吴错亮带领酷家乐的精锐团队，以定制橱柜起家、后来主打

---

① KitchenDraw 是在欧洲市场占据领导地位的橱柜设计软件，由法国著名软件供应商 PRAGMA Informatique 出品。2020 是橱柜设计软件，由加拿大 2020 科技软件公司出品。

全屋定制的中高端品牌博洛尼的需求为样板，成功在2016年底开发出了全屋定制工具，初步投入使用。

该产品提供了柜体非标定制、样板间定制、成品家具一键应用、参数化可变家具全覆盖、符合设计师习惯的2D视图、海量素材精细化调整、商品自主上传管理、自动输出图纸及报价清单等深度开发的功能。黄晓煌评价道："这里面的主要难点就是数实融合建模的过程。原来只要看一个表面，效果出来对了就行，现在你得把内部结构都分毫不差地建模出来。……原有的系统基本要重做。"

酷家乐从此不再仅仅是产业链最上游的轻薄的设计软件，目标客户也不再仅仅是装修公司。强调家居定制甚至全屋定制的大型家居企业，希望从向业主卖产品，变为向业主卖整体设计方案，它们成了酷家乐的重要客户。

这些大公司数字化水平相对较高，渠道规模庞大，给旗下设计师们订阅酷家乐的账号往往是几百上千个。朱皓说，有大型家居公司购买了超过1万个账号批发给旗下经销商的设计师使用，最后还能做到有70%左右的活跃度。与之相比，家装行业高度原子化和区域化，一般就是一家小店。在杭州，有上百个设计师就算顶级家装公司了。虽然使用软件的都是设计师，但如果说装修公司是小型B端客户的话，那么现在这些大型家居公司就算"大B"了。

无论是从价格还是从易用性来看，云设计软件都大幅降低了传统工业软件的使用门槛，容易实现规模化发展。但吸引来的大客户很容易提出定制化需求，又会影响软件公司产品的标准化程度。酷家乐对此的态度很明确，尽可能拒绝其定制化要求。

"拒绝不掉的，那我自己开发一小部分。"朱皓说酷家乐给大客户的定制化程度不算高，主要提供 API 和支持第三方公司给大客户开发插件。"我们坚决不做定制，我们的软件是个设计工具，还是要高度标准化才推广得开。有的大客户要做定制开发，我承担不合作的风险也不做。我宁愿打很低的折扣，都不做定制。"

"不是说我一定不做（定制），但是我会明确每一个客户定制项目的需求，考虑接与不接，然后怎么去做这件事情。"主管商务的群核科技资深副总裁陈卓说。他认为大客户极具价值："头部客户对我来说的好处是有行业影响力。当我们想切入市场、打磨产品的时候，头部客户对行业的理解和对产品的反馈一定是更深的。"

对于大客户的诉求，除了产品本身的价值，酷家乐额外提供的更多是深度运营服务，包括但不限于开户、培训、建模、技术实施等。截至 2021 年 3 月 31 日，酷家乐有 267 个大客户（客单价 20 万元以上），酷家乐按照一个售后员工最多服务 20 家企业的比例配置服务团队。

生态配套 × 创新物种

家居生态服务提供商

只推动全屋定制的大型家居企业还不够，施工落地、营销、供应链也得推动起来。

类似志邦家居这样的客户还希望酷家乐可以尽快支持施工图在线编辑、水电智能设计等功能，于是酷家乐在 2018 年中正式进入了 BIM 领域，力求融合、打通设计和施工环节。

从 2018 年下半年开始，酷家乐的 BIM 软件陆续推出了在线修改图纸、水电智能设计工具、精准户型绘制工具、专业施工图、精准算量平台、3D 模型与 2D 图纸联动等功能。酷家乐的 BIM 采用"云＋端"的结构，数据、计算及渲染等涉及大数据、高运算量的内容都在云端存储、分析。本地终端则承载了快速报价、装修效果展示、初步设计、深化设计、工程预算等针对不同需求的专业功能。

随着亿级数据的增多，2017 年推出的"AI+ 设计"的用武之地也越来越多。在渲染打光环节，机器根据场景自动计算光场实现了智能打光。下单/拆单环节的系统，具备了智能识别并纠正错误的能力。出图时支持一键智能标注，可根据客户的要求支持千人千面的图纸版面布局、标注信息。

酷家乐希望自己迭代为一个生态系统，这意味着酷家乐并不需要什么都做。

"要把整个行业服务好，单靠我们的力量还远远不够，要构建一个生态市场，让建模公司、第三方应用开发商、协助打通上下游数据的合作伙伴等，都能参与进来从中获利。"朱皓说。[1] 他们希望像 SaaS 巨头 Salesforce 一样，只提供基础模块、核心能力与 API，由合作伙伴来完成细分场景的应用。

酷家乐在 2018 年提出了"大运河计划"，这是一个比此前的设计联盟、品牌联盟更加强调打通产业链底层的生态计划。它以酷家乐的 3D 模型为基础，希望各大厂商将自己对外销售的产品放入同一个产品数据库中，并提供给所有设计师统一使用，实现"模型授权使用、商品下单供货"的流程。

它旨在解决上游品牌厂商觉得模型的应用效率低，下游装修企业无法及时得到模型被迫部分自建，互相无法连接彼此的痛点。陈航说："我们希望打造一条运河，去沟通、串联每一个家居品类，为行业打造全球最大的家居供应链信息平台。"

海外市场亦在 2018 年得以启动。酷家乐发布了国际品牌 COOHOM，进军北美、东南亚、印度市场。"我们查了一下，发现全世界有几十个国家的用户在用我们的软件，有很多根本就不懂中文。"黄晓煌说。他们意识到让设计师把想法更好地表达出来是普适需求，"既然做了好的产品，就希望全世界都能够用起来，所以我们就开始推进全球化"[12]。

打通生态链非一朝一夕之功

试图打通产业全链路数据的诸多举措有了结果。2017 年，酷家乐每日新增全屋定制方案突破 2.2 万个，涵盖了数以万计的定制参数化素材，企业自主上传定制模块累计突破 35 万个。

"大运河计划"亦有进展。优梵艺术合伙人梁圣说，"大运河计划"帮他们与弘阳地产、美搭美家、摩力克窗帘、碧桂园等品牌深度合作，很多客户通过酷家乐的采购金额都超过百万元。[13]

但这些亮点更偏局部，一时间也未转化成规模级收入。酷家乐 2017 年的营收已接近 3 亿元，但 2019 年的营收仍只有 2.823 亿元。换言之，2018 年、2019 年酷家乐的营收增长相对有限。

"但我们发现真正的难题是在工业上，工业设备的迭代是以

5~10年为周期的,你不可能让一个老的、非数字化的加工设备,因为我卖了一个软件给你(就被淘汰掉),就把整个工厂几亿元的投入换了。这是比较难的。所以只能在他们买新的设备、制定新的流水线计划的时候,才能够去替换,这个周期就比较长。"黄晓煌知道,要完全打通生态链条,并非一朝一夕之功。"我们在局部已实现了数字化,但是让整个室内空间所有场景都数字化、信息化,还需要走一段路。"[14]

与家居家装行业生产端的应用软件对接,设计出来是什么,生产出来就是什么,让设计生产一体化,才能实现所见即所得。为此,酷家乐想要通过生态的力量,去拉通全链路,在生产端对接了造易、1010、CV、因格等多个生产软件。除了前后端对接一体化外,还包括设计管理一体化、智慧楼宇管理、门店新零售、VR互动、房产中介等解决方案。

继续夯实大家居的同时,酷家乐寻求将既有的成功经验横向复制到更多领域。所想即所见、所见即所得是空间场景的共同诉求,云设计、云渲染的技术自然也可以复用到那些重设计且一旦交付修改成本便相当高的行业,例如零售店铺、办公空间、餐饮、展览、婚庆等。陈航说,就好像5nm的芯片,既可以用于手机,也可以用于手表、无人机。

过去这几年,酷家乐在诸多方向上的探索被明确总结为"从家居到全空间、从设计到全链路、从工具到全生态、从中国到全世界"四大战略方向。在此构思下,2020年11月,陈航宣布以注册名称"杭州群核信息技术有限公司"的简称"群核科技"作为整体品牌,"酷家乐"成为群核科技以数字化全局能力服务4万亿家居市场的重要子集。

以设计渲染、生产施工、几何建模、营销展示这四大核心能力为基座，面向全空间的家居、房产、公装、别墅/小型建筑四大领域，提供 N 个"产品＋服务＋生态"的解决方案，群核科技的产品矩阵被总结为"4+4+N"。

为了补强产品技术，群核科技在 2020 年 4 月全资收购了建筑地产设计资产管理及 3D 数据可视化 SaaS 软件 Modelo，巩固自己在建筑房产领域的技术能力。2021 年 2 月，群核科技全资收购了专注于 2D 室内设计的云端 SaaS 软件"美间"，加速打通软装领域。

阶段性成果

2018 年，群核科技整合旗下技术能力推出了面向公装、商装领域的智能 3D 云设计工具酷空间，先面向零售、餐饮、办公、会展四大行业提供营销获客、装修设计、施工管理以及数字资产一体等功能，并与益禾堂、生鲜传奇、鲜丰水果、圣奥、震旦集团、舒华体育等多家行业标杆客户达成了合作。

在群核科技开始推动从家居到全空间的转型时，其他三个战略方向也陆续跑出了阶段性成果。

酷家乐国际版 COOHOM 已经进入了 200 多个国家和地区。来自海外的收入占总收入的比重，从 2019 年的约 0.3% 提升到了 2020 年的 4%，又提升到了 2021 年（截至 3 月 31 日）的 8.5%。大量的东南亚客户企业抱着学习中国企业推动智能制造的心态购买了COOHOM。韩国最大的家居企业汉森家居来华考察之后，放弃了旧有的设计系统，转而成为COOHOM的客户。

平台生态战略亦有进步。酷家乐应用市场上第三方公司开发的小程序已有近百个，提供了拆单、量房、提案、CRM、分拣打包等功能。算上所有客户的话，群核科技的软件设计平台每天都会在云端执行数百万次渲染并处理数十亿次API调用。群核科技正在实现与3ds Max、草图大师、AutoCAD等业内主流软件的3D通用格式互联互通。

最难的设计生产一体化也在2019年对接了近10家后端生产工具，前后端打通了近200家全屋定制家居企业。使用了酷家乐的全屋定制家居企业博洛尼在4万单的实操中，切实做到了降本、增效、保质。原材料周转时间从50天以上，缩短到20天以下；半成品周转时间从20天以上，缩短到2.5天以下；板式家具批次生产周期从2~3天，缩短到4.5小时。[15]在博洛尼吴江工厂，板材材料利用率达到了92%以上，批次检验通过率、拆单准确率和加工准确率都达到了99%以上，一次包装成功率达100%。同等体量的工厂以前需要400名工人，如今只需250名工人。

战略方向的调整、产品功能的增加和标杆客户的成功吸引了大量来自全空间领域的客户。群核科技的企业客户数量从2019年的11 624家增加到了2020年的18 592家，截至2023年底，平台注册用户超5100万，合作品牌企业近4万家。[①]

2019年、2020年及2021年第一季度，来自高级客户（至少订

---

① 群核科技绝大多数客户仍来自室内设计、装饰行业。

阅 5 个注册账户的企业客户）的订阅收入分别为 2.19 亿元、2.71 亿元、7660 万元，占当期总收入的比例分别为 82%、81%、79%。而从 2500 万业主用户中产生的近 10 万个人付费客户的收入，占比仅为 8% 左右。

从 2019 年到 2020 年，来自大客户的收入从 5660 万元增长到了 8520 万元，50.5% 的增速远远超过了普通客户和高级客户。2021 年第一季度，大客户再次贡献了 2890 万元的收入。2019 年、2020 年及 2021 年第一季度，来自大客户的营收分别占酷家乐同期总订阅收入的 21%、25% 和 30%。

群核科技的营收也随之增长，从 2019 年的 2.823 亿元增长到了 2020 年的 3.534 亿元。在家居设计软件领域中，群核科技的市场份额已经超过了 56%。[16] 尤其值得一提的是，2022 年群核科技的 NRR（净收入留存率）①接近 110%。[17]

虽然公司在稳步前进，但黄晓煌丝毫不敢大意。他觉得四大战略方向中的"从设计到全链路"还是面临着最大的挑战。"不像设计师更换设计工具那样，今天推广明天就换了，行业本身的更新汰换不会太快。行业也很深，涉及的设备、环节非常多，不同细分行业的工厂天差地别。柔性化改造这个行业，基本上是把国家的工业基础再重新升级一遍，我们一家企业肯定是做不到的，得想各种办法去培育市场、教育市场。"

---

① NRR 是 SaaS 行业的关键指标，NRR 超过 100% 意味着企业在一定时期内从现有客户那里获得的收入增长超过了收入流失，说明企业的产品或服务具有较高的客户黏性和满意度，表明企业能够通过提高现有客户的消费来实现收入增长，而不仅仅依赖新客户的获取。

青腾一问 | 杨国安对话黄晓煌

杨国安：你们应该是国内最大的 3D 云设计平台了，一路走过来有哪些关键的决策？

黄晓煌：2015 年与 2018 年是两个比较关键的时点。2015 年发生了一次股灾，那时我们是做纯 to C 模式，没有什么资金上的困扰，但是账上基本没有什么收入。只要用户在涨，融资不会断。但是突然发现，发生股灾几个月，投资人基本消失了，我们的股东也跟我们说现在是资本寒冬，要做好两三年不融资的准备。

我们当时就比较紧张，然后就在想，得有一些商业模式。我们当时想到的第一个就是像海外企业一样卖软件。因为我们原来在国外读书，美国市场的主流是软件公司，而不是互联网公司。我们推出了针对企业的版本，当年的 12 月就实现了单月的盈亏平衡。在那个时间点，我们就对在中国卖软件充满了信心。

2018 年的时候也发生了一些事情。当时国家在推"中国制造 2025"战略，其中一个说法是：海外的设计软件像达索、AutoCAD 都支持制造，你们这种只是看看效果的软件并没有跟上潮流，是很快要被淘汰的。这对我们来说是一个巨大的危机。我们当时就把整个公司最精锐的团队集中起来，去攻克从设计到生产制造这个难题。

这里面的主要难点就是数实融合建模的过程。原来只要看一个表面，效果出来对了就行，现在你得把内部结构都分毫不差地建模出来。这个挑战就在于，原有的系统基本要重做。所以在这个基础上，我们在 2019 年就实现了第一家数字化工厂的改造。现在国内家居行业中比较大的上市企业应该都在用我们的系统。

杨国安：你们的技术水平如何？

黄晓煌：在家居行业里肯定是全世界最领先的。因为像韩国最大的家居企业、美国最大的家居企业、东南亚最大的家居企业都在用，这也是在全世界做了比较的。

杨国安：2020年你们制定的"从家居到全空间、从设计到全链路、从工具到全生态、从中国到全世界"的战略，感觉在战略布局上有蛮大的提升。当时为什么有这样的思考？

黄晓煌：我们本身不是家居行业出身，原来是做高性能计算的，理论上同样的技术可以用在很多行业。实现我们的使命，让未来生活所见即所得，也不一定要在家居行业，就像我们现在涉及的商业空间设计等，都可以实现。制定这么一套战略更多是顺势而为。结果老赛道一个没丢，新的赛道也拓展得挺好的。

杨国安：目前推动的生态战略进度怎么样？在哪一些行业比较快，在哪一些是比较慢的，为什么？

黄晓煌：数实融合的核心是在虚拟世界里面构建一个与真实世界一样的东西，数字孪生只是第一步，这个数据只有我们自己看得懂。我们的目标是让所有的设备都看得懂，这些设备因为不是我们做的，所以推动开放生态——不光是前后对接——把我们构建出来的孪生体的数据格式都开放给全行业，让它们的系统都可以去理解。

整个制造业是一个巨大的生态，设备就有上万种，我们自己不可能衔接到所有的设备，我们需要动员整个行业的力量来实现互联互通。过去（产业链内部）是相互隔离的，你做你的，我做我的，然后再靠工人把这边的信息用U盘拷一下，拿到那边去。

我们开放了之后，所有的数据都有统一的格式，上下游接着我们的数据，可以完成整个对接跟柔性生产化过程。原来只是有信息流通，现在设备跟设备之间终于可以相互通信、理解。

目前大部分木制品加工的头部企业都已经通过我们的系统实现了数字化生产，木工作业已经被彻底改变。10年前，95%的木工作业都是人去打磨木头，现在可能80%的木工作业都已经是设备自动化生产。在2017年之前，你很少看到"全屋定制"这个词，之后它基本上借助这种数字化的手段实现了大爆发。这几年这些公司的财报就体现出这一波数字化的红利带来了巨大的增长。当然，我们也是借了这股东风。

木制品的加工比较容易，但有一些更复杂的加工，比如金属、玻璃制品的加工还是需要跟设备制造商一起协同才能够完成。目前金属加工行业，大部分产品还是大规模批量生产，还没有实现每一个产品都不一样。

杨国安：在数据互相打通的过程中，最大的阻力是什么？

黄晓煌：因为我们推出新的格式，原来有很多老的设备，不要说做柔性生产，连数字化都实现不了，还是靠人工。所谓的数字化，你要么就全部数字化，要么就全不数字化。如果一部分数字化、一部分靠人工，到时候出错了，到底是人的问题还是系统的问题？

当然早期还有一些设备厂商不开放，不愿意把自己的数据衔接进来，只对自家开放，对第三方不开放。这样也会给我们造成很大的阻力。

这两个阻力都很大,但都在逐步解决。

要指望每一个东西都百分之百实现柔性生产,可能要很多年。但我估计百分之八九十的柔性生产,在 5~10 年内是可以实现的。

未来农业

用"杨五环 2.0"中战略布局的技术探索、应用场景、创新物种、用户热情、生态配套这一评估框架,可以看看极飞科技如何在农业这样的传统赛道进行自己的战略布局。

极飞科技的创始团队十分擅长无人机技术,但一直没找到适合发力的大行业。因偶然的机缘,他们发现了农业和农业种植中管理环节的打农药这一场景,他们解决了其中的技术问题,依靠先进的产品技术收获了种子用户极大的热情。这是很不容易的,因为购买力相对有限的农业客户只愿意为绝对的刚需工具付费。

在依靠农业行业成为一家成功的无人机公司后,极飞科技战略思考的起点又再次回到了技术驱动创新、技术引领用户需求。它认为自己不应该仅仅是无人机公司,而应该是一家农业科技公司。它要为现在还基本不存在的智慧农业提供深度的解决方案,这样才能定义用户需求,解决用户需求。由此,极飞科技深度布局了自驾仪、无人车、物联网、AI 等产品线。

极飞科技的案例说明,技术驱动的创新企业,其战略思考应该是面向未来增量市场,去投资未来。

技术探索 × 应用场景 × 用户热情

闯入无人机赛道

极飞科技创始团队并非一开始就锚定了农业赛道。从开始创业到扎根农业领域，他们经历了几年的摸索期。

2007年，在广州微软工作了两年多后，彭斌决定和两位朋友一起尝试创业。当时制造业正在升级，他们判断机器人将是未来的趋势，并切入帮助生产线做清扫和运输的导航机器人这个赛道，做了8个月，没有成功。

他们转换了一个思路，开始转型做飞行器，2008年10月研发出第一代产品，"一个很奇怪的东西，长了四个螺旋桨，完全不符合空气动力学，但是它能飞。除了能飞，什么都不能干，就是能悬在空中飘来飘去"[18]。

彼时，无人机这个概念尚未完全形成，这个"奇怪的东西"被称作航模或飞行器。彭斌他们把这款产品推向市场，令人惊喜的是，产品得到了航模发烧友以及专业航拍用户的认可与欢迎。2009年，他们的营收达到几百万元；到2011年，销售额达到了2000万元。

当时，极飞科技还叫Xaircraft，航模产品大多卖到国外，主要通过RCGroups国际爱好者社区论坛进行推广和销售。

龚槚钦与彭斌的结识正是源于Xaircraft的航模。2010年，在澳大利亚边念大学边为当地《国家地理》杂志做纪录片摄影和制片的龚槚钦有了航拍取景的念头，他在RCGroups论坛上了解到

Xaircraft 研发的四旋翼航模,方便携带且操控简单,便买了一套设备。龚槚钦收到的是一堆需要自己组装的零件,他自己调试组装,还加上了相机控制系统,但航模在第一次试飞时就掉进了澳大利亚国家森林公园里,再也没找回来。

虽然航模丢了,但龚槚钦对它的热情却不减,他判断"这个东西一定有未来",还特意从澳大利亚飞回广州,约彭斌见了一面,和他探讨如何研发更稳定的飞行控制系统。

回到澳大利亚后,龚槚钦和彭斌持续保持着联系,探讨无人机的应用场景和空间。龚槚钦在澳大利亚时,还帮助当地的救援组织做一些搜救设备的开发,这些应用场景也得到了彭斌的认可。2013年,应彭斌的邀请,龚槚钦回国,正式加入极飞科技。

在这期间,国内外的无人机创业公司正陆续兴起:2006年,大疆在深圳成立;2009年,零度智控完成注册;2009年,《连线》前主编克里斯·安德森在美国创办 3D Robotics……它们各自探索着无人机的技术、形态与应用场景。

2012年年末,大疆发布了一款名为"精灵"(Phantom 1)的无人机,仅需简单组装即可使用,支持悬挂微型相机,售价1000美元。

这是全球第一款航拍一体机,被业界认为是"具有划时代意义的产品",大大降低了无人机的使用门槛。也是从这个时候开始,无人机从"发烧友"圈层走向大众消费者,消费级无人机市场迅速被引爆,无人机进入快速发展期。

"全部押注"农业

以航拍为主的消费级无人机是一条明确的赛道,而彭斌他们还在思考"这种机器人未来能做什么更有意义的事情"。极客出身的彭斌信奉技术改变世界,他认为未来无人机将会有更多更大的行业应用场景。

无人机的应用场景以及市场空间,的确不仅仅限于消费级。民用无人机[①]市场的另一个子集是行业级无人机,其市场空间也充满巨大的想象。普华永道2015年曾调研分析过行业级无人机的潜在市场空间,最具前景的行业领域分别是基础设施、农业和交通运输,价值分别为452亿美元、324亿美元、130亿美元。[19]

从2011年开始,极飞科技从无人机技术出发来思考到底有哪些适用的行业,在科考、巡检、搜救、物流和农业等领域积极寻找应用场景,并筹备研发推出自己的商用无人机[②]。在他们的规划中,商用无人机的应用场景更宽泛且更具有实际意义。

2013年,彭斌和龚槚钦受当时还是客户、如今已是极飞科技副总裁的郑涛邀请去新疆考察时,看到了无人机在农业领域的一大应用场景——植保。2014年,他们去新疆待了半年的时间,对产品和用户进行实地调研。

同年,极飞科技还与顺丰达成合作,探索无人机在物流上的应

---

① 民用无人机按用途一般分为两类:一类是消费级无人机,主要用于消费者航拍;一类是行业(或工业)级无人机,目前主要应用于农林、测绘、消防电力巡检、物流运输等领域。

② 商用无人机,也就是行业(或工业)级无人机。

用。2015年初,顺丰公开其无人机送货计划,当时在珠三角地区以每天500架次的飞行密度,力推在山区、偏远乡村等农村市场的无人机快递业务。[20]

2015年2月,极飞科技正式对外发布其第一款无人机"极侠",一款全天候商用微型无人机系统,售价19 999元起,从4月开始发售。

"极侠"无人机针对不同应用领域设计了四款机型,分别是:专为澳大利亚警察设计的,可挂载高清摄像设备和高亮度探照灯,用于野外搜救;为国内消防设计的,针对消防应用的特点对材料进行了优化,能够在火场高温度、高湿度的环境下进行侦察作业;针对环境巡护用途设计的GREEN PEACE,用途包括海洋保护、捕鲸监管、森林保护和候鸟保护等;以及用于快递的空中轨道系统XAirway。[21]

他们曾预测,"极侠"会逐渐衍生出一个生态系统,但市场反响却静悄悄,订单没有像预想中那样纷至沓来。龚槚钦回忆:"后来我们发现,无论是国内还是澳大利亚,消防员、海岸巡警等,大家都不会直接下单,初期每个订单都只订几个。要有一到两年的验证期后政府才会大批量下订单,可是我们等不了。"[22]

等不了的还有物流无人机,这一场景也远远没有到规模应用的阶段。对于与顺丰合作的无人机物流项目,彭斌当时表示其主要应用在偏远地区,或者是物流站点之间的应急快件运送等特殊场景,各家物流企业对这一小众应用的需求并不是十分庞大,很难在短时间内与消费者直接见面:"这一行业目前仍处于早期萌芽阶段,市场上远远未迎来爆发式需求,而且应用在公众市场为消费者送货并不现实。"

而另一方面，在新疆研发的植保无人机给了他们积极反馈。2014年，极飞科技在新疆进行棉花农药喷洒试验，起初寻找合作农户时，他们提供免费的喷洒服务，但有农户质疑，担心试验影响收成。直到年中，有农户找到他们，希望极飞科技用无人机给自家的地喷药，还主动给了他们400元钱，彭斌对此印象深刻，"这就是认可"。[23]

刘波也感受到了植保无人机作为生产工具给农业行业带来的冲击。2015年，他在新疆一个村子给农户的田地做测绘后，被当地的农户用三蹦子拦住了。"他们看到我们开的车上面有极飞的logo（标识），知道我们是用极飞无人机打药的。他们实在找不到人来打药，希望我们把他们的地也给测了，他们觉得测了之后就会有无人机过来打药。"

对于付费更为谨慎的农户居然有如此强烈的热情和付费意愿，说明他们非常认可和关注植保无人机和极飞。刘波说："我感觉到农户对于这种比较好的生产工具的渴望，到了一个爆发的程度。"

2015年4月，极飞科技推出其第一款植保无人机P20 V1。相对于另外几个行业应用，农业无人机或植保无人机可迅速投入行业应用，且有着广阔市场前景。

他们判断，市场需求是其一，从事农业生产的人口必定越来越少，机械替代人力的趋势是必然的，而且国家层面也在鼓励并推进农业机械化；市场空间也大，他们曾分析，仅新疆就有近4000万亩棉田，放眼全国，有20亿亩耕地，每年有上百亿亩次的作业次数，而这个市场当时并没有什么企业进来，竞争不大；从无人机的监管层面看，无人机受到了严格的飞行管控，比如在人口密集的城市空中飞，"它会被社会广泛关注，相关政策法规就趋于严格"，而植保无人机即使出现问题，掉在田里至多砸坏几株植物，危害与风险相对要低得多。

事实也正如彭斌当时所判断。物流无人机直到今天仍未进入商业化阶段。而植保无人机得到了国家政策的支持，在田地里飞，低于30米的空域可免于报备，购买植保无人机还有补贴支持。

2015年下半年，极飞科技砍掉包括航拍在内的所有业务，把所有精力聚焦在农业行业。"如果不全部押注，每个人都一直有退路。思想不专注的话，是突破不了这个行业，做不出好产品的。"彭斌后来反思。

同年年末，大疆和零度智控先后发布各自的首款植保无人机。

创新物种 × 生态配套

"滴滴打药"

极飞科技推出其第一款植保无人机时，并没有开始售卖。这款成本超过10万元的"新物种"在以小农经济为主的国内，直接售卖给农户并不现实，要知道2015年我国农村居民人均纯收入也才10 772元[24]。另一方面，让农户相信并迅速接受这么一个新生产工具也有难度。

"这是一个全新的东西。对他（农户）来说，尝试新东西，风险是它有带来损失的可能性，而这个损失对他来说很难承受。所以这个产品一开始要卖给他们是不太可能的。"刘波解释。

卖工具暂时不大可行，那就卖服务。极飞科技成立了子公司极飞科技农业，建立起一支人数一度超过400人的直营服务团队，用自己的飞机为农民提供打药服务。"我们买了上百辆卡车，生产了1000多台无人机，招聘了400多个90后。这件事特别难，甚至有家长打电话问我们是不是传销公司，是不是给孩子洗脑了，让他们去新疆打药。这种运营成本特别高。"龚槚钦回忆。

极飞科技的销售团队跟新疆的农户谈合作，销售接单后，由后端调度分配给飞手。农业生产具有很强的时节性，仅在新疆，不同地区、不同作物对植保需求的时间与密集度也不同。"这时候很需要一个信息化的系统，要接单派单，合理分配资源，去保障服务效率和质量。"刘波入职极飞科技的第一个项目，就是做这个信息化的调度系统，"我们也算是最早做了农业领域的'滴滴打药'"。

对于农户来说，这种模式的试错成本更低，接受起来也容易得多。而农户们也迅速尝到无人机作业的甜头。越来越多的农户主动找到极飞科技的服务车和服务点，要求其提供打药服务。

这充分说明了前文所言，前沿技术驱动的创新是前沿技术对用户需求的引领和定义在前。公司对前沿技术有充分的洞察，甚至需要像极飞科技一样建立直营团队给用户示范新产品和服务的价值，用户才会跟上尝试。但只要把这些种子用户服务好，能激发他们的热情和感染力，公司就能进入良性循环。

到了2016年，陆续有人找到极飞科技，问能不能把无人机卖给他们。而这时，极飞科技的无人机价格也降到了10万元以下。

市场的爆发点似乎也要来了。

职业飞手

此时，摆在极飞科技面前的有两个选择。一是继续扩大自营团队，将服务覆盖到更广的范围；二是选择销售无人机，通过用户去覆盖服务范围。如果要自营，则需要继续扩张飞手团队，而国内幅员辽阔，农地范围之大，对于极飞科技而言，管理的边际成本一定大幅持续增长，这未必是桩划算的生意。

而选择销售无人机的一个利好是，农业无人机被纳入补贴范畴了。2015年以来，河南、浙江、湖北、福建、江苏、江西等地陆续对农业无人机进行补贴试点工作或将其纳入农机补贴目录。2017年9月，农业部、财政部、中国民用航空局发文，开展农机购置补贴引导植保无人飞机规范应用试点工作。

大疆2015年下半年发布的MG-1农业植保机，从2016年3月开始交付。在MG-1农业植保机媒体交流会上，大疆公关总监王帆分析了当时农业植保无人机的几个痛点：市场上现有的植保无人机质量不稳定、售后服务体系不完善、专业飞手紧缺，市场尚处在"草莽"之中。

极飞科技没有销售其发布的前两款植保无人机也有市场和产品本身的原因。除了植保无人机市场前期教育不足、用户接受度较低，产品本身的自动化、可靠性、易用性等性能也没有达到彭斌理想中的满意度，飞手的培养成本也高。"培训一个用遥控器遥控的合格飞手需要5000~10 000元，（我们）要降低成本到1000元/人或更低。(无人机)必须全自主,不要让人去了解怎么遥控飞行,只要知道怎么处理应急情况安全作业即可。让农业无人机真正关注农业,而不是飞行。"彭斌说。[25]

经历过 2015 年、2016 年两个农业生产季后,极飞科技的产品性能有了大幅提升。

2016 年 10 月,极飞科技发布 P20 2017 植保无人机系统,新的植保无人机可实现全自主飞行,大大降低了操作难度。极飞科技还宣布推出植保无人机销售和租赁业务,并成立极飞学院(后改名为"极飞学园"),提供无人机操作培训与农事知识服务。P20 植保无人机裸机售价 48 500 元;无人机系统(包括无人机、GNSS RTK 定位设备、A2 智能手持终端、药箱、灌药机、智能电池和充电器)售价 94 999 元;租赁租金则是按作业量算,4 元/亩,并交纳一定的押金。

也有人早早嗅到了植保无人机的机遇。曾创业做航模生意的程义敏锐地觉察到了无人机植保行业的春风,在 2016 年前后决定转型做植保无人机的代理,并找到了极飞科技。而彼时极飞科技还没有开放产品销售。

在极飞科技开始销售植保无人机后,程义很快与极飞科技建立合作,把植保无人机带到了自己的家乡江苏睢宁,一开始只在自己家里的田打小麦除草剂,进而接下村里 300 多亩农田的打药作业。随着订单与无人机越来越多,程义组建了一支叫"蒲公英精英团"的飞防队伍,培养了 2000 多名飞手,奔赴全国各地提供服务。

飞手是用户的热情更加进阶的体现,他们不光有感情,还愿意

第四章 战略布局　149

把飞无人机当作一门事业投身其中。像程义这样对新科技产品接受程度高、上手快的年轻人，把新奇的生产工具带回农村、投入农业，无疑会对农村、农业的从业者起到榜样作用，极飞科技当然也乐见其成。公司通过极飞学院向用户传授无人机操作知识与相关农事知识。极飞学院上线一年，其学员人数超过2万人，其中70%以上都是80后与90后。[26]

随着无人机的操作越来越"傻瓜式"，成为飞手的人越来越多。一旦飞手生态成形，极飞科技的商业模式、自我定义均有可能发生改变，成为农业领域的全新物种。就好像美团外卖的骑手大规模出现后，美团就不仅仅是一个团购公司一样。如今，已有超过10万名飞手遍布全国各地。彭斌预测，未来可能有上百万人以此为业。

农事具有周期性、高密度、低频次的特征。仅植保这一项作业，不同地区、不同作物的需求频次和时间也不一样。极飞科技曾观察到，仅在新疆，通常4月中旬开始进行小麦除草，南疆地区的除草工作则在5月初；6月开始进行高秆作物、番茄的脱叶工作；7月是病虫害的高发期；8月底到10月中旬，则是棉花与辣椒的脱叶作业季。

新疆棉田有近4000万亩，其自营团队能覆盖的面积有限。极飞科技从2016年开始在新疆组织大规模的农业无人机喷洒棉花脱叶剂工作。2017年，极飞科技将区域调度、接单分配的服务能力开放给职业飞手们，组织全国飞手在棉花脱叶作业季来到新疆，进行脱叶剂联合喷洒作业。

2020年，疫情也推动飞手的本地化趋势愈加明显。郑涛观察到:"一方面加速本地专业化飞防合作社的成立,另一方面小农户开始自行购入无人机,今年(2020年)的购机人群也主要以这两类为主。"

技术探索 × 应用场景

用更多的技术引领需求

2017年,极飞科技基本结束直营服务。这一年凭借植保无人机的销售,极飞科技的营收超过3亿元。

从2013年开始探索植保无人机,极飞科技从无人机企业到农业无人机企业的转型,取得了阶段性的成果。在技术迭代和市场竞争下,植保无人机的价格也一年比一年便宜。截至2018年11月30日,极飞科技在全球运营的植保无人机数量为21 731架。[27]

2018年下半年,彭斌他们和高管团队开始做新一轮的战略思考。

"我们几乎掌握了现今所有的先进科技,AI、自动化控制都有了,核心问题已经不是有没有什么技术了,而是掌握的技术能不能有一个好的场景施展开来。"

团队内部也有不同的声音:有的想要深耕农业,有的认为极飞科技的技术和团队既然在农业领域能够突飞猛进,那在别的领域也可以,想要大力开拓其他行业。最后,所有的争议集中到一点:极飞科技到底是一家无人机公司,还是一家农业科技公司?

"如果我们的定位是一家无人机企业,那在有一定市场规模后,我们应该把无人机这项技术用于除农业以外的更多场景。要不然我们就要再想清楚,我们对农业有热爱,我们对农业有感情,我们对农业有深度的认知,我们在农业领域有客户、有经销商,我们是不是要为农业提供更多的科技产品,从而延展我们的产品战略。"彭斌解释。

有感情和热爱无疑。创始人和研发团队每年都会在田间地头待上一段时间,调试产品,洞悉农户的痛点和需求。

客户也有更多的需求。江苏大中农场向极飞科技提出,希望通过信息化的方式监管农业无人机的作业过程,确保其有按照标准完成作业任务。极飞科技有着从售卖产品到售卖服务的可能,即从农业制造业进入农业生产性服务业。

主攻无人机电力巡线的中飞艾维的 CEO 曹飞曾表示:"当无人机和具体某个行业场景相结合,无人机只是一个工具,最重要的是通过无人机采集的数据以及对数据的分析和处理。这时候,竞争的关键变成对行业场景的理解,理解了行业和数据,才能提供增值服务"[28]。

农业这个行业自身也有极大的空间。植保无人机主要覆盖农业生产中管理环节的一部分。

刘波曾走访农户,调研他们的种植成本结构。棉花种植中,植保打药这部分仅占整个种植成本的 5%,成本占比最高的是水肥管理,这也可以通过技术改造,提高水肥效率、减少人力劳作。

把时间线拉长看未来,农业从业人口减少,而对农产品的需求持续增加的趋势是不可逆的,对提效生产工具的需求也显而易见。从国家政策层面看,自 2014 年,国家提出"智慧农业"概念,

2016年"智慧农业"首次被写入"中央一号文件",此后每年中央都会出台新的政策规划鼓励智慧农业的发展。

过去几年里,随着农村网络基础设施的不断夯实,5G、大数据、人工智能技术的逐渐成熟和普及,田间作物墒情、苗情、病虫情及灾情监测等方面的智能识别系统和耕、种、管、收环节的智能机器人不断涌现,智慧农业应运而生。

彭斌他们也一直认为无人机是开启智慧农业的钥匙。他曾如此描述极飞科技的未来:"通过极飞科技物联网和测绘无人机技术,帮助农户提高对农田的智能感知。通过农业智能引擎分析,帮助农户更科学地决策,从而让机器更好地为农户服务,减少低级重复劳动,节省大量人力,提高劳动效率,创造更多价值。"[29]

"如果一家企业要长期发展,应该专注于某一个产业,让这家公司能够脚踏实地踩在一个需求上,而这个需求从长期来看非常稳定,是可以一个一个问题解决和积累的,是可以持续发展的。"彭斌再次笃定了专注这件事。

这次转型,极飞科技内部坚定了目标:往农业科技的方向走,成为一家农业硬科技公司,为农业带来更多更新的科技产品。

从"杨五环2.0"中战略布局的视角来看,前沿技术驱动的企业不能仅仅了解用户的需求,因为用户不懂技术,并不清楚未来产品的形态。企业应该以前沿技术去洞察用户的需求,继而定义和引领用户的需求。

"我们要做在未来等你的产品。用户今天所提的需求,很有可能是虚的。一个常见的例子是,调研时问他要什么样的牛,他说要少吃草多干活,最好是不吃草的。如果只从这个维度去研发,那可

第四章 战略布局   *153*

能就得去做基因改造了。事实上他是要一台拖拉机,而不是一头牛,但他不知道。"彭斌说,"我们看到未来的样子是机器人化的,无人机只是机器人的一种,还有在地面作业,甚至固定在地面上的机器人。"

因此,极飞科技更新了使命愿景。其使命为:提升全球农业生产效率。其愿景是:构建一个满足人类未来100年发展需求的农业生态系统,让全世界的人们都能获得充足、丰富和安全的食物。

研发方面,极飞科技持续加大投入,其2018年、2019年、2020年及2021年上半年的研发投入分别为4884.82万元、6947.43万元、9735.84万元、8130.71万元[①],平均下来,研发投入每年均保持着50%左右的增幅。

2019年,极飞科技推出多款产品。11月发布XP 2020款农业无人机和XIoT农业物联系统;12月发布首款农业无人车R80以及农机自驾仪,并推出农业系统平台——XSAX开放平台,对合作伙伴开放应用和设备与数据服务。

至此,极飞科技形成了包含农业无人机、农业无人车、农机自驾仪、遥感无人机、农业物联网、智慧农业系统的六大产品线。

近年来,极飞科技持续更新了多款农业无人机、农机自驾仪、智能灌溉阀等,同时还发布了可落地的AI处方图技术,搭配其睿图、睿播、睿喷模块,为设备的作业提供智慧指引,更精准地洒药施肥,有效减少化肥的使用,实现精准均匀的灌溉效果。

这基本构成极飞科技"全面感知—智能决策—精准执行"的智

[①] 数据来源于极飞科技2021年提交的招股说明书。

慧农业闭环，离彭斌所描述的极飞科技的未来又近了一步。

挑战也是机遇

目前，除农业无人机外，极飞科技的遥感无人机、无人车、自驾仪、农业物联网与智慧农业系统的营收还在千万元级别。"你可以理解为它们的商业化进程处于中早期阶段，还没有大规模爆发。"彭斌解释。比如自驾仪，从发布至今，不过两三年的时间，"但这些地面设备的市场机遇将会比无人机更广泛"。

智慧农业这条赛道能否爆发，还要看生态配套。农田的基础设施条件、AI 等技术的应用与落地效果、产品成本、从业者的素质水平，都有可能成为触发点或者掣肘。

正如极飞科技切入植保无人机赛道，是由于彭斌看到了当时的一个关键要素：农业科技的进步，让农药和水的配比关系变了。"原来 1 千克农药要配比 500~2000 千克水，只能用拖拉机拉着大罐子去打；而技术进步到 1 千克农药只需配比 5~10 千克的水时，载重远小于拖拉机的无人机派上了用场，这才触发了这一次产业变化。"[30]

在青腾的课堂讨论上，丰码科技创始人兼 CEO、北大-青腾未来产业学堂数实融合班学员南思乔指出，在"感知—决策—执行"闭环中，决策最难，因为农业不像其他产业可实现高程度的标准化，作物生长是一个动态过程，并且受外部环境影响。"做决策不但需要大数据、AI 技术，还需要专业领域的知识，并且每一个垂直市场都不一样，水稻是一套，棉花是一套。"

彭斌也坦言，目前智能决策的发展阶段"还只是个小婴儿，只能作为辅助决策工具，需要找到更多的规律"。极飞科技也在建立专研棉花与水稻的农业科学团队，他们从各农业大学招来相关专业学生，研究实践棉花、水稻等作物的种植。"他们提供的是知识，另一边是工程师，提供代码、模型。结合之后形成一个解决方案。"佟巍说。

2021年，极飞科技还分别在新疆和广州启动了"超级棉田"与"超级农场"项目，把他们的所有产品线与新产品用上，持续进行无人化棉花与水稻种植的探索和验证，为棉田和稻田的数字化转型提供示范。

要让更多的农田实现数字化转型，走向智慧农田，还需要更多的新型农民掌握这些先进的设备与工具。

佟巍在极飞科技的工作之一就是去吸引新型农民。"所谓新型农民，他们有更好的教育背景，对市场可能也有更多的想象力。"比如大学毕业生，他们对新技术产品的接受度更高，也能更好地实现技术在田间地头的落地。

但这也需要一个过程。他举例说，美国很多农民都是本科毕业生，甚至是硕士，但在中国，农民的整体受教育水平仍然偏低。"如果农民主力维持现在的35~50岁人群，受教育程度又不高，即使科技跑得很前面，它也落不了地，还是没有用。"

"只有具有良好教育背景的人来到农业领域，农业的发展才可能加速，才可能有未来。"

青腾一问 | 杨国安对话彭斌

杨国安：在 2013 年，当时你们看到了什么机遇与挑战，决定要进入农业无人机这个领域？

彭斌：首先，我们是一家技术公司，我自己是工程师，写了很多年程序。我一直认为，做产品最好能够让大众喜欢，这样才能发挥我们的力量。选来选去，我们发现农业市场非常广阔。

其次，也是由无人机这项技术的成熟度决定的。以物流为例，在城市里飞无人机，一旦飞过小区、幼儿园上空，人们肯定会有意见——万一掉下来怎么办？会被社会广泛关注，所以，相关政策法规趋于严格。农业不是（这样），关注度会弱很多，所以，技术的成熟能有一个过程。

再就是规模。有公司的人要养活，一群有斗志、对未来有想法的人一起去创业，肯定希望有一个很大的容器、很大的机会让大家闯荡。你跟他说，我们就是想做最好的包子，肯定没有人愿意跟你做一辈子包子。如果你说我们要改变世界，要让未来几亿农民都换成机器人作业，肯定会有一群饱学之士加入其中。所以，规模和这件事的意义非常重要。

当然，从今天看，我们当时的定位非常成功。现在中国政府甚至全世界很多国家的政府对农业无人机都持开放心态，同时我们也看到一个更加庞大的市场被打开。

杨国安：你们的无人机在农业领域的切入点是植保，为什么切入这个场景？

彭斌：植保其实是一个专业术语，是植物保护的意思，就是给

第四章　战略布局　　157

农田打农药。原来的植保靠人背喷雾器，或者用拖拉机等设备带着药箱下到农田。（这种作业方式）会产生很多问题，有很多人不愿意干，成本非常高，收益又非常低，急需要一个高效又可以人药分离的设备。

地面设备往往会挑地形地貌，但无人机不惧地形，悬浮在空中以后就彻底摆脱地形限制，也彻底适应中国这样一个多地貌国家。它的效率也高——一台无人机相当于60个农民的劳动效率，所以，它就变成了一个刚需产品。

杨国安：2019年，极飞科技进行了战略升级——从农业无人机延伸到无人车、自驾仪、农业物联网、智慧农业系统，组成"全面感知—智能决策—精准执行"的智慧农业闭环，能不能讲一下背后的思考点？

彭斌：2018年末、2019年初，我们进行了一次很大规模的内部讨论。从2013年的一家无人机企业变成一家农业无人机企业，我们得到了什么？我们得到了一个广阔的无人机应用市场。有一定市场规模后，如果我们是无人机企业，就应该把无人机技术用于农业以外更多的场景，要不然就对农业提供更多科技产品，延展我们的产品战略。当然，我们选择了后者，为第一产业做更多的科技产品，围绕着这个产业中某个特定的最痛环节，可能是最难但最正确的环节做产品。因此，我们选择从一家农业无人机公司变成农业硬科技公司，这是当时战略转型新征程的一个起点。

杨国安：目前整个闭环——全面感知、智能决策、精准执行三个环节，有没有哪些环节是发展得比较好的？整体落地程度怎么样？

彭斌：我们的无人机，特别是喷洒农药的、施肥的、播种的，已经进入非常成熟的阶段，无论在中国，还是在很多出口到的海外国家，都变成了一种标准化农业生产工具，已经不是一个高度聚集创新的点了。而农业拖拉机的自动驾驶还有很多东西需要去论证；还有无人车，它的品类到底是什么样子；传感器也有非常多特殊的地方。如果说无人机的成熟度可能在七八成，其他一些（产品）可能才两三成、三四成。

杨国安：所以目前在智慧决策这方面，你们的算法到什么水平了？比不比得了一个老农户？

彭斌：没法比。它还是个小婴儿，只能作为辅助决策工具。它一旦做出了错误决策，很有可能会导致作物减产或死亡，所以，还需要找到非常多的规律。但作为辅助决策工具，它已经非常奏效了。

比如在持续高温天气，对小麦而言，连续多少度以上持续多少天，它会非常精准地告诉你：赤霉病高发。这时你就要打预防赤霉病的农药。在比较固定的（场景），计算机要强于人；在非常多变的（场景），需要人的感性认知，机器就不一定行了。

杨国安：无人机也催生了一个新的职业叫飞手，为什么会出现这个职业？它在整个生态里面的角色是什么？

彭斌：飞手类似于出租车司机，也类似于货车司机，本质上是给农田提供服务的人。中国的土地还是很分散的，你家5亩地，他家10亩地，要请个人打农药也很困难，这个时候就是飞手提供了这个服务。

杨国安：飞手这个职业可能会创造多少就业机会？

彭斌：从目前来看，我们已经有 10 万 ~20 万用户了，以此为业的人数可能还要乘 2~3，因为有很多附带的人力，比如两个人一起干，一个人打打下手、帮帮忙。但是今天这个行业并没有到达终点，所以我预计可能会有上百万人以此为业。

第五章

组织升级

当企业的管理者基于科技的演变，洞察它可以给产业带来重构和创新，思考企业如何在新的产业生态中进行战略布局，接下来组织能力的建设便成了影响企业成功至关重要的一件事。

我在《数智革新》一书中描述的组织升级，较多聚焦在数字时代的新移民如何拥抱数智化科技转型升级，当中涉及本来组织管理模式的再造，以及掌握数字化转型这个机遇。比如美的、新希望和贝壳找房，都是典型案例。

本书描述的组织升级，则强调面对更加具有突破性的前沿科技（包括行业科技和数实科技），如何驱动产业和公司的转型创新（如天合光能的"清洁能源＋数实科技"，蔚来汽车的"电动汽车＋自动驾驶"，极飞科技的"无人机＋数实科技"，群核科技的"GPU＋渲染和数字孪生"），如何根据公司的定位确立所需人才、价值观和组织架构。

员工能力

由于要推出的是全新的产品，得具备超出用户/客户预期的功能，案例企业普遍将技术研发能力的优先级提到了至关重要的位置。蔚来十分典型。从创立起到2019年第二季度，蔚来在研发上累计投入了超过100亿元。2021年蔚来的研发支出高达45.9亿元，2022年蔚来的研发支出更是惊人地同比增长了136%，达到了108.4亿元。

这些投入让蔚来获得了近1000余项发明专利，发明申请总量超过3200件。它们支撑着蔚来不断提高电池、电机、电控、智能网关、智能座舱、自动驾驶六个核心领域自研技术的深度和广度，确保蔚来可以推出有差异化竞争力的产品。

在公司还不大时，要招募到核心人才是件颇有挑战的事情。在初创期，一般而言需要创始人三顾茅庐，投入或许不低于招募联合创始人的精力和诚意。待公司有所成长后，招募人才仍然需要讲故事的能力，但造势借势会更有效率。

2009年，天合光能的组件出货量排名全球第五，为了吸引所需的研发人才，该公司投入了大量精力、资源，最终争取到了光伏科学与技术国家重点实验室落户公司。科研人才未必会对天合光能心生向往，但多半愿意去光伏科学与技术国家重点实验室开会、研讨、合作。天合光能创始人高纪凡说，这个实验室事实上吸引来了世界顶尖的光伏科学家。

值得注意的是，在数实融合浪潮的覆盖面越来越广、影响越来越深的情况下，新产品会融合越来越多的技术，这导致一专多能的T字型人才殊为珍贵。他可以运用自己行业的专业知识和横向的科技判断力，有力推动产品研发、内部沟通等工作。

在产品复杂度极高的蔚来已经出现了对这类人才的极度渴求。该公司从未设立过CTO（首席技术官）一职，横向拉通各个子门类技术的职责由蔚来创始人李斌亲自承担。小鹏汽车也类似，技术的拉通是在创始人何小鹏处完成闭环。

极飞科技也是如此。极飞科技四位核心技术人员，其中三位负责无人机及无人车、无人机飞行控制系统、云端系统、物联网系统等相关研发，他们向第四位核心技术人员暨极飞科技董事长、总经理彭斌汇报。彭斌不光承担了CTO的职责，负责公司总体研发方向的规划，还会参与无人机飞行控制与导航算法方面的研发。

群核科技的几位创始人黄晓煌、陈航、朱皓全部是科技人才出身，热衷于探索GPU算力应用于不同产业后带来的转型升级。

员工思维

为了实现战略，打造所期望的组织能力，CEO必须想清楚公司需要具备哪些共同的思维模式。

XREAL的创始人徐驰思考过什么样的人才能在崇尚中庸、一般人不太冒尖表态的中国文化中把AR这件事做成，得出的结论是，需要具有"极致、敢为、坦诚、担当"这些特点的人。只有将技术边界推动得更远，累积起来的优势才会让产品体验更为出色，所以XREAL极度鼓励员工创新。徐驰希望员工"不要做最快的第二名，要做最好的第一名"。创新的失败概率很高，一旦失败也要敢于承担相应的责任。

群核科技联合创始人兼董事长黄晓煌说创始团队非常喜欢原先

在硅谷工作时的氛围,认为那样更有利于沟通和创新,于是创业之初便将"简单、专注、开放"定为企业的DNA。"简单"在内部指关系简单,对外则指打造易上手的产品体验。"专注"指深耕专业领域、垂直行业的设计应用,只有专注才能提升行业认知,打磨好设计软件这个产品。"开放"则指透明度高,对员工坦诚、直接地沟通,对外则指拥抱用户和生态链的合作伙伴。

凝聚着员工思维模式的价值观、企业文化等最常见的问题就是无法落地,变成了挂在墙上和员工手册里的口号,其中原因又往往是管理层无法以身作则。员工看见这些原则只是用来束缚自己的工具,不仅会觉气馁,还可能向反方向发展,影响公司的口碑和产品竞争力。所以,能否落地,是员工思维模式价值的终极判断。

群核科技借助制度让"简单、专注、开放"的企业DNA落地。比如,在沟通方面,为了保持透明度,它把谷歌的每周线下全员大会TGIF(Thank God It's Friday。感谢老天爷,终于熬到了星期五)改成了线上线下的参与形式,允许员工匿名发言,也不筛选问题。"只要不涉及个人隐私、人身攻击,在法律和公司规章制度允许的前提下,(员工)有什么问题都可以直接提。我们就尽量都回答。"黄晓煌说,会有员工提问为什么自己工作表现很好而老板给他的绩效垫底。

天合光能在2017年发动的组织变革中,为了让文化落地,引导员工的工作行为符合公司的核心价值观,会对所有员工进行360度文化评估,并输出个人的文化报告。文化评估是评估中高层管理者是否胜任岗位的重要标准,在员工的绩效评分中也占据了一定比重。

蔚来则有不少CEO以身作则，来彰显价值观和用户企业理念不是挂在墙上的口号。在公司现金流最紧张的2019年，李斌曾做过取消给员工缴纳补充公积金的决策，此举每年可节省近1亿元。但与蔚来价值委员会的员工沟通过后，几经犹豫，李斌最终还是决定继续缴纳补充公积金。此举便体现了李斌对蔚来价值观中"关爱"的坚守。同样，当蔚来出现数起汽车自燃事件后，李斌在公司财务最困难的时候决定同批次车辆全部更换电池包，赢得了用户的深度信任。

员工治理

员工少的时候组织架构比较容易设计，重要性也相对较低。随着业务复杂度的增加和人员的增加，合理设计组织架构，让员工有序分工合作就显得尤为重要。随着企业业务和产品的增多，不同业务所处的发展周期不同、客户特性差异等因素必然带来复杂度，增加管理的难度。为了解决这个问题，群核科技故意把成熟盈利的to B业务和刚起步但不盈利的to C业务分开，分别由黄晓煌和陈航带领，弱化不同类型的业务在考核指标、文化和领导风格之间的比较。

待公司的规模大到一定程度后，往往拥有臃肿的组织架构，衍生出的官僚气息也严重损害公司的活力和敏捷性，这时公司一般会采取将组织扁平化的调整举措。

2016年前后，高纪凡发现天合光能的一些部门里，各层级的干部占了一大半名额，运营费用增加不少，干活的人却少了。于是他将公司的管理层级大幅减少。

无独有偶，蔚来也进行过旨在超级扁平化的组织架构改造。李斌意识到研发条线的部门墙太过严重，影响了横向沟通的效率，于是改为直接听取研发线十几个高管的汇报。蔚来销售服务体系里的扁平程度更加惊人。40多个区域公司的总经理、欧洲5个国家分公司的负责人直接向蔚来联合创始人秦力洪汇报，一个用户只需要跨过蔚来两个级别的员工，就可以找到秦力洪。

随着外部环境波动的加快、不确定性的提高，众多企业都在努力以客户为导向，让公司能够更加敏捷，向员工高效提供管理资源和制度支持。我推荐市场化生态组织，它是公司组织架构的演进方向，"共享平台＋敏捷业务团队"的模式兼顾了业务侧的自主性和职能侧的规模效应，二者的协同会让组织发挥更大的功效。

2016年，在我的参与下，天合光能提出了"平台＋创团"的组织升级方向。质量、人力、财务、品牌等后端支撑部门被定义为平台，负责监督、赋能、服务。平台还提供了激励机制、数字化系统、品牌、技术、渠道等体系化能力。创团即创造价值的团体，指一个个业务板块。

创团与公司高度扁平化，创团与公司的关系模拟市场化，有充分的自主经营权，团主领取目标任务，创团独立核算，可自行分配分享目标之外的绝大部分超额利润。高纪凡希望团队能自我驱动，用创业精神带动公司向前走。

为了提高智能电动汽车全生命周期内的质量和用户体验，蔚来一方面简化产品线，一方面尝试调整组织架构来确保资源、制度的支持。2021年，蔚来从市场化生态组织的理念中得到了一些启发，在研发线设置了类似于市场化生态组织中"灵活型团队"的"战队",员工就像特种兵一样临时组织在一起,实现共同的目标后,成员可加入新的战队。

组织架构的调整往往解决了旧问题,又会带出新问题,员工身处其中难免感觉无所适从。在外部环境几乎一年一个大风口、隔三岔五就有闻所未闻的新现象的当下,其实组织架构三五年调整一次是正常的公司行为。关键在于解决旧问题时,得有足够大的成效;带出的新问题,又处于可控范围。

平台+创团的组织升级,让天合光能长出了营收超过100亿元的天合富家分布式光伏业务。团队生出了不少经营思维,但又没形成足够的合力,于是天合光能在2021年又发起了新一轮组织升级。

蔚来在研发线的组织改造支撑公司在2022年、2023年共发布了8款新车,可也出现了媒体认为产品区隔度不够、新车交付出现软硬件质量问题等现象,某种程度上影响了一段时间的销量。如今蔚来正将考虑时间维度的组织改造向全公司拓展。

本书所选的极飞科技、XREAL、群核科技的组织升级亦有特色。不过蔚来、天合光能的组织复杂度足够高,迭代时间也够长,所以我将这两家公司作为组织升级这一环的代表性案例。

未来汽车

假设你面对智能电动车的创业机遇,你会如何建设一个组织以脱颖而出,最适配的员工能力、员工思维、员工治理分别应该是什么？

不同的人有不同的解法。关于员工能力，一些创业者觉得应该以机械产品能力为主要能力，另一些人觉得软件能力更为重要。关于员工思维，一些人仍然强调执行和服从，另一些创业者则觉得自由、开放的思考更重要。前两者的答案，也对应了不同的员工治理方式。很多人都能意识到科层制组织的僵化，但大家拿出的组织架构却仍然是科层制的各类变形。

以蔚来、小鹏、理想为代表的造车新势力，大多相信应该是研发驱动公司，软件定义汽车，要尽量塑造一个开放的环境，不管组织架构怎么变，尽量追求扁平化，以提高决策效率。蔚来在设计组织架构时甚至考虑到了时间因素，即汽车这个长生命周期产品如何保持好客户服务。

值得注意的是，由大量前沿数实融合技术驱动的智能电动车公司仍在快速迭代，其组织能力建设随着公司规模、复杂度和外部环境不确定性的影响，会继续进化。比如组织扁平化，蔚来很早就注意到这点，也做了很多制度建设，但随着公司经营方面的变化，组织仍然阶段性地出现臃肿和低效的迹象，需要再度推动扁平化建设。比如造车新势力普遍在员工能力上强调软件定义汽车，但小鹏和蔚来在一定时期内均出现了对机械产品能力的着重强调。

所以组织能力的建设很多时候还是要看企业的发展阶段和经营战略，当内外部条件发生改变，便需重新调整组织能力建设的阶段性重点。

员工能力 × 员工思维

互联网+汽车？汽车+互联网？

2013 年，特斯拉的 Model S 卖出了 22 477 台，这是智能电动车历史上史无前例的销量。在此助推下，特斯拉不仅从破产边缘起死回生，还首次实现了季度盈利。看上去，电动车创业完全可行，替代燃油车的趋势并非虚言。

中国自然不会错过这样的产业机会。经多年试验后，中国政府从 2014 年开始以每辆车五六万元的补贴力度，在全国范围内大力推动新能源汽车进入消费者的视野。

示范对象有了，市场已经可见，从 2014 年开始，中国陆陆续续出现了 100 多家电动车创业公司。其中有声量的创始人大多来自互联网公司，他们相信电动、智能、联网的汽车是未来，相信特斯拉引领的软件定义汽车的趋势，自动驾驶终会成为现实。颠覆，是他们口中的高频词。

传统车企作为被颠覆对象，对造车新势力的高调大多不以为然。汽车乃结构最复杂的消费品，相比油车结构已大幅简化的纯电动车也有上万个零配件。一个螺帽、一个 1 美元的芯片不到位，就会影响这辆车的生产和交付。

汽车产品的反馈周期也非常漫长。今天做的决策、定义的产品等到上市销售，一般五年就过去了，更别说还有生产资质、供应链、资本、技术、需求变化等难点。造车新势力的初代顶流乐视沦为 PPT 造车，更让传统车企相信自己的壁垒。

吉利控股集团董事长李书福是其中代表。他在 2015 年底表示："今后主导汽车工业的一定是汽车公司，而不会是互联网公司。没有身体的灵魂不行，灵魂还是要依附在个体上……互联网公司研究的技术主要集中在线上这个层面，盈利也是在线上。而对于汽车公司来讲，虽然需要用互联网技术来提高车辆的互联水平，但并非依赖，汽车企业提高美誉度还是通过车辆本身和衍生服务来实现的。"

长城汽车董事长魏建军甚至认为传统车企比互联网公司更加深入地理解了智能汽车，他说："在智能汽车上加入那些与顾客增加黏性的东西，则需要互联网的数据支持。"

事实上，大部分传统车企都认为是"汽车+互联网"，而非"互联网+汽车"。传统车企眼中的未来汽车仍是一个作为交通出行工具的机械产品，它的准确叫法应该是"新能源汽车"。"智能网联汽车""互联网汽车""智能汽车"这些词只是描述了这个机械产品将要实现的一些数字化功能。值得一提的是，在硬件主导研发制造的理念下，传统车企的软件大多由供应商提供，前者的软件能力更多体现为串联起后者的软件，一般没有权限和能力去做修改。

与之相比，造车新势力眼中的未来汽车完全不是同一个概念。蔚来的早期投资人李想说："智能电动车，绝对不能是那种把传统的汽车拆掉发动机变速箱，装上电池和电机，只是为了牌照、补贴而推出的产品。智能手机不能是一个凑合用的手机，应该是更好的手机，智能汽车也是。电驱动的车应该是性能高好、更平顺的车，车联网应该让内容、线上及线下的服务和体验变得更好。"

"为什么现在的车联网做得很差，是因为他们都把它当成一个硬件产品，用硬件产品的迭代思维看移动互联网时代、人工智能时代使用需求的变化——这当然就匹配不上了。"蔚来创始人李斌在 2017 年表示。他相信以软件能力为基础的增值服务会支撑未来的汽车企业，产业将发生由制造向服务的价值转移，还给蔚来打造高端品牌，进入奔驰、宝马、奥迪主导的高端市场提供了一个切入点。

造车新势力认为未来的汽车将由传统汽车演变为电动车，再演变为智能电动汽车（Smart EV）。它会是一个消费电子类产品，交通出行只是其众多底层能力之一。智能即是自动驾驶、数字座舱等数字体验。智能电动汽车将像智能手机一样，可以下载全新的固件系统优化电机、底盘等核心零部件，提升整车的性能和驾驶体验。

范例已出现。2011 年，特斯拉的 700 名工程师中接近一半是程序员。在越来越多软件工程师的推动下，从 2012 年到 2022 年，特斯拉累计更新了近千次各类版本的软件，涉及车载娱乐系统、辅助驾驶功能、电池管理、加速、制动系统、软件 bug（漏洞）修复等。

员工能力

侧重于研发和用户体验

不同的产品定义意味着对员工能力的要求完全不同。在传统汽车产业链明显具有优势的环节，蔚来的策略是将合作与自研相结合。

最典型的莫过于制造环节。李斌觉得国内的汽车制造产能过剩，蔚来拿 100 亿元建厂，怎么看都不算高效，何况新创公司从头制造并不会比现有传统企业做得好。就是因为敬重制造行业，他才会选择做擅长的事情，不会什么都去做。蔚来 2016 年 4 月与江淮汽车达成合作。

蔚来的资源投入了电池、电机、电控、智能网关、智能座舱、自动驾驶六项技术的开发。电机、电控这样的核心动力总成理所应当自研。选择自研其他技术的内在逻辑则是，车企距离用户更近，所以涉及产品及时迭代、改进、反馈的部分，比如软件部分、整车控制等，都应该由车企负责。

"传统燃油汽车功能性的体验差异是驾驶和乘坐，心理体验差异是品牌。智能电动车的体验差异是科技和服务，好的体验会吸引越来越多的用户，形成虹吸效应。如果网上用户说体验不好，拖很长时间不改，用户口碑就下去了，倒逼智能电动车公司一定要快。"蔚来人力资源副总裁周全认为李斌一年总计能面对几万名用户，在产品体验上参与得很细，即是因为"用户体验是互联网公司最大的产品战略"。

由于相信软件定义汽车的时代将会到来，蔚来对"智能"的投入力度颇为惊人。

2015 年，李斌邀请刚从思科卸任 CTO 的伍丝丽（Padmasree Warrior）担任蔚来北美 CEO。被智能电动车的长期愿景吸引，这是第一次有美国顶尖公司的 CXO 级高管加盟中国的创业公司，而伍丝丽也成了蔚来的第三大个人股东。

蔚来在北美又招募了特斯拉前信息技术副总裁加内什·V. 耶尔

（Ganesh V. Iyer）、曾主导过特斯拉 Autopilot 1.0 系统开发的特斯拉前固件经理杰米·卡尔森（Jamie Carlson），还有大量特斯拉、苹果公司的工程师纷至沓来，从底层架构开始研发蔚来的自动驾驶系统。蔚来作为创业公司，其硅谷团队规模在2年多的时间内超过了600人。蔚来联合创始人、总裁秦力洪说："这比所有中资企业在硅谷的人加起来都多。"

互联网人擅长的除了软件研发，还有基于"用户体验"的研发。为了解决电动车天生的里程焦虑、充电不方便等短板，李斌希望用换电模式来发挥相当的作用。

换电即是让电动车在三五分钟内更换一块满电电池以解决续航问题。这是一个被国内外同行广泛唾弃的模式。国家电网、特斯拉都公开宣布放弃换电，雷诺汽车 CEO 认为这是死路一条，给雷诺做换电车的前独角兽公司 Better Place 已经倒闭。

考虑到充电速度再快，也不可能比换一块电池的速度快，李斌不愿意放弃换电模式。他专门走访了 Better Place 的投资人、创始团队、换电站遗址一探究竟，结论是 Better Place 之所以死亡，并不是因为换电模式不行，主要是它没从用户体验出发。

"它是从挣钱出发。所以它（的模式是）要换电就不能充电，要充电就不能换电。然后它的换电站非常大，这很荒谬，一开始没那么多车。"李斌觉得蔚来的换电模式跟 Better Place 完全不同，目的是去解决用户的痛点，提升这种不好的体验。他们一开始的逻辑就是分布式的。

以创业公司的资源自建全国级的换电网络，还不算蔚来唯一的惊人之举。蔚来从底层代码开始打造了蔚来 App。蔚来在多个一、二线城市的核心地段，花上千万元租金租下地标性建筑，将 NIO House 布局在这些地方。除了具有品牌锚点、产品展示和交易功能外，NIO House 还为用户提供聚会、休闲、娱乐服务。蔚来还推出了名为 NIO Life 的原创设计生活方式品牌。NIO Life 走了最重的模式，成立专门团队，主导产品定义和设计，再找供应链生产，自建线上线下的物流体系。

从创立起到 2019 年第二季度，蔚来在研发上投入了超过 100 亿元。待从 2019 年的低谷中稍得喘息后，蔚来又迅速加大了研发投入。2021 年，蔚来的研发支出高达 45.9 亿元，同比增长了 84.6%。2022 年，蔚来的研发支出更是惊人地同比增长了 136%，达到了 108.4 亿元，充分体现了蔚来在员工能力中对研发的看重。

或许最令人称奇的是，李斌在正常工作时间之余也投入了大量精力与用户互动。他每天至少花半个小时在蔚来 App 上与用户互动，每年一小半周末都在各地见用户。李斌估算了一下，与用户在一起的时间"肯定比与家人在一起的时间要多"。

招人难

智能电动车作为新产品拥有大量的创新空间。2015 年时，蔚来的工程师们可以重新定义 2000 余项产品。在此前提下，蔚来招聘人才的底层要求是内驱力。该公司渴求的是学习意愿强、愿意成长、渴望做贡献，自我驱动的人。

除了这个明显的共性外，蔚来需要的人才具有明显的区分度。

它需要汽车硬件类的人才，比如电驱、整车策略、电池、电机、排气系统、整车线束、模型开发等领域的人才；也需要软件类的人才，比如安卓系统开发、iOS系统开发人才；还需要自动驾驶的人才，比如智能驾驶（底盘/算法/控制/悬架/转向）、算法（NLP/定位/感知/规控/策略/融合/音效/语音/运动控制/驾驶）等领域的人才。

蔚来的用户企业理念和商业模式更是加剧了人才需求的复杂度。比如为了推动换电模式落地，蔚来研发了独有的锁止机构，保持电池结构强度的同时，可以承受几千次的拆卸。这一个组件，蔚来就申请了几十项专利。蔚来很不喜欢销售人员的推销味儿浓，招聘销售时一度偏爱服务经验丰富的人。NIO Life则延伸到了服装配饰、家居日用、运动户外、旅行箱包、科技数码、车模玩具等八个大品类，截至2021年累计开发了1400件新品，更需要多个领域的人才。

除了互联网公司，蔚来主要从宝马、特斯拉、菲亚特、克莱斯勒、奇瑞、上汽等车企挖来了大量人才。

秦力洪曾在奇瑞汽车销售有限公司担任过3年多副总经理，参与、见证了奇瑞汽车在海外市场的崛起。蔚来执行副总裁兼产品委员会主席周欣曾担任通用汽车中国有限公司高级经理，观致汽车采购、人力资源及政府事务执行总监。蔚来执行副总裁兼质量管理委员会主席沈峰曾担任极星中国区总裁及极星全球首席技术官、沃尔沃汽车中国研发公司总裁、沃尔沃汽车亚太区营运副总裁。蔚来美国首席执行官加内什，曾担任特斯拉信息技术副总裁。

这些李斌、秦力洪亲自挖来的高管来到蔚来后，自然会吸引相

第五章 组织升级 177

熟的亲朋故旧前来投奔，后者又会吸引他人脉中合适的人前来面试。除了社会招聘，这是造车新势力中解决人才问题的惯常做法。小鹏汽车联合创始人何小鹏便曾发内部信请员工帮助招聘："请通过朋友圈或在朋友聚会的时候，努力帮公司推荐2~3个朋友、同学、专家到小鹏汽车。"

但智能电动车公司最紧缺的T字型人才十分难招。T字型人才即在某一个领域钻研得很深，同时横向了解几个领域的人。这些类似架构师的人洞察力更到位，还可以减少知识鸿沟带来的沟通成本，更高效地推动项目进程。

"招也不容易，培养也不容易。关于智能电动车，你要几个领域都了解，得花10年以上。"周全说，招人难本质上还是因为行业太新了，只能招到接近要求的人，他们自己也招毕业生来培养，但过程慢。

T字型人才的紧缺在蔚来可以从CTO一职的空缺中体现出来。蔚来从没设置过CTO一职。蔚来联合创始人郑显聪搭建起了生产制造、供应链和三电体系，退休前他的职务是执行副总裁。2018年、2019年蔚来的人事变化比较多，关键人员离职后蔚来常常分拆其部门，原下属直接向李斌汇报。

"最早设置了智能、电动、汽车三个大部门的负责人，（这种架构）的部门墙太深了。（现在）研发条线十几个高管是直接向我汇报的。"用李斌的话来说，现在他就是蔚来的总工程师。李斌决定的是产研的整体路线图。他说："产品细节我当然也会关心，但不能说我是一个大产品经理，我其实更像是一个研发架构师。举个例子，每代平台应该怎么定义，哪些东西是共用的，哪些是个性化的，迭代节奏是怎么样的，产品的组合是怎么样的，整个调性是什么。"

李斌甚至觉得自己责无旁贷："过去 CTO 的职能比较容易界定……传统汽车的开发目标比较明确，开发过程和时间也比较清晰……但现在不一样了，汽车产品除了硬件还有软件，此外商业模式的部分也必须考虑……在产品设计过程中必须考虑得更加全面，把各个方面都放在一起思考和处理。在这样的情况下，如果 CEO 不亲自上阵，谁能有这样的权力呢？"

这在业内并不罕见。何小鹏也觉得很难找到一个人担当 CTO："智能、动力、汽车三类技术都有老大，他们怎么去拉通？可能责任在我或者我们另外的创始人身上。"理想汽车虽然设有 CTO，但历任 CTO 都只覆盖了部分研发领域。

用人难

蔚来员工中，来自互联网公司和传统车企的员工所占比重最大，相互之间的差异也较大。"不同思维的人才融合也是对我的挑战。"李斌说。

互联网人强调用户思维，更习惯直接去感知用户的需求。而传统车企主要靠调研和咨询公司的报告，很少直接接触用户。

互联网人习惯了较为平等、开放的工作环境，他们想要授权空间，力图成事。传统车企的人则根据级别被区别对待，员工的分工清晰，习惯于当螺丝钉。传统车企叫管理者为"总"，蔚来员工叫李斌为"斌哥"。传统车企中层以上的干部就会有独立办公室，而造车新势力公司的工位一般是开放的。

传统车企流程完善，产销渠道稳定，工作逻辑是规避风险。而造车新势力则是结果导向，为了达成结果，愿意用简单高效的方式，流程多变。互联网人做研发，强调迭代，先推出一个版本，再根据用户反馈不断优化。传统车企的人则强调前期规划，力求一次性做好，因为推倒重来的成本太高。

这样的两拨人在一起做研发、服务用户，难免会出现鸡同鸭讲的情况。"我在加入蔚来的初期，就很不适应……我和李斌有很多争执，但都是就事论事，我在他心中也有一个'传统思路'的标签。"蔚来前用户发展副总裁朱江笑着说，"之前我有过诸多的怀疑，李斌这么多天马行空的想法靠谱吗？或者说基于我过去的经验，这些都是反商业规律的。"

两类人的冲突在蔚来亦属常见。秦力洪曾说，产品定义会是"正式的吵架平台"。周全也说，过去这些年蔚来研发产品时吵得非常厉害。

为了促进团队协同、降低部门墙，蔚来早早确定了公司组织架构超级扁平化的方向。比如前述研发线的压缩层级，比如在销售服务体系里40多个区域公司的总经理、欧洲5个国家分公司的负责人均直接向秦力洪汇报，让一个用户只需要跨过蔚来两个级别的员工就可以找到秦力洪。

扁平化让内部交流变得更加通畅，提高了组织的决策效率，如李斌所言，"不需要爬上一座高山，再下一个深渊，然后再爬上一座高山"。这也带来了大量横向拉通和协同的工作，蔚来设置了跨部门小组去横向拉通相关环节，根据几大价值链形成专家委员会，把各个专业的员工邀请到各个委员会进行集体决策。紧密合作的人会被横向拉到一个平台上，同时通过跨团队工作坊的方式带领大家找到冲突的深层次原因和解决的办法，互相协同而非评判。

蔚来还有更具体的融合措施。李斌考虑到有传统车企背景的高管可能无法适应落差，给副总裁级别以上的高管还是设立了独立办公室，但不能超过12平方米且没有窗户。李斌和秦力洪一直共用一个办公室，出门也是坐经济舱。

如果员工需要吐槽，可以去 Speak Out 畅所欲言。这是一个坚持匿名以给员工足够安全感的内部论坛。如此一来，员工有负面情绪在内部消化，避免去外部平台形成更大的负面舆论。它还承担了蔚来内部晴雨表的角色，便于蔚来高管洞察到管理不完善的地方，减少视野的盲区。

"高速奔跑的创业公司，在组织管理上肯定有很多问题。不能追求管得太死、太严。"周全认为，蔚来的内部论坛保持匿名才方便自下而上地促使组织做一些完善和迭代。

员工思维

5个驱动力 ×4 条价值观

解决员工融合的问题，本质上是让双方归零到同一个思维模式，即蔚来创始团队倡导的"创造愉悦的生活方式"的使命、"成为用户企业"的愿景，以及可执行的驱动力和价值观。

第五章 组织升级　181

驱动力是蔚来员工做事、做判断的方法论，也可以理解为思考问题时的 5 个角度。

一是从用户利益出发。蔚来相信，初心为此，并不与增长和利润相悖，而是会获得更好、更持续的回报。

李斌曾表示："只有一件事让我睡不着觉，就是随着用户的增加，我们的团队会失去服务好用户的热情和追求。"2021 年底，李斌甚至说："我们并没有把销量看得那么重，真正让我们紧张的是用户越来越多、员工越来越多，怎么能通过闭环让我们的服务提升起来，先把满意度提升起来。"

二是超越期待的全程体验。重点是"全程"，研发、制造、供应链、销售、服务等所有员工合力才可以做到这点。

三是持续创新。顾名思义，没有在产品和服务上的持续创新，蔚来无法抓住汽车行业的变革浪潮。

四是体系化效率。蔚来强调别只看短期、眼前、局部的成本和效率，更要考虑长期、全程、全生命周期的成本和效率，因为汽车产业本身是一个长周期、长供应链的产业。从这点出发，能更好地理解蔚来被广为诟病的"烧钱"之举。比如建蔚来中心虽贵，但对确立用户信心、打造高端品牌起到了良好效果，而且与广告费相比费用较低。

李斌说自己的商业理念很朴素，"就是用户永远只会为好的体验买单，但公司要靠体系化的效率挣钱"。

五是设计驱动。对美和完美要有不懈的追求，高端品牌必然有美的基因。

价值观是蔚来内部员工为人处事的原则，在蔚来创办之初便已确立。

一是真诚。这点在制造智能电动车和创立用户企业的新探索中至关重要，所谓"知之为知之，不知为不知"。有这个心态，才能做到去重新迭代自己。

李斌曾谈及自己对用户企业的执着："如果你把目标设在那了，你是真的相信这个目标，还是只当它是一种话术？大部分人，自己说的话其实自己并不是真的信，我对自己的要求就是，尽可能说自己相信的话。"

二是关爱。跨越众多专业领域的人才合力造车与服务用户，很容易出现鸡同鸭讲的现象，只有具备同理心才能让合作继续。

三是远见。看透事物的本质，看得远，看得深。生产 ES8 车型时，蔚来有关于自动驾驶芯片选择的讨论，最终选择了当时最新但尚不完全成熟的 EyeQ4，结果它支撑了多次软件的迭代，在相当长时间内保持了产品竞争力。

四是行动。蔚来在创立的 5 年内推出了两款新车，这是传统车企不敢想象的速度。未来智能电动车会越来越像消费电子产品那样更新换代，这对员工的执行力提出了更高的要求。

这些驱动力和价值观，基本上是 2015 年蔚来成立之初，由李斌、秦力洪等几位创始人确立的。他们花了大量时间讨论"蔚来应该成为什么样的公司，愿景是什么，做事的原则是什么，做人的原则是什么"。厘清这些基本理念后，蔚来才开始研发产品。

虽然大方向未有改变，但蔚来的基本理念亦经过迭代。2020 年，李斌、秦力洪与周全进行大量沟通后，蔚来的人力资源部微调了基本理念的结构，将之明晰为使命、愿景、驱动力、价值观。如此一来，更利于统一公司上下的认知。

"使命是利他的，我为什么存在，我为世界创造什么价值。"周全分析道，"愿景是利己的，当使命实现时，我会成为什么样的组织。驱动力、价值观则是我们做人做事的准则和方法。只有这样做，我们才能够实现使命和愿景。"

李斌、秦力洪尽力挑选相信蔚来用户企业理念和价值观的潜在高管。"进入最后一轮面试的时候，讨论最多的是价值观。"周全说。招聘普通员工时，蔚来也会额外询问候选人一些问题，比如在什么环境下长大、做过最真诚的事是什么、不敢做的事是什么等等，以筛选出一起信奉使命、愿景、价值观的员工。

李斌强调这是双向选择："并不是说我们这样的理念就一定比其他车企的更好，但这就是蔚来的选择。对员工来说，这里面没有好坏对错的问题，只有合不合适的问题。"

蔚来的价值驱动体系

要让蔚来的企业文化在包括核心管理层在内的全体员工中落地，还需要一套具体的管理机制，也是企业文化的驱动体系。

在蔚来，针对目标和过程的管理工具被称作 VAU（Vison Action Upgrade，目标-行动-提升），它类似于 OKR（目标与关键结果）。每年确立完李斌的 VAU 后会向下层层分解、对齐和拉通，除了个别敏感信息，李斌的 VAU 对所有蔚来员工可见。值得强调的是，蔚来不会以此考核员工。

蔚来评估员工的工具包括 VI（value indicator，价值指数）和

EI（enabler indicator，驱动力指数）。VI是一年一次的360度环评，员工的上级/下级/同事针对价值观倡导的18条行为给予打分。EI重视产出和工作方式，但更强调是不是按照蔚来倡导的5个驱动力来取得工作结果。比如销售并不是卖得越多提成越高，如果用户满意度不高，销售拿到的佣金会打折。EI每半年考核一次。

蔚来没有使用过KPI（关键绩效指标）。在蔚来内部推动项目，一开始会很慢很累，但只要大家认同这件事便会全身心配合。而KPI的考核意味太强，员工只愿意完成符合KPI的工作，从而制造跨部门沟通障碍。"KPI看上去很高效，丁是丁卯是卯，但是员工也会给你算得很清楚。那这样是不是很高效？不一定。"周全说，蔚来强调价值观驱动，"就是要自驱，让他自己真正喜欢这个工作。这不容易。而且有时候可能要牺牲一些效率。但是一旦做成了，散发出来的力量是最大的"。

蔚来员工的成长路径称作NCP（new career path，新职业生涯路径），与互联网公司类似，也设置了管理（M）、专业（P）两个方向，但只有六个等级，每一级又含三个小等级。为了确保员工都能有合适的成长路径，NCP的专业通道就超过了140个。

"跨度极其大。我们还有服装通道，不然NIO Life的服装设计师往哪放呢，对吧？"周全说，蔚来非常鼓励员工精进自己的专业能力，"升专家比升管理者好升，升管理职级很难。蔚来高级专家的人数已经超过了高级管理者的人数。就是要让大家看到，走专业路线发展更快"。每年价值信用（value credit）得分在资格线以下的员工，不能晋升。

与不少同业的缺位相比，蔚来努力保持了新员工培训。新人入职三个月内要完成为期两天的培训，其中一天半是在讲企业文化。新员工对着蔚来发生过的真实案例，去做讨论和PK（对决）。李斌、秦力洪等公司高层还会在总监以上的高阶班现身说法。直到2023年6月，李斌仍保持着一个季度与几十个人一对一交流的投入。

这当然是不够的，人力资源部设计了旨在回炉的价值观工坊。蔚来要求所有在职员工一年内必须参与为期半天的工坊，还得结合自己的工作和年度主题来讨论价值观的落地。

蔚来还努力将企业文化产品化，以更灵活地适应不同的场景，前文提到的内部论坛Speak Out即是一例。蔚来还设有由各个部门的价值之星组成的价值委员会，与人力资源部共同推动企业文化的迭代、传播和监督。Value Packet（价值红包）则是每个员工的红包积分，只要是符合价值观的人与事，可以发给任何其他人。蔚来电台负责与员工分享蔚来在全球范围内符合企业文化理念的事迹，李斌也会定期向员工面对面传递公司信息。

蔚来的员工激励也满含企业文化色彩。蔚来每年设有团队大奖和个人大奖，前者的竞选依据是4个价值观，后者的竞选依据是5个驱动力。值得一提的是，蔚来在上市之后坚持了全员持股的激励政策。"越是基层员工，接触用户时越需要主人翁意识。"周全解释道，我们要让用户满意，一定要让员工也满意。

从员工对企业文化的理解、相信、在行三个层次来看，李斌觉得蔚来大约3万名员工中"可能百分之三四十相信这件事"。用户利益至上，在蔚来内部早已经成为"政治正确"，很难被挑战。有此效果，与李斌本人在企业文化上的高强度投入有直接的关系。

如前文所述，践行用户企业的动作在李斌身上随处可见，而且在公司生死存亡之际他也做到了动作不变形。凝聚着员工思维模式的企业文化、价值观落地的最关键一步就在这里了：艰难时刻，公司的最高领导层也能以身作则，践行他所倡导的价值观，而不是说一套做一套，让企业文化和价值观只用于约束员工。

2019 年，蔚来现金流紧张时面对 ES8 自燃事件，做到了坚守价值观，事实上那一年李斌面对员工也有类似的抉择。

2019 年 8 月，蔚来人力资源部觉得补充公积金或可削减，即政府强制要求的 7% 与蔚来给员工缴纳的 12% 之间那 5% 的差值，这笔钱每年接近 1 亿元。"（省下来）理所当然，工资都快发不出来了，是吧？缴纳 12% 的公积金是腾讯、阿里这种最赚钱的公司才干的。"周全说，"将来我们情况好了再缴回来也行。"

员工听到了要减掉补充公积金的风声，在 Speak Out 上吐槽连连，觉得房贷压力太大。李斌、秦力洪听完人力资源部的汇报后，说："唉，行，就减吧。"

但是李斌与价值委员会的普通员工聊过后觉得这样对员工生活影响很大。他犹豫了。人力资源部再次拿着数据汇报后，才说服了李斌还是取消补充公积金。

结果李斌晚上看完论坛后又犹豫了。开会讨论到晚上 11 点多，李斌终于下定决心不取消补充公积金："缺钱就融吧，（补充公积金）这些钱（省下来）也救不了公司，对员工的影响还是比较大。"

"员工看到秦力洪发的帖子后，群情激奋，士气高昂，都说为公司努力多卖几台车。"周全说李斌的决策即体现了"关爱"，这么难的时刻还把员工利益放在前面。"9 月，李斌把自己的身家搭进去了。"

员工治理

全球化的喜忧

蔚来成立初期,李斌和秦力洪除了对用户企业理念、公司核心是服务体系、用户能力是企业核心竞争力等底层逻辑达成深度共鸣外,还一致认为,一家智能电动汽车创业公司要成功,得成为一个全球化的公司。

这么想有现实理由。汽车是全球化水平最高的产业之一,投资、研发、生产、采购、服务等主要环节在不同国家各擅胜场,不同国家的汽车企业之间也频频出现大规模重组。

全球化布局可以降低成本。蔚来认为,与其花费高昂的费用把全球最优秀的人才搬来中国,负责他们的车、司机、翻译、房子、孩子上学、往返探亲、签证等事宜,不如支付给他们高于市场水平的工资让他们在当地工作。

全球化亦有浪漫色彩。李、秦二人觉得,建立一家全球化公司的使命已经轮替到了他们这代创业者身上。"今天,新一代的中国企业生下来就应该是全球化的公司……应该具备管理全球顶级人才的能力和信心……我们这一代人的使命就是来做这样的尝试。"秦力洪也预见到了全球化布局对管理、团队融合带来的挑战:"我们知道这条路很难,但从来没怀疑过。"

2015年,李斌、秦力洪去了18次欧洲和美国招人,说动了曾任玛莎拉蒂全球CEO、福特欧洲区总裁、马自达全球董事总经理的马丁·里奇(Martin Leach)加入蔚来担任联合创始人,又与刚从思科卸任 CTO 的伍丝丽一拍即合。

马丁·里奇和伍丝丽在李、秦二人的助力下，又吸引来了宝马 i 系列外观设计负责人克里斯·托马森（Kris Tomasson）、曾任特斯拉 CIO 的加内什·耶尔、主导过特斯拉 Autopilot 1.0 系统开发的杰米·卡尔森。蔚来在全球设立了多个中心，中国上海是总部，美国圣何塞负责自动驾驶研发，中国北京负责应用软件，德国慕尼黑负责设计，英国伦敦负责高性能产品等。

蔚来在欧洲的团队需要向消费者证明蔚来的品牌和研发实力，李斌的策略是通过赛道。蔚来提供赞助和技术支持 TCR（Team China Racing）车队参加世界电动车方程式锦标赛（FE），并获得了第一年的年度车手总冠军。在马丁·里奇的带领下，蔚来花 18 个月研发出了当时世界上最快的纯电动超跑 NIO EP9。

李想称 EP9 是"文武双全、内涵十足的工业艺术品"。EP9 就像是蔚来的前端研究院，它们使用的超高性能电驱、电池管理系统、换电系统等技术和飞船的设计语言，也出现了在同时开始设计的量产车型 ES8 上。

不同于欧洲团队的相对顺利，蔚来北美出了问题。蔚来北美是一个拥有汽车工程、三电系统、大部分智能软件的架构完整的团队，规模也不小。2016 年底，蔚来北美已近 300 人，2018 年最高峰时接近 700 人。同一年蔚来欧洲的团队规模也就一两百人。

但蔚来北美设想中的定位一直很难落地。蔚来一开始计划让中美两地团队交替开发新车，但 ES8 和 ES6 系出同门，于是此路不通。蔚来北美开发下一代平台，产品直接进入美国市场也是一个思路，可资源不够。于是李斌同意了 2017 年蔚来北美团队独立融资的计划，结果应者寥寥。蔚来北美只好又回到了核心零部件研发中心的角色，着力开发自动驾驶辅助系统 NIO Pilot。

NIO Pilot 分工为，北美团队负责硬件和底层系统软件，中国团队负责场景定义、应用软件开发、集成验证等，双方都向伍丝丽汇报。跨时区的有限交流时间、跨文化的沟通障碍，注定北美团队难以跟上中国团队负责的软件不断变更的需求。北美团队交付的产出，中国团队还得进行二次开发，其间的摩擦和冲突可以想象，至于整车的软硬件结合，更是壁垒重重。

2017 年开始的蔚来北美独立融资计划加剧了困难程度，北美团队的工作重心转向了新项目，只留下了大约 50 人支持即将上市的 ES8。蔚来北美不共享底层代码、新项目计划向蔚来收费等动作，让蔚来总部难以再容忍蔚来北美。结果伍丝丽在蔚来上市后 3 个月即宣告离职，技术团队大规模出走，NIO Pilot 的交付也接连延期。

2018 年 9 月蔚来才批量交付了一个功能匮乏的 NIO Pilot，2019 年 6 月蔚来才推送了具有高速自动辅助驾驶（Highway Pilot）、自动泊车辅助系统（APA）等 L2 级别功能的版本。也就是说，完整功能的 NIO Pilot 晚交付了 1 年。

种种问题导致 2019 年低谷中的蔚来只能继续与 Mobileye 合作，接下来蔚来北美高达 42% 的裁员率又损害了其研发能力。等到 2020 年下半年，蔚来招兵买马重启自研，2021 年蔚来 ET7 成为英伟达 Orin 系列首发量产车时，"全栈自研""自动驾驶""智能"已经成了小鹏汽车的标签。

"责任首先还是在我。这件事情就是代价。"李斌说。他曾在

2019年称蔚来北美的问题根源在于不聚焦,"其实当时美国团队一上来就应该完全只搞自动驾驶,只搞某一个方面……在那儿招300人,全力以赴地搞,少花一半钱,效率提高50%"。

四维组织实验

2020年,随着大量研发人员从NP1.0平台转向开发NT2.0平台,蔚来想到了将来要面临的管理问题。

智能、电动、汽车已经包括了三个维度,两两之间涉及大量事物的协调、管理。李斌又从用户体验出发想到了时间的维度,进一步加剧了管理的难度。这是智能电动车这个新物种所带来的问题,又由于蔚来的销量日渐扩大而渐渐凸显了出来。

传统燃油车基本上是机械产品,只要车企保存好模具、图纸等,终究能提供服务。而且一般质保结束后,车企跟用户基本上就没关系了。但现在的智能电动汽车由软件定义,如果10年后它有一些软件上的bug需要修复,就面临安全问题,谁来为NP1.0平台的ES8、ES6、EC6的后续迭代负责?一代平台维护,二代平台交付,三代平台开发,四代平台预研,蔚来该怎么去管理多平台、多车型?

"围绕这一辆车的全生命周期的质量、成本和用户的体验,都要负责任,对软件、硬件都要负责任。这件事情我觉得很多人是没想过的。"李斌说,"5年后、10年后,车可能已经是三手、四手车了,可还是你的车,还是联你的网,还是你的App啊,你逃不出这个责任的。现在必须管这个东西。"

方法之一是简化产品线。蔚来每一代平台所有车型不论是卖30万元还是50万元,算力、传感器等智能系统的软硬件均保持一致。李斌觉得不如此不足以在产品的全生命周期里提供维护服务:"你想象一下,(如果)10年后你发布了几百个版本,疯掉了,完全不可能维护的呀。"

另一个思路是调整组织架构。人力资源部设置了专门的员工一直维护第一代系统,可是该怎么保证他的进取心,让他别认为自己是个留守的人?维护旧系统和开发新系统,有哪些共性的部分?

2021年,蔚来在组织扁平化的基础上开始调整产研线的管理架构,探索如何从组织上保证用户全生命周期的体验。"那年我请杨国安教授来讲他那个市场化生态组织,从那个发源过来的。"周全回忆道,"教授那个方法对我们的启发还是很大的,我们这里也有战队。"

"战队"类似于市场化生态组织中的"灵活型团队",即《组织革新》中所述的高度自主且与其他团队和平台紧密相连的团队。具有不同技能的人聚合在一起向着共同的目标进发,一项能力尽可能不局限在一个功能模块中,而是在不同团队的连接处和团队内部繁荣发展。

李斌说蔚来设置了"很多跨部门的战队。这种横向组织就是小特种兵,从各个地方临时组织的小组织"。战队与战队结合在一起,以便实现一个更大的功能。蔚来的研发体系很快演变出了各种类型的硬件战队、软件战队、软硬结合战队。战队之间的人员更迭也十分灵活,为了实现产品目标,可以快速加入新的战队。

这是一个十分痛苦的摸索过程。部分由于这样的探索,蔚来在 2022 年发布的 ET7 出现了软硬件质量问题，影响了产品口碑和声誉。蔚来的产品线规划也长期被媒体和部分用户诟病为区隔度不够，自家产品相互挤压。但李斌觉得研发线一两年的尝试基本上已经顺了："很简单，抱怨少了嘛，每件事情都有人干，来我这儿的投诉少了嘛。"

2022 年，蔚来针对 NP1.0 平台的车型提供了一套横跨智能硬件、电子电气架构、内饰外饰的升级方案，直接提高老车型的性能。蔚来还宣布了 Aspen（白杨）、Alder（赤杨）、Banyan（榕）针对不同平台车型的智能系统，每一代智能平台都将保持运营 15 年。2022 年蔚来发布了 3 款新车，2023 年发布了 5 款新车。周全说："如果没有做这个组织变革，我们会更惨，可能都出不来这么多新车。"

随着研发线的初见成效，蔚来尝试把时间维度与公司其他板块的管理逻辑叠加。蔚来正在把蔚来顾问（Fellow）的职能拆分为用户发展、用户运营、用户维系三类，分别针对对蔚来有兴趣的意向用户、正在买车的用户、已经是车主的用户。

"大家的逻辑不一样，各个阶段关心的东西不一样，放在一个团队去做肯定是不行的。"李斌发现，很多事情只要加上时间维度，"马上管理架构就都变了。以前很多人讲网状组织架构或者其他什么，我觉得都还没把时间维度考虑进来"。由于这次组织变革的特色是"时间"，于是蔚来把自己在组织架构上的探索方向称作"四维组织"。

"这个理论和实践我们还在发散中，还在做的过程中，但是我们肯定是要朝这个方向做的。这次迭代完以后，我觉得我们的框架

第五章 组织升级　　193

变化应该不会特别大了，业务和组织的边界基本上就更稳定了。"同时，李斌也很冷静："组织变革其实是很有挑战性的事情。我们想的这些事情，短期内肯定都是有成本的。公司如果不成功，（组织）领先就没意义，成功了就证明这套东西行。"

青腾一问｜杨国安对话李斌、周全

杨国安：你对用户企业的理解，内核肯定是不变的，它的边界有没有发生过一些改变？怎么平衡用户的要求和企业的诉求？

李斌："用户企业"这个词，我们一开始提的时候，所有人都觉得很怪。现在这个词好像变成了一个烂大街的词。这里面最大的区别是什么呢？我们说成为一家用户企业，让用户满意是我们的目的，不是我们的手段，而很多人都把它当成一种手段。为了多卖车，我要对用户好。我们是反过来的，为了让用户满意，所以我们要多卖车。

但是我们成为一家用户企业，并不是说要把满足每一个用户的需求当成（目标）。我要为人民服务，不是说我为某个人服务，要让每个人都满意。我是把用户企业当成一个整体去看，把用户分享欢乐、共同成长的社区当成一个总体去看。很多时候，人们会把总体和个体进行混淆和模糊。

有些用户不高兴，我就去跟大家去做交流，这个是用户企业该做的事情。我们希望跟用户是朋友关系，这其实更多是一种发自内心的价值观，但不是说做每件事情大家的目标都要一致。其实朋友之间不可能对每件事情的看法都是一致的，我们能做到问心无愧，那就可以了。

杨国安：在日常运营中如何去确保用户满意度的正常值？

周全：最重要的还是领导以身作则，这个是前提。不是说李斌在2019年对用户好，后来就对用户不好了。李斌日常做每个决策，都是符合蔚来这些做人做事的原则。

再说组织保障。比如，我们一旦在某一个地区的用户保有量大了，就会设一个区域公司。它的意义在哪里？用户离区域总经理很近，而总经理直接向秦力洪汇报。秦力洪直接管了48个区域的区总，当然有销售的负责人协助他管理。李斌希望公司最高层离用户不要太远。

我们也有专门做用户运营的团队，会有各种提升用户满意度的机制、检查、标准动作，这些都会帮助我们提高用户满意度。

杨国安：蔚来的组织架构经过了哪些迭代？

李斌：有一些组织变革在早期我们就做完了，就是超级扁平化。比如说，研发条线十几个高管是直接向我汇报的。好处是部门壁垒会小一些，挑战在于要拉通和协同的工作就会多。后面我们又增加了很多横向的部门，形成矩阵。然后，最近我们在细化四维的组织架构。

大概三年吧，会迭代一次。这次迭代完了以后，我们的框架变化应该不会特别大了。所以我们最近通过一些管理软件，把这些组织系统逐步地固化下来，做到可部署、可运营。

这其实很重要。去年我去欧洲就很快发现，我们最大的短板是在中国的这一套业务系统没法在欧洲直接部署运营，这就很麻烦了。我们现在就在尝试把全球的业务系统做到和品牌能解耦，和区域能解耦。

杨国安：蔚来的价值观驱动目前走到了哪个阶段？

周全：每个阶段都会有波峰波谷，现在的蔚来可能有70分吧。可能2020年初那个效率状态很好，大家都很自驱。这两年人多了，短期内业务受到了挑战，可能就又回去了。

一个组织很难避免波谷。顺的时候一顺百顺，大家就会比较飘嘛，很难说还保持危机意识，挺难做到的。每个组织都会有这样一个过程，只不过绝大部分在那个关头下去了，好的组织就是在那时进化了，自我革命了。

未来能源

能源行业相对传统，但随着产业数实融合的发展趋势，天合光能越来越强调数字科技、行业技术对组织能力的驱动。

在员工能力方面，天合光能越来越强调研发能力，此前公司专注于行业技术核心的光伏电池转换效率提升，近年来越发强调数字系统、物联网、AI等对于能源系统的改造。在员工思维上越来越强调开放和自驱，在数字技术对人类社会的渗透深度和广度越来越强的当下，自我驱动的员工才能更匹配行业和公司的发展，才能创造更多的价值。员工治理则要匹配前述改变，天合光能采用了我提出的"市场化生态组织"方式以释放员工的自主性和灵活性。

从"杨五环2.0"中组织升级的视角来看，这个案例还可以让大家看到组织能力的建设确实应紧紧围绕着不同时期的战略重点和行业趋势，早几年或晚几年都可能收不到预期的效果。比如，如果不是分布式光伏业务的崛起，天合光能推动的"创团"组织可能只会起到降本增效的作用。反之亦然，如果没有相应的组织能力再造提供土壤，天合光能的分布式业务也无法成长得这么快。

员工能力 × 员工思维 × 员工治理

排名第一的公司如何可持续发展

天合光能[①]在2014年以3.66GW（吉瓦）的组件出货量排名全球第一，并实现了22.86亿美元的营收和3.856亿美元的毛利。2015年天合光能以5.74GW的组件出货量蝉联全球第一，营收更是突破了30亿美元。

多年前曾对记者强调"第一"和"排名"并不重要的创始人高纪凡在如今天合光能确实成为"第一"后，想的是天合光能如何打破光伏行业各领风骚两三年的现象，如何寻找到新的方向实现可持续发展。"一条鱼在太湖里面可能是最大的，但一旦跑到东海，可能就不是了，再跑到太平洋就更不是了。成为第一的时候，你要做的是赶快离开这个区域，到一个更大的区域中去。"[1]

更大区域是与当前以火电为主截然不同的新能源体系。高纪凡设想未来能源的发展方向应呈现清洁化、去中心化、智能化的特

---

① 天合光能相关内容，除了我对高纪凡及天合光能高管所做的采访、出处明确的引注外，亦多次引用《天合纪》一书。

征。清洁化是指低碳、绿色的可再生能源将挑起人类用电的大梁；去中心化是指能源的发电、用电等应用场景会越来越分散，典型如分布式光伏；智能化是指发、储、送、用、网这五大电力环节都将在数字技术的驱动下发生质变。

以数字平台支撑的、零碳的、分布式的新能源体系，成长空间确实堪称太平洋。高纪凡希望天合光能再次成为探索者，就如同1997年光伏产业初兴时就去探索未来路径一样。

2015年8月，天合光能即设立了投资控股平台天合智慧能源投资发展（江苏）有限公司。2016年，从欧洲得到启发的高纪凡设想已经把能源革命中的智能、分布式特点概括为能源互联网，"区域电网构建起一个新的系统，让清洁电力可以直接卖到千家万户，大量的家庭修建了太阳能屋顶，某个家庭的电用不了可以供给区域的供电网络。构建一个以数据、智能为中心的能源共享机制，这是能源革命未来的方向"。[2]

要抓住未来，无法依靠天合光能一家公司提供所有产品和服务，得出现一个生态链，由多家公司共同提供解决方案。当时并没有这么一个生态链，而且高纪凡发现员工数超2万人的天合光能已有诸多毛病，难以支撑对未来的布局并建立生态。

每个部门做年度计划时，都提出要招聘更多员工、提拔更多干部，以至于天合光能将升职机会从每年一次改成了半年一次。结果一个部门里干部占了相当比例，真正干事人却少了。越来越多的传令兵导致信息传递效率、管理效率降低了，影响了公司的产出。

志在分解目标以实现具体执行的KPI考核制度也走向了僵化。员工只考虑属于KPI的事情，除此之外一概不管不问，如此一来，横向协调十分困难，这又引发、加剧了办公室政治。在互相推诿和扯皮中，管理层难以做决策。

员工治理 × 员工思维

打开边界，自我驱动

为了解决大企业病，高纪凡四处取经问道。那个时代由于移动互联网的崛起，腾讯、阿里这样的互联网巨头的营收、市值突飞猛进，小米、滴滴、美团等超级独角兽也先后崛起。在产品和业绩的支撑下，互联网公司提出的"互联网+"看上去会席卷各行各业。

很多数字技术薄弱的传统公司对此或感不屑，或感惶恐，高纪凡则对互联网公司的开放性十分赞许。他说："当时我们这个行业没有数字化，我就坚定不移地说，任何行业都不可能不发展……有很多互联网企业的思维走在前面，很多实体企业相对来说滞后，应该赶快转变思维。"

大概是在这段时间，已担任天合光能独立董事数年的我给高纪凡详细讲授了自己的杨三角理论。首先要意识到组织能力的重要性。"成功=战略×组织能力"，必须有强大的组织能力做支撑，公司战略才能落地执行并取得成功。组织能力定义模糊，众人说法不一，我将其厘定为三角框架——员工能力、员工思维模式、员工治理方式，分别解决员工会不会、愿不愿意和容不容许的问题。

第五章 组织升级

这三大支柱各自又有落地的方法论[1]，对其中的员工治理方式，我与戴维·尤里奇（Dave Ulrich）后来进行了深入思考，提出了"市场化生态组织"[2]这一概念。我们强调企业应该构建资源共享中台，支持多个前端的、自主的业务团队。这些业务单元不仅与中台联通，相互之间也联通，以在瞬息万变的市场中获得竞争优势。市场化生态组织的企业崇尚流动性和灵活转变的能力，也要求企业具备强大的数字技术，这是未来企业必须具备的竞争要素。

除了从我的研究成果中得到启发，高纪凡还向强调平台战略的中欧国际工商学院战略学副教授陈威如学习，并亲身前往腾讯、海尔、清华大学乃至世界各地的先进企业或机构学习。

鉴于数字技术与各行各业的融合度越来越高，创新需要的人才类型、能力跨度越来越复杂，天合光能不能再仅仅是一个旗帜鲜明的制造业公司了。"过去企业是有边界的，有边界就会有很大的封闭性，一旦边界被打开，事儿就有无限延展的可能性。"高纪凡认为自己应建立跨界的开放性机制，促成天合光能成为一个吸引全球人才和汇聚终端用户的平台。"太湖的水从哪儿来，东海的水从哪儿来，都不重要，重要的是全世界的水都流向大洋，这就是生态的力量。当你虚怀若谷，你就会发现你能把各种力量都吸引过来，天合光能要做那个大洋。"[3]

2016年，经过漫长的学习、讨论和思考后，高纪凡向管理层提出了创团和平台化改造的组织升级方向。

---

[1] 详见《组织能力的杨三角》一书。
[2] 详见《组织革新》一书。

质量、人力、财务、品牌等后端支撑部门被定义为平台，负责监督、赋能、服务。平台提供了以股份为核心的激励机制，提供了天合光能的数字化系统、品牌、技术、渠道等体系化工具。

在平台之上出现的是高纪凡称之为"创团"的机构。创团即创造价值的团体，具体指一个个业务板块。每个创团与公司的关系模拟市场化，有充分的自主经营权，团主领取目标任务，创团独立核算，可自行分配目标之外的绝大部分超额利润，个别业务甚至可以启动员工持股计划。创团强调用创业的精神去创新和创造价值。

"之前也进行过管理变革，大家基本都是跟'船'走，后来发现'船'开到一半，很多人都没有跟上来，到头来还是你一个人在前头带。这样的组织变革是不成功的。天合的创团，是万物互联时代的'自我驱动'模式。"高纪凡很希望激发团队内心的潜力，以奋斗者的姿态在天合光能平台上主动、积极地构建事业，与平台互相创造价值。负责分布式业务的天合富家董事长、青腾科技四期校友高海纯表示，受华为等先进企业的启发，同时也认为新能源体系的建立还很漫长，2017年天合光能提出了以奋斗者为核心的企业文化。

天合光能组织的架构必须扁平化，才可实现平台与创团之间的高效对接。高海纯说："杨国安教授也帮助我们做了很多组织架构上的设计和推动，我们公司的管理层级大幅减少。"

组织架构的革新则依靠数字化系统去固化。从2017年开始，天合富家在数字技术上的投入明显增多，到2022年，天合富家的软件开发人员占研发人员的比重已经达到了20%左右。

由点及面

很多高管难以理解在天合光能组件出货量连续排名世界第一时老板为什么要如此折腾。有的高管直言，公司"放着强项不做，好好的，有钱不赚，去发展新业务"。大家也不知道一个制造业公司怎么去做平台。

团队报上来的升级方案中，只有一个试点部门，可见当时天合光能团队中的纠结、痛苦、抱怨。"我们要拿四个部门做试点，如果都死掉了，那是这个制度不好。如果四个里三个干得不错，有一个干得不怎么样，那就是那个团队的问题，不是制度的问题。"经过几轮头脑风暴、沟通、讨论后，高纪凡坚持自己的看法，推动组织升级。"从边界清晰到无边界，有些高管反对得很激烈，这是一个令人比较痛苦的过程。就好比以前一直生活在水里，大家过得很舒服，一旦从水里走到岸上，肯定会有点难受，甚至有可能缺氧。但很多时候，你得做一些和人家不一样的东西才行。"

天合光能选了电池、晶硅、组件等四家工厂进行"平台+创团"的组织升级试点，其中天合光能盐城组件厂在 2016 年 9 月开始试点，半年内便感受到了效果。

此前盐城组件厂每年消耗约 2500 万元的胶带，由总部采购部门集中采购供给。他们既无权限，也无动力对此做出改进。改成创团后，盐城组件厂获得了除财务外的所有部门管理权限，可自行设定质量、标准、流程，自己谈采购、销售，自己招人。简单来说，总部定好方向和目标，剩下的便是创团自己发挥的空间。

盐城组件厂的材料损耗组先把价格谈到了约 1200 万元，随后又改进流程、产品包装等，一年下来胶带费用预计只需要花大约500万元。类似这样的改善之处不一一列举。对盐城组件厂的员工而言，一个季度干下来，拿到的奖金比之前一年的还多。

员工觉得虽然比以前忙、压力大，但干劲也比以前足得多。在类似盐城组件厂的榜样作用下，"平台+创团"的组合逐渐覆盖了制造板块、市场板块、商用光伏板块……高纪凡认为是时候打开天合光能的边界做创新生态平台了，"要从产品过渡到光伏智慧能源解决方案，成为能源互联网的领先企业"[4]。

如同当年举办"国际太阳能发电技术暨推广论坛"、申请建立国家级的光伏科学与技术重点实验室以造势借势吸引人才一样，在分布式光伏新增装机容量同比增长了200%的2016年，高纪凡找到曾在通威、汉能履职，坚信光伏的未来在分布式的张兵加盟天合光能，负责家用光伏事业部，正式进入了这个他设想多年，直接能体现天合光能"用太阳能造福全人类"使命的领域。2018年，天合光能发布了能源物联网品牌TrinaIoT，与多家战略伙伴启动了天合能源物联网产业发展联盟，与华为、IBM等公司成立了新能源物联网产业创新中心。

随着"平台+创团"的组织升级和新业务的铺开，组织能力中的核心价值观也得与之匹配。

天合光能的企业文化从2.0版的"CORE"[①]，即成就客户（customer-centric）、开放心胸（open-mindedness）、尊重共赢（respect）、

[①] 之所以用英文，是因为海外市场在天合光能的业务中占比较高，公司亦有不少外籍员工。

追求卓越（excellence），演进到3.0版的成就客户（customercentric）、开放心胸（open-mindedness）、全力以赴（dedication）、追求卓越（excellence），简称"CODE"。"尊重共赢"被归纳入"开放心胸"，而"全力以赴"作为3.0版中新出现的关键内容，彰显了为客户创造价值、为公司持续成长贡献力量的诉求。

2020年，在科创板上市后，天合光能觉得应该进一步明确表达理念，并且反映"平台＋创团"的内核，于是将核心价值观改述为以客户为中心（focus on the customer）、坚持开放创新（persist in open innovation）、长期艰苦奋斗（persevere through dedication and hard work）、全力追求卓越（strive for excellence）、共担共创共享（share the responsibility create and share value together），简称"CODES"。

新增的"共担共创共享"表达了三重含义，员工担负起"用太阳能造福全人类"的使命已经不够，还必须努力奋斗创造价值和成果，公司得到了持续的更好的发展，也会与员工共同分享成果。

为了让文化落地，引导员工的工作行为符合公司的核心价值观，天合光能会对所有员工进行360度文化评估，并输出个人的文化报告。评估高层管理者是否胜任岗位，文化评估是重要的组成部分。文化评估在员工的绩效评分中也占据了一定比重。

对内，天合光能调整了股权激励的广度和深度。天合光能一定层级以上的管理者都作为公司的合伙人持有股份。公司还设置了专门制度，让层级不够但表现非常突出的奋斗者员工拥有公司股份。

对外，天合光能花1000万元建立了阳光创业基金，计划5年内为1万名大学生传授关于太阳能的课程，希望这些人未来能进入光伏生态圈。

员工能力

分布式光伏创团趁势崛起

高海纯觉得正是浓厚的组织升级、文化升级氛围，给了新兴业务更好的土壤。

分布式光伏业务创团甫一开始便超越了"模拟市场化"的层次。它成立了江苏天合智慧分布式能源有限公司（下称天合智慧），并设立了拥有天合智慧 14.83% 股份的常州富锦昊投资合伙企业（有限合伙）作为创始团队的持股平台。

为了打造离终端用户更近的产品、销售、运维体系，天合智慧的人力构成也与众不同，它招来了大量家电、互联网、消费品等企业的人才。日后担任天合智慧董事长的高海纯称，70% 左右的员工都来自光伏行业之外，"分布式业务要以客户为中心，客户看中的是全生命周期的服务体验。非光伏行业的人可能更懂渠道建设、服务体系的构建"。

在经营上，天合智慧亦拥有较高的独立自主权，以减小与平台融合的压力。2016 年的分布式光伏市场如同 20 年前的电脑城，大家都在用各种供应商的零部件攒机。集成商占据了 60% 的市场份额[5]，但它们提供不了安全、售后、品质。张兵觉得只卖组件产品的意义不大，应该以"原装"的思路卖品牌机，为整体产品的质量负责，在设计、交付、运营、售后等环节为客户提供足够的保障。

他认为:"原装是一个全流程的质量控制标准。"

在此思路下,2017年8月,天合智慧发布了天合光能的首个子品牌天合富家,当年便开拓了8个省市的经销商渠道,完成了近10亿元的销售额。当他们正准备在2018年大干一场时,因行业过热与补贴资金的匮乏,政府进行了政策调整。需求锐减重创了光伏行业。半年时间内,倒闭了638家光伏企业。[6] 天合光能2018年的光伏组件营收也较上年有所缩减。

在行业处于低谷时,天合光能一方面依靠平台与政府沟通,一方面创团也表现出了独立经营者的韧性。2018年9月,张兵认为不能因为政策冲击而丧失信心,他说:"未来的家用光伏到底还能不能干?我的答案绝对是肯定的。家用分布式光伏一定是我们行业的未来,这一点我坚信。"[7]

高纪凡率领的中国光伏行业协会在诸多助力下,成功给户用分布式光伏争取到了2019年的针对性缓冲政策,张兵则继续给仍在低谷的分布式光伏鼓劲:"接下来我们还要跟火电竞价上网。趋势当然是好的,但挑战肯定很大,市场空间也是存在的。"[8]

天合智慧还洞察到了自己提升的方向。在有污染、遮挡等很多隐蔽情况下,用常规手段是监测不出分布式光伏电站有问题的,很多用户也不知道自己的电站在什么时间发了多少电。

"厂家都有App,但没有人在后台做远程的管理和监控。"张兵认为这属于用户体验没做好,用户不可能天天关注一个低频的App。全靠用户自己,最终会失去用户的信任,厂商必须去帮助用户管理电站。"一个经销商如果没有真正的智能化、数字化平台服务体系,是无法真正发现问题的,也是无法实施服务和售后运维的。"[9]

天合智慧于是着力将业务流程搬到线上。从产品硬件选型、设计控制、施工现场监理到长达25年的售后体系，先从全过程可视做起，再提高数据处理能力。2020年，天合智慧还发布了天元TSE 1.0系统，用数字技术将销售交付、分销、金融服务等要素紧紧相连，以同一个后台系统支撑天合、用户、经销商实现分布式电站的全周期管理。

"原装"理念至少在头部企业间流行开来后，数智技术将成为天合智慧提供差异化竞争力的抓手。张兵说，在其他友商都是发合同给经销商拿去找用户签字时，天合智慧的用户在App上申请，金融服务也跟银行直接打通。高海纯总结道："首先是上网了，然后更多的是通过数字技术提升现有体系的效率。"随着业务的展开，到2022年，天合智慧600多人的团队里，数字化人才已经接近200人。

事实上，天合智慧正在落地和体现天合光能对能源互联网和新型电力体系的探索。张兵说："一定是服务于终端企业和个人，才有机会做数字能源这件事。我们承接天合的智慧能源。"高纪凡觉得，未来在天合智慧的平台上，或许会出现相关方的电力交易、碳交易服务，电力也变成了代码，真正走向数字化能源的方向。

员工治理

修剪硕果，鲲鹏变革

在创团自驱式的经营下，天合智慧抓住了全球双碳战略开启的市场需求。2019年以来，天合智慧的出货量连续三年翻番，稳居行业前列。2021年，天合智慧出货量超2.1GW。2022年，天合智慧的出货量达到了6GW。

看起来，"平台＋创团"的组织升级不仅助力天合光能又一次穿越了政策波动引发的行业周期，还支撑着天合智慧成长为公司的第二曲线。"创团和平台化改造，对权、责、利进行重新分配，造就一个新的生态环境，让每个人都变成'老板'，让大家不断地去成长、去进化。"高纪凡总结道。组织升级给天合光能的团队带来了更灵活应对市场变化的经营思维。

但是"平台＋创团"改造也出现了不少弊端。有大局观且能力出众的创团并不多，各创团为实现利润目标，不仅会各扫门前雪，还出现了恶性竞争的现象。由于没形成足够的合力，甚至影响了天合光能整体战略的执行。平台侧的建设进度和效果则参差不齐。高纪凡说："特别是前方的奋斗者，对于我们的平台往往感知不到巨大的支撑力量或者赋能力量。"

为了进一步推动"平台＋创团"的高效落地，乃至于围绕天合光能构建一个能源互联网的光伏生态，在任何环境下都能应对外部变化和不确定性，高纪凡再次四处求学问道，并于2021年8月推出了名为"鲲鹏变革"的组织升级方案。"鲲鹏"出自《庄子》的《逍遥游》，"鲲鹏变革"代表的是一种展翅翱翔的飞升。

首要提升项便是体系化的战略能力。天合光能引入了华为擅长的BEM模型（业务战略执行模型），希望将公司战略逐层解码，分解成可量化、可执行的策略，让员工能理解战略并找到自己在其中的位置。高纪凡说，过去依靠经验和自身的悟性来制定战略，今后要再加上努力和方法去制定从未来到今天的发展战略，如同去到陌生地点后依靠导航也能自如抵达目的地。

另一个重点是同步推进平台各单元的迭代进度。天合光能成立了公司治理、战略管理、销售服务、集成供应链、产品与解决方案、财经服务、人力资源、质量流程及数字化8个项目群，各部门负责人为项目群组长，高纪凡为项目集总负责人。

"鲲鹏变革"希望构建高效协同的经营管理体系和组织能力，为此公司必须进一步强化数字化建设，让既有的经验和流程通过数字系统固化下来。高纪凡的期许是："未来搞完数字化建设后，一个刚毕业的大学生和一个在公司工作10年的员工，工作效率会是一样的。"

届时天合光能更多需要的是技术创新、业务模式创新、战略洞察和管理、组织运营等类型的人才，他们将推动天合光能走向世界500强。这既需要提升现有干部的能力，也得做好人才年轻化的建设。为了确保"鲲鹏变革"的落地，天合光能在正常的经营绩效考核之外，还建立了变革管理绩效体系，给团队增加动力。

"这件事情是一个很大的挑战，但只有行动推进协同完成，它的效能才能够得到更好的实现。"高纪凡觉得"鲲鹏变革"早做比晚做好，"在现在规模还比较小的情况下，完成它更容易。如果等到规模更大时再来推进这件事情，付出的努力更大"。

青腾一问 | 杨国安对话高纪凡、高海纯

杨国安：天合光能以前是生产产品，现在是用整个生态去引领

行业。公司的组织架构有没有什么重要的演变？

高纪凡：我们在2017年搞了这个"平台+创团"的模式，把天合变成一个创新创业的奋斗者的平台。根据各种业务方向，内部的、外部的创业者都可以到天合平台上来建立创团。应该说，这给公司的奋斗者建立了一个自我驱动、自我奋斗、创造价值的新机制。我们现在的分布式智慧能源业务就是当时的一个创团，2022年的销售额要增长到100多亿元了。

杨国安：创团也好，生态也好，一个很核心的东西是天合光能的平台要够强。那么现在来讲，你会把什么能力、资源、数据放在平台，把什么放到不同的创业团队里？

高纪凡：平台有两层意思，第一层意思指的是一种以合伙人机制为主体的共担、共创、共享文化以及它的实施方案，让大家在平台上能够找到发挥空间，能够和公司共利益、共命运，成为天合的长期奋斗者、终身奋斗者。

第二层意思是能在平台上创造价值，甚至离开这个平台就做得不好了。这又可以分成两个方向。一个就是数字化，这部分我们现在还有很大的空间去做。还有一个就是品牌、渠道、技术等这一套体系。

这样就把奋斗者和平台协同起来，互相创造价值。奋斗者肯定对这个平台有进一步的提升，产生新的共享（价值）。反过来也是一样。

杨国安：核心价值观为什么改成了CODES？

高纪凡：我们重点强调两点。一个是长期艰苦奋斗。天合光能发展了26年，经历了光伏行业（起起伏伏）的发展历程。虽然光伏现在正在进入平价时代，但离成为全球第一大能源，路还是很长的。未来还有大量的艰难困苦的过程，需要去突破、去创新。所以我们更加强调长期艰苦奋斗，尤其在这几年，我们提倡人人都是奋斗者。在天合平台上，你不奋斗，那就要被淘汰。只有奋斗，给客户创造价值，给公司带来价值，给社会带来价值，才能够成为合格的天合人。

还有一个就是共担、共创、共享。到天合来的每一个奋斗者都要认同天合的使命、愿景、核心价值观。要担起我们"用太阳能造福全人类"的使命。光担起没用，关键要通过自己的努力，贡献自己的创造和成果。当然，公司肯定会得到一个持续的更好的发展，我们也希望奋斗者和公司共同分享这个成果。共担、共创、共享者也包括我们的所有的外部合作伙伴以及这个大的生态中所有的利益相关方。

高海纯：我们的奋斗者文化从2017年开始传到现在，正在深入我们每一个部门、每一个员工的心中。这种文化的传导，更多还是从上往下，然后再从下再往上不断去巩固、循环的。

奋斗者文化一开始一定是先由主要的管理层来身体力行。管理层实行弹性工作制，我们也不讲究什么工作时间了，基本上365天全年无休。我们的高管周一到周五，脚踏实地围绕我们的业务去开展工作。到周六、周日基本上就是安排内部会议，以仰望星空、不断提升我们高管的能力建设为目标。

杨国安：分布式光伏这块业务的组织能力与原先的组件业务有哪些不同？

高海纯：第一点，过去我们储备人才，更多还是聚焦于中游的制造端，以产品为中心。但分布式业务要以服务构建渠道，要以客户为中心。

原先要做的是不断地投入研发，聚焦于技术创新，整合全产业链，降本增效，以此为客户提供价值。因为客户最本质的诉求是产品能带来更多的收益。（分布式光伏）走到下游后，客户看中的是全生命周期的服务体验，25年内的服务是不是有效、是不是及时。

第二点，原先的销售团队以面向大型央企、国企为主来构建核心团队，走向C端后需要构建具备互联网数字化和消费品思维的人才体系。所以从构建子公司开始，我们就在文化管理和团队激励上面做了一定的区分。

杨国安：做分布式光伏业务时你已经有品牌和行业地位了，吸引人才的难度相对没那么高了。当初在天合光能还较为幼小时，你如何找到、保留优秀的人才？

高纪凡：两个阶段是不同的。早期没有平台，叫海纳百川。

在1997年，人才是求来的。我们知道哪个教授很厉害，就去求他。大家知道刘备三顾茅庐，你盯着人，要讲到他相信你，但这是不容易的。他们刚开始不相信，后来讲了两三次，觉得这件事情好，就来了。1999年，我们从全国把能请到的专家都请到常州来，开第一次光伏论坛。开完以后，把这些专家留下来。现在我们公司还有一些八九十岁的终身专家，就是那个时候请的。

还是一句话，对我来说没有选择。我要做这件事，人家不来，我干不下去，我自己没有这个能力。我只有把这些人请进来，才能把这件事情做成功。所以我没有选择。就像海纯说的，傻傻地做一件没有选择的事，非常对。

为什么我们在2010年选择坚定不移地建立国家级的光伏科学与先进技术重点实验室呢?

当时企业多,这个企业可以吸引人,那个企业也可以吸引人,你要有一个别人没有的东西。你搞一个国家重点实验室,人家问(技术人员)"你去哪了?""去国家重点实验室。"(他)脸上有荣光。

国家重点实验室的吸引力比较大。他的同学、同事都是专家,一个来了,就能来一串。或者来开会,或者来研讨,或者来搞合作。当时不仅吸引了中国的科学家,还有德国、美国的科学家,吸引了世界顶尖的光伏科学家。

很多人就汇聚起来了,这叫"造势者不求于人"。构建这么一个势不容易。但有的时候就要坚定不移地去构建,构建好以后,吸引人才就容易了。

第六章

变革领导力

企业要想预见和拥抱数实融合带来的新机遇，还得依靠由CEO主导的领导力变革。

数字化转型升级阶段的领导力变革，背景是一场已经发酵数年、在疫情期间出圈的数字化浪潮。企业投身于此的目标相对明确，相当数量的企业家表示力求实现的是"降本增效"。变革领导力的内涵是企业领导者应具备更强的战略洞察能力、勇气决心和进行更多的资源投入。

本书的重点是数实融合，针对新兴科技如何重构传统产业。这一浪潮也发酵了数年，但相当数量的创业公司还较为幼小。数实融合浪潮也具有鲜明的数字技术色彩，但不局限于此。其范围更广，更前沿，外部环境具有更强的不确定性，企业很容易遭受剧烈的波动。

所以在这本书中，变革领导力的内涵发生了改变。在数实融合的变革时代，CEO应该具备以洞察、信念、坚韧为特征的领导力。严格来讲，CEO应该时刻具备这三个特征，但在实操中会有所侧重。

领导力的"洞察"特征应该贯穿企业发展的每个阶段，因为企业的使命、愿景、价值观可能不会经常改变，但年度战略、战术及前沿技术等都具有动态性。比起"洞察"而言，"信念"中的科学理性因素相对较弱，它某种程度上是一种自证预言。但面对未知的世界勇敢前行，是需要一些信念去支撑的。大家常觉得在逆境中需保持"坚韧"，其实在顺境中也需要它来对抗一些心魔。"坚韧"并不是说 CEO 要固执己见、盲目相信，还是应该在科学理性的状态下去分析和判断。

洞察

我认为，CEO 的一个很重要能力就是对科技的洞察。除了底座性质的数字技术，各行业都有专门的技术，它们都有可能带来产业重构的机遇。CEO 得先去判断，这些领域里有哪些新的科技突破。

2006 年，英伟达提出了能让 GPU 的算力从 3D 渲染扩展到更多领域的通用计算技术 CUDA，在解决了散热、成本上升、故障率增高等问题后，CUDA 于 2010 年前后趋向成熟。当时正在英伟达参与 CUDA 语言开发的软件工程师黄晓煌知道，这意味着可以利用 GPU 的算力在多个领域探索其用途。2011 年他便回国创业了。

2007 年，彭斌看到机器人技术的冒起，决定离开微软，一面专注无人机技术和产品研发，一面探索无人机应用场景，直到 2013 年的一次新疆之旅才确定了无人机在农业的应用前景。

科技靠不靠谱，是不是已经到了创业者进入的时间点？这个问题没有标准答案。

李斌在2012年看到了新技术带来的可能，但并未立即创业，而是花了两三年思考公司的独特定位是什么，如何更好地解决当时的用户痛点等问题。2014年底李斌才创立蔚来，它不是中国第一家智能电动车创业公司。

1997年，高纪凡看到美国的"百万太阳能屋顶计划"时，即认定这就是未来的趋势和自己要从事的终身事业，迅速创立了天合光能。摸索了几年后，天合光能才确定了要进入光伏制造领域。

看到技术趋势后，创业的早晚并不是关键。重点是决定以技术成为公司的底色之后公司阶段性的发展重点到底是什么，这或许最有难度，也最重要。

在一个不确定性极高的周期性行业里，高纪凡的领导力表现出了鲜明的"节制"色彩。节制并不是不犯错，而是犯错程度较轻，留有余力。高纪凡的思路是不冒进，不争第一，提早进行风险管理。

在硅料产能不足、制约全行业的2007年底，天合光能并没有去垂直整合最上游的硅料。出于对产能过剩的担忧，高纪凡果断放弃了自建硅料产能的策略。

同样是出于对产能过剩的担忧，天合光能在2010年放弃了垂直整合模式，转而在电池片及组件环节加大了研发力度。待到行业的供需关系又一次因政策而波动时，天合光能已经因为前几次的正确决策而根骨强健，较为轻松地挺过了行业低谷。

光伏行业那些冒进的公司，大多数都已经"死"去了。

李斌的领导力则展现为对重点环节的洞察和坚持。面对充满未

第六章　变革领导力　219

知的智能电动车行业，李斌知道技术很重要，在后续的企业经营中长期保持着研发领域的高投入，但他更清楚，在一个产品验证周期很长、客单价极高的行业里创业，资金更加重要。

融不到足够多的钱，连把量产车型造出来都很难办到。在一个不确定的环境里，只有融到足够多的钱，才能确保公司在进行试错、不可抗力降临时，有足够高的存活概率，验证自己的产品技术和经营理念。智能电动车行业里，那些融资能力差的公司基本上都已经退出了市场。

李斌觉得，蔚来作为初创公司，完全没必要在制造环节投入重资，与中国成熟的汽车工业从业者合作才是最高效的选择，为此不惜冒着被诟病品牌力的风险。另一派创业者则坚持投入几十亿乃至上百亿元打造工厂，结果给企业造成了沉重的资金负担。

只有当 CEO 判断对了阶段性施力的方向，公司的发展节奏没有太大问题时，公司面对危机才有翻盘的可能，否则公司会直接"死"去。

值得一提的是，如今的 CEO 只关注到行业和公司这个范畴已经略嫌不足，必须要看到更广阔的世界的整体趋势，比如世界格局的变化、经济增长走向等。这些才是行业和公司运行的底座，它们具有牵一发而动全身的影响力，CEO 必须对此有较为深刻的认知。

信念

CEO 对科技的洞察容易进入一个潜在的误区，尤其是技术出身的创业者。他们建立起一个技术驱动的公司后，对技术的"相信"有相当大的概率变成"迷信",变成为了技术而技术。导致的结果,或者是技术落地成产品后用户并不买账,或者是做的基础研究、前沿研究脱离了公司的实际需要。

比如在 XR 领域,微软推出了令人惊艳的 HoloLens 系列,这个长得像头盔的一体机融合了众多先进技术,还获得了美国陆军 220 亿美元的订单。但它太重了,耗电量太高,还容易给人造成头晕、恶心等不适的状况。

XREAL 的徐驰也非常相信 AR 技术对人类生活、工作的巨大影响,他认为 10 年之内会有超 10 亿人戴上 AR 眼镜。这让他在行业的低谷期开始创业,并坚持至今。

但徐驰并不认可 HoloLens 的设计思路。他觉得工程师为了安全和严谨,特别喜欢"不停地在产品里堆一些高科技,传感器、算法变得越来越复杂,肉眼可见头盔变得越来越大"。他认为头盔过于笨重,大家青睐的一定是一个轻量化的产品。XREAL 将产品定义为 AR 眼镜后,再思考如何让其体验足够有黏性,最后将产品设计为与智能手机融合的分体式设备。

对技术的信念,应该转化为基于技术如何更好地满足用户的需求。在跟随甚至引领用户需求的过程中,创始人会更深刻地省悟公司的使命和文化理念。

极飞科技的彭斌也是技术出身,相信智能化的无人机将改变农业的面貌。但他是在无人机(那个年代叫航模)领域实现超 2000 万元营收时,才从用户那里知道原来有很多农业公司买了他们的无人机去喷洒农药、除草剂等。他们此前几乎完全没想到这个方向。

在极飞科技日后成为农业无人机领域的主导者时,他们重新思考了自己是把无人机技术应用到更多领域，还是扎根于农业。出于对农业的热爱、认知和认可，彭斌决定极飞科技应从一家农业无人机公司转变为农业科技公司，并确立了"提升农业生产效率"的使命，和"构建一个满足人类未来100年发展需求的农业生态系统，让全世界的人们都能获得充足、丰富和安全的食物"的愿景。

基于"用太阳能造福全人类"的使命，天合光能不断追求技术创新，提高光伏的制电效率，但也认为"研发成果变成市场价值才是创新"。如果研发出的产品只能放在仓库里，得不到市场认同，那是"浪费资源，不是创新，创新就要创造价值"。

坚韧

技术驱动的创新企业在产品技术、商业模式等方面的探索涉及众多无人区，在当前不确定性大增的世界里，突然遭遇到重大不可抗力实属必然。

天合光能在经历2008年的金融危机后于2010年调整了产能规划、商业模式，让自己从以制造为主转向研发驱动，同时也强化自己的风险管理体系。但是没人能想到，接下来的欧债危机和美国、欧洲的"双反"（反倾销、反补贴）措施让做了相对充足准备的天合光能也损失惨重。高纪凡说："我们的胸口也沉到泥潭里面了，也就还剩一口气。"

李斌早早便做出了2018年公司进行IPO的规划，但没预料到中美之间会有如此规模的贸易冲突，以至于IPO的融资金额缩水了一半。这时李斌预见到了公司在2019年将面临诸多困难，包括但不限于资金紧张、内部提效、特斯拉入华、补贴退坡等等，但没想到蔚来的首款量产车 ES8 会发生 4 起自燃事故。

影响生死的重大挫折是考验一个 CEO 领导力的最佳时刻。CEO 要敢于坚持自己的理念，并且这股韧性得来自科学理性的判断而非固执的情绪。

李斌则在公司的现金流岌岌可危时，仍坚持用户企业的理念，花了约 3.4 亿元召回可能有风险的 ES8。在公司内外有诸多反对声音时，李斌走访了大量用户，基于用户的反馈而继续坚持换电模式，相信它可以解决用户的里程焦虑。

"坚韧"多体现在困境中，但在顺境中亦有体现，只是后者相对微妙。在逆境中坚持理念的阻力是沮丧焦虑，在顺境中坚持理念的阻力是骄傲自满。在逆境中可能扛不住资金压力，这更为致命；在顺境中克制不住扩张冲动，往往为逆境埋下了祸根。

光伏行业的周期性极强，高纪凡不仅提前做了一定程度的预判，缓解了危机来临时公司的凶险程度，还在公司行业地位大好时也继续坚持自己不冒进、不争第一的稳妥策略。高纪凡说："可持续发展是天合的最高理念，我们不求某个时段的大红大紫。（光伏）这种情况最关键的是可持续发展，一口吃成胖子熬不到最后。"

最终，高纪凡和李斌展现出的坚韧给公司带来了足够的正反馈。

本书所选的极飞科技、XREAL、群核科技的最高领导者也在洞察、信念、坚韧方面有突出的表现。由于蔚来、天合光能已经经历过了足够强度的风浪，所以我将这两家公司作为变革领导力这一环的代表性案例。

未来能源

"杨五环 2.0"中的变革领导力在天合光能的体现,重点在于"洞察"和"坚韧"这两个维度。当然,它在"信念"上的表现也并非不出色。

天合光能的创始人高纪凡三度洞察到了行业里科技的转向。一次是光电转换效率的突破。一次是金融危机后,高纪凡意识到天合光能应该在基础研发、应用研究上着力下苦功。第三次是前沿数字科技对行业的改变,既有相对浅的降本增效,亦有深远的商业模式改变。

更值得分析的是高纪凡对行业节奏、公司阶段性发展重点的洞察。他没有在 2003 年坚持做自己的使命业务分布式光伏,而是去做了组件生产。他意识到了规模和速度的弊端、产能过剩的致命杀伤力,于是选择了调整产能扩充的规划,控制自己进入上下游的力度和时机。他意识到天合光能对单一市场的依赖、光伏行业一盘散沙的缺陷,于是尽可能及时调整市场结构,热心推动成立行业协会……

我想说的是,企业家若想穿越周期,对所属行业的本质洞察至关重要。看到了本质,即便犯了错,程度也会较轻,亡羊补牢,为时未晚。比如"双反"危机中,高纪凡此前预判性的调整举措并未让天合光能幸免于难,那时公司的处境也十分危险,但不致命。

创始人的坚韧一方面体现在困境中,一方面其实也体现在顺境中。在重大的困境当中,高纪凡也继续坚持与客户共存的理念,坚持相信光伏行业的未来,努力给公司寻找有效的出路。在顺境中,高纪凡对抗名利心，坚持不争行业第一，选择跳出行业看行业，其中也体现了对行业周期节奏、公司发展理念的坚持。

洞察 × 坚韧

退一步的领导力

像光伏发电这样新科技驱动的创新产业，在很长时间里都离不开产业生态的配套和上下游的协调。

在 2005 年前后，光伏成为全球瞩目的明星产业，业内最关心的瓶颈之一是上哪儿能买到太阳能级多晶硅材料（下文中亦用硅料指代）。2005 年之前，全世界的多晶硅大部分卖给了半导体行业，若新建产能，大约需要 3 年时间才能投产。

在供需不平衡的情况下，多晶硅的价格从 2000 年的 9 美元/公斤涨到了 2005 年的 40 美元/公斤，又涨到了 2008 年高点时的近 500 美元/公斤。无锡尚德、英利集团[1]、赛维 LDK、天合光能等中国光伏企业为了买到硅料只能各显神通。大多数企业选择加入国内合计超 9 万吨[1]的多晶硅投资狂潮中。硅片之王赛维 LDK 在 2007 年 8 月启动了固定资产投资高达 130 亿元的两个多晶硅项目。信奉垂直整合模式的英利集团创始人苗连生在 2007 年 9 月以个人名义筹建了六九硅业，一期便需要投资 25 亿元。连并不以激进著称的无锡尚德都在 2007 年 3 月参与投资了一期 1000 吨便

---

[1] 英利集团旗下产业众多，但主要资产集中在名为英利绿色能源的子公司。

需 9980 万美元的多晶硅项目², 并签下了 16 年采购 15 亿美元多晶硅的协议。

从美国"百万太阳能屋顶计划"中洞察到光伏市场前景不可限量的高纪凡在 1997 年创立了天合光能, 待光电转换效率突破 10% 后, 光伏组件的生产已经具有投资价值, 2003 年天合光能开始建设光伏组件生产线, 2006 年底在美国纽交所上市。

高纪凡也面临着该如何确定公司阶段性发展重点的问题, 这对于一个新兴行业创业者的变革领导力而言至关重要, 因为企业这时的抗风险能力并不强。面对多晶硅投资浪潮, 跟, 对天合光能来说太贵, 生产 1000 吨多晶硅需要投资 10 亿元; 不跟, 无米下炊影响产品生产。

高纪凡最终倾向于跟。2007 年 12 月, 天合光能签订了投资意向书, 计划在连云港落地年产 1 万吨的多晶硅项目。项目的总投资额高达 10 亿美元, 光是用于购买美国光伏企业 GT Solar① 的设备和技术服务的预算就高达 3 亿美元。

可在美国时, 高纪凡发现仅 GT Solar 一家公司支持的在建项目的多晶硅产量吨位已经比 2007 年全世界 3.3 万吨的需求³ 多出了 3~5 倍。"等天合光能的项目建设起来之后, 还有没有市场竞争力……能不能做到绝对领先？"

洞察到硅料生产确实有产能过剩的风险令高纪凡进退失据。如果放弃, 政府那里不好交代, 1000 多万元的项目前期费用也打了

---

① GT Slolar 2011 年更名为 GT Advanced Technologies, 意在表达自己的晶体生长技术应用领域已经突破了光伏行业。该公司已于 2021 年被智能电源和智能感知技术公司安森美收购, 作价 4.15 亿美元。

水漂——2007年天合光能的经营净利润也只有2.58亿元[1];不放弃,对一年内到期债务约1.636亿美元、现金和现金等价物为5970万美元的天合光能来说,风险太大。一个企业家的变革领导力在此时受到了挑战,坚持或放弃自己的判断都有一笔成本需要支付。诸多因素,孰轻孰重?如何取得平衡?

高纪凡一个人待在美国的酒店里苦思冥想,三个晚上没有闭眼。

20世纪90年代的国企改制浪潮中,常州一家知名国有企业破产,工人们天天去市政府门口、工厂门口示威。这给当时已经在常州创业的高纪凡留下了深刻印象,他说:"做一家企业,一旦出了问题,这么多人会受影响。企业第一大的,是责任,企业要持续活下去,因为有方方面面的责任。"

思前想后,高纪凡最终决定放弃硅料投资,他认为:"宁可发展慢点,也不能冒进,背上沉重包袱……很多企业家只知进不知退,永远都是在抓机会。天合光能就是知进知退,该进就进,该舍就舍。"

行业节奏改变

2008年4月,天合光能宣布继续以长期合约的方式购买多晶硅。当时谁也想象不到,行业的发展很快就验证了高纪凡在多晶硅

---

[1] 本书中所涉及的天合光能财务数据,如非特别说明,均来自天合光能财报。人民币数据乃按当年汇率换算得来。

项目上退的这一步多么有价值。

2008年9月,在水面下挣扎了几个月后,次贷危机正式爆发,并很快演变为一场席卷全球的金融危机。

由于财政吃紧,欧洲各国纷纷削减光伏补贴的规模,当时的世界第一大光伏市场西班牙未来三年的补贴电站规模上限均低于2007年的546MW。

"我记得很清楚。一下子,整个需求大幅度下滑,从那年的第四季度一直到来年年初,订单基本上全部停止,取消了。所有的(客户)都没钱了。"2008年的国庆节期间,正在美国参加行业展会的高纪凡真切感受到了金融危机的影响,"光伏行业一下子就进入寒冬"。

组件价格从4美元/W快速下降至2.5美元/W,多晶硅则从2008年最高位的近500美元/公斤骤降至70~100美元/公斤,2009年更是下降到了约50美元/公斤。押注多晶硅项目的公司突然面临着巨大的资金压力。

苗连生让英利集团旗下的上市公司英利绿色能源(以下称英利)收购六九硅业,无锡尚德在2008年第四季度的毛利率仅为0.6%,净亏损了6590万美元。由于不断裁员,无锡尚德还引发了工人罢工抗议的群体性事件。

与同行相比,避免了10亿美元硅料投资的天合光能要稳健不少。2008年第四季度,天合光能的组件出货量环比减少了13.2%,营业额环比减少了25.6%,只净亏损了70万美元。

知名太阳能应用专家王斯成在2004年时曾听高纪凡分析"人定胜天",说人定胜天看似是强调人的主观能动性,其实这句名言的本意是"人心定，则胜天"，强调的是人要有定力方能无往而不胜。国家应对气候变化战略研究和国际合作中心首任主任李俊峰回忆说，2007年时高纪凡便相信行稳方能致远。从"杨五环2.0"中变革领导力的框架来看，"定力"或"稳"背后的支撑其实就是坚韧，在遇到挑战的时候，创始人也应坚持做出对公司的未来最有利的判断。

逆势投资的洞察

光伏行业到底前景如何？2009年正月初六，春节假期还没过完，高纪凡便带着负责市场和销售的高管前往欧洲拜访客户。"在关键时刻到客户那里去，这是我们的基本经验。市场不好了，咱们先到客户那里去，听听市场最真实的声音。"

市场确实很糟糕。欧美中小光伏企业死伤遍野，Q-Cells、Solon、Conergy、博世等大公司也开始接连亏损。但光伏仍然是欧盟发展可替代能源的重要方向，光伏电价的下降幅度也比光伏组件小很多。甚至可以说由于成本下降，光伏电站的投资回报率更值得期待了。

事后来看，高纪凡这时意识到行业节奏只是经受波动，并不是面临灭顶之灾。在此前提下，客户不能全部破产，否则未来面临的是再造一个行业，那显然是更难的。

高纪凡继续与一些客户签了订单，他说："在困难情况下保持一个良好的关系，就这样支持他们吧。当然我们也有很大的损失，但是我们保住了客户。"

第六章　变革领导力　229

回国后，在 2008 年 400MW 组件产能的基础上，高纪凡决定继续推动投资总额超 5.89 亿美元、2008 年 10 月就已获得国家发改委核准批复的 500MW 光伏产业垂直一体化产品生产基地，而且 2009 年底部分产能即可投产。

这正是好时机。2009 年 7 月，政府在光伏行业也推出了俗称"金太阳示范工程"的强刺激政策。2009—2013 年，6 批共计约 900 个金太阳示范工程项目的总规模达到了 6000MW。[4] 这个数字十分可观，2009 年国内光伏龙头无锡尚德的出货量也只有 704MW。

2009 年下半年，随着金融危机影响的逐渐消退、光伏电站融资渠道的增加，光伏行业又迎来了一次需求侧的爆发。

天合光能稳住海外市场、投资产能的决策一举匹配上了行业节奏。2009 年天合光能的出货量达到了 399MW，首次进入了全球前十之列。"行业零增长，我们增长了 1 倍以上，奠定了天合在全球的行业地位。"高纪凡说道。

2010 年，天合光能的出货量更是突破了 1GW，位列全球第五名。这一年，天合光能的营收达到了 18.6 亿美元，净利润则达到了破纪录的 3.115 亿美元。

值得一提的是，天合光能继 2007 年、2008 年（可转债）、2009 年后，2010 年再次完成了股权融资。这也彰显出了一个企业家对不同融资方式给公司发展带来的不同影响的洞察。在光伏这样由政策和技术进步驱动的强周期行业，有些企业家因为种种原因而倾向于债券融资，其实是没洞察到行业下行时股权融资的低偿债压力对公司的现金流有多重要。

坚韧 × 洞察 × 信念

行业节奏再改，调方向

2010年前后，光伏行业再次成为风口时[1]，几十个城市提出了建设千亿级光伏产业园的目标，诸多大公司也在扩充产能。比如2009—2011年的三年间，赛维LDK的固定资产投资合计达23.09亿美元[2]，遥遥领先于其他光伏企业。

在行业的上行周期中，天合光能的产能扩张要节制得多。从2009年底的600MW提升到了2011年底的1.9GW后，天合光能再无新产能扩充计划，也没有在产业链其他环节大肆扩张。有地方政府希望天合光能去投资扩产，有的甚至可以补贴几十亿元且三年之内免息。高纪凡想："三年内不要利息，三年后还能不要？到时候拿什么还钱？"

2007年后出任天合光能独立董事的李俊峰认为高纪凡是一个有耐心、够虚心、能够广泛听取建议、正确认识客观规律的企业家，他说："很多董事会都是走过场……但高纪凡要求一年要开四次董事会，每次都开两天以上，大家要充分发表意见。所以我们经常有机会在一些关键问题上去交流、争论。"

天合光能此前推行的垂直整合模式也在顺境中被重新审视。进入产业链诸多环节，可以控制质量，提高利润，公司的安全系数也

---

[1] 上一次是2003年左右，代表企业便是无锡尚德、英利、天合光能等公司。
[2] 如果从2007年算起的话，赛维LDK的固定资产投资高达37.4亿美元。

更高。但在产能过剩的预期下,每个环节都可能成为累赘。

2011年,天合光能在年报中将自己的模式从"vertically integrated manufacturing capabilities"(垂直整合制造能力)改成了"flexible vertically integrated manufacturing capabilities"。加了一个"flexible"(灵活),意味着天合光能的产能扩张集中在电池片及组件这样的优势环节,至于硅锭、硅片等,公司计划当价格合适时通过供应商来解决这些非核心环节的产能需求,即更多依靠甚至培育产业生态来解决需求问题。日后,当天合光能回归A股时,招股书中描述的主要产品和产能,已经是指光伏组件了。

高纪凡在2010年前后还花了很大力气让天合光能的科技驱动创新色彩更加浓厚,比如争取国家级的光伏科学与技术重点实验室落户,并以此为基础开展应用基础研究和产业化前瞻研究。

"2010年集中精力搞创新搞研发。"在向青腾校友企业家分享时,高纪凡分析个中深意,"这个牌子是国家级的,拿了这个牌子以后,就吸引了全球人才。刚刚谈到的专利、标准,国家实验室的作用很关键。"

在英利继续招聘4000多名员工计划扩充750MW产能[5]的2012年上半年,天合光能投资2.4亿元的实验室大楼落成启用。以此为契机,天合光能在研发上的投入出现了爆发式增长。

2009年,天合光能的研发支出不过540万美元,占收入比重只有0.6%;到2011年,这两个数字变成了4410万美元和2.2%。前述实验室在2010—2020年花掉了天合光能约100亿元研发资金,让天合光能在第一代、第二代、第三代电池技术上均保持着行业一流水平,并获得了2020年度国家技术发明奖二等奖,这是光伏技术领域首次获得国家技术发明奖。截至 2023 年第二季度，天合光能在电池效率及组件功率输出上打破了 25 次世界纪录。

"双反"灭顶

2011 年，中国企业的组件生产能力已达 40GW 左右[6]，而全世界的总装机量约为 24GW。在产能极度过剩的情况下，硅料、硅片、电池、组件等环节的价格在 2011 年第一季度之后均开始持续走低。

欧洲、美国最大的光伏厂商 SolarWorld 2011 年的营业额下降到了约 10 亿欧元，净亏损约 2.33 亿欧元。[7] SolarWorld 一直坚持认为中国光伏企业的低价倾销是欧美光伏企业陷入困境的首要原因。

2011 年 10 月，SolarWorld 的美国子公司联合 6 家美国同行提出申诉。2012 年 7 月，SolarWorld 率领 25 家欧洲光伏企业在 2012 年 7 月又向欧盟提出了申诉。美国、欧洲随即启动了针对中国光伏企业的反倾销、反补贴调查，并均在一年内给出了征收"双反"关税的裁决。

增加高额关税后，即便有补贴，欧美客户也无利可图，市场陷入停滞。2012 年中国光伏产品出口额为 298.5 亿美元，同比下降了 35%，其中光伏电池片及组件的出口额同比下降了 64.2%。

中国的光伏企业紧急调整了出口结构，2013 年一举将亚洲转变为出口占比 44.8% 的最大市场。① 天合光能更是从 2012 年开始

---

① 日本在这一年成为中国光伏企业单一国别的最大市场，对日出口额约为 22 亿美元，整个亚洲的出口额也就 55 亿美元。

先后成立了亚太、中东和非洲区域总部，施行销售、售后均在本地的策略。

但在出口价格同比下降30.4%的影响下，中国光伏行业2013年的电池片及组件的出口额还是同比下降了18%。[8]"每天的价格都在下跌，一天由于库存产生损失150万元。睡一觉，150万元就没了；睡一觉，150万元又没了。压力非常大。天天在亏损。"高纪凡说自己有时晚上也睡不着觉。

还能生产和销售的大公司则赔本赚吆喝，中国光伏企业一亏就是8个季度。2012年，11家在美上市的中国光伏企业负债总额接近1500亿元[9]，其中负债占比超过1/3的两家公司没有挺过去。2015年赛维LDK被纽交所终止了主板交易资格，同一年进入了破产重组程序，无锡尚德在2013年3月被当地法院裁定破产重整①。

2012年，全国80%的光伏制造企业停产。[10]身为光伏产业联盟联合主席的高纪凡告诉青腾校友企业家们，那时开行业会议统计企业名单，"就像打仗一样，看还有多少活下来的士兵，就是这种感觉"。

"整个光伏行业陷入大的泥潭，很多企业已经沉到下面去了，没顶了。"在高纪凡看来，天合光能也非常痛苦，资金链面临断裂，公司濒临死亡，他说："我们的胸口也沉到泥潭里面了，也就还剩一口气。一个领导问我：'高总，你还能挺多久？'我说也差不多了，但是我可以挺到最后。"

---

① 无锡尚德之死，原因很多，过度扩张只是其中一个原因。

生死中的坚韧与信念

从"杨五环 2.0"中变革领导力的角度来看,高纪凡此前洞察到了行业盲目扩张的后果,洞察到了国外光伏行业的洗牌,并预计"中国光伏行业也必将经历一次洗礼"。天合光能随之采取了强化科技创新、增加外包避开"双反"、调低产能扩张速度等举措,并收获了一定成效,比如天合光能的税率是应诉企业中最低的,比如该公司 2012 年的现金及现金等价物、限制性现金合计为 9.182 亿美元,只略低于一年内到期的 9.594 亿美元未偿还借款。

但外部环境剧变,没人能洞察到这不是洗礼,而是灭顶之灾。此前采取的预防性措施,如前所述也只能确保天合光能"还剩一口气"。这时需要企业家的领导力提供更多的信念。

源自 2002 年西藏通电到乡工程"用太阳能造福全人类"的使命也给了高纪凡支撑,他跟同事开玩笑:"现在太阳能才刚刚开始呢,我们就阵亡了,那怎么造福全人类呢?我们得活下去,否则我们不就是吹大牛了吗,对不对?"

天合富家董事长、青腾科技四期校友、高纪凡的女儿高海纯告诉青腾校友企业家们,自己近年来逐渐理解了父亲为何可以挺过如此多的难关。"在一个巨大的使命的牵引下,碰到的那些困难,都是过眼云烟。跟你长远的使命相比,这是完完全全可以克服的,大不了失败了从头再来。但是使命不会变。"

传递信念之外,还需要提供更多的举措提高企业的抗压能力,切实展现企业的韧性。

对内,天合光能在 2012 年发动了组织变革,裁掉了大约 200

名管理人员，其中不乏心态仍沉浸在2010年行业高点时的高管。随后又摸索着建立了风险管理委员会，由天合光能不同部门的几十位高管组成，集中把脉问诊公司可预见的风险点，并专项管理那些损失很大概率又高的风险点。

对外则是合作伙伴的支持。天合光能凭借多年来对金融机构全透明的特点，与后者保持着深度互信。高纪凡回忆道："好几个银行行长都说过这些话：在这个行业里面，如果只支持一家企业，就支持天合光能。收贷款，你是最后一个，不会第一个收你的贷款。放新贷款，你是第一个，只要有新贷款，就第一个给你。"

客户也基于过往的合作，同意在账期和订单上给予天合光能优待。高纪凡认为天合光能与客户建立了相当的信任关系。

借力突围

到底该如何化解"双反"呢？这才是光伏行业的核心问题。行业竞争到这般程度，企业家得洞察到自己的上限在哪里。有些问题超过了企业家解决能力的范围，得靠中国政府。

2012年7月，时任中共中央政治局常委、国务院副总理王岐山在天合光能的国家级重点实验室听取汇报时，高纪凡详细表达了"双反"之下中国光伏企业的生存状况，希望政府能与欧洲、美国展开对话，争取化解贸易争端。

2012年8月，时任德国总理默克尔访华，在双方总理的早餐会上，高纪凡向时任中国总理温家宝转达了反制与合作的提议。

在中欧高层的反复推动、多次洽谈下，2013年7月，中国与欧盟史上涉案金额最大[①]的贸易争端光伏案达成了解决方案。中国出口到欧洲的光伏产品限量限价，参与此承诺的中国光伏企业免征反倾销税。后续随着市场变化，2018年8月，欧盟取消"双反"，恢复了自由贸易。

"双反"之所以能给中国光伏企业带来致命影响，本质上还是因为中国本土市场太小，企业只能出海争抢欧美日的市场需求。要完全化解"双反"，光伏企业家们必须助力启动国内光伏市场。

把行业的信息向决策者汇报，可不是件容易的事儿。企业家得首先意识到这件事有多重要，其次是要采取适当的节奏和举措。这同样是领导力的体现。

比如金融危机后深感行业是一盘散沙、缺乏协调的高纪凡拉上同行想成立行业协会，但尚无资格，于是便先建立光伏产业联盟，然后以此推动成立正式的行业协会。虽然只是光伏产业联盟，但也具备了代表行业发声的能力。

2012年12月，时任中共中央政治局委员、国务院秘书长马凯前往江苏调研光伏产业。在天合光能时，高纪凡建言道，中国很有必要扩大国内光伏的应用规模，并成立一个国家级的光伏行业协会，对内规划、治理，对外统一协调。马凯表示认可。

两周后，温家宝总理主持召开了国务院常务会议，确定了支持光伏产业的五大政策措施。光伏终于成了国家级战略性新兴产业。

2013年6月，时任国务院总理李克强主持召开的国务院常务会议正式出台了六条具体措施，包括发展分布式光伏、全额收购光

[①] 2011年中国光伏产品出口到欧盟的总金额约204亿美元。

伏电量、对上网电量进行补贴等。由于其影响深远，业内称之为光伏"国六条"。

细化"国六条"的文件，更明确提出了两年内年均新增光伏发电装机容量 10GW 的目标。事实上，2013 年，中国以 10.95GW 的新增装机容量[11]超额完成了目标，并超越德国成为全球第一大光伏市场。

2014 年，中国光伏行业协会在国务院总理、副总理的批示下终于成立，从此光伏企业与政府有了正式的沟通桥梁。2015 年 12 月，天合光能又成功推动了全球太阳能理事会的成立。高纪凡说："有什么事，人与人之间一沟通就好，相互之间对话多了，争端就少了。"

回看中国光伏企业走出"双反"的过程，李俊峰认为："高纪凡尽到了一个行业引领者应尽的责任，带领大家同舟共济，逾越艰难。"

警惕做第一

天合光能趁着行业深度调整之际，没花太多成本便租赁和并购了很多产能，并且迎上需求的扩张。产品结构优化之后，从 2014 年开始，天合光能逐步启动光伏电站业务。市场结构也大幅优化，到 2015 年，天合光能已经进入了 63 个国家。

2014 年，天合光能以 3.66GW 的组件出货量成功登顶全球，并实现了 22.86 亿美元的营收和 3.856 亿美元的毛利。2015 年天合光能以 5.74GW 的组件出货量再度蝉联全球第一，营收更是突破了 30 亿美元。

如此顺境却在某种程度上被高纪凡视作一顶荆棘王冠，他觉得做老大不容易。"不容易来自两个方面：引领者走在前面，风雨来的时候你总是第一个被刮到淋到；第二个，领先者会尝到很多酸甜苦辣。比如技术领先了，后面的人盯着你。中国的知识产权保护机制还有待完善，你可能花了1亿元去开发一个新的产品，人家花几百万元挖一个人就把这个东西拿走了。"[12]

成为全球第一，高纪凡也高兴，但1992年已经出售过公司、1995年已经率领二度创业的公司完成从下游到上游延伸转型的他更多是保持警惕。

像光伏这样科技与政策驱动的行业，一旦企业家想去争第一，并且在乎这个位置，必然会为了保住它而过度扩张产能或者过度进行价格战。但速度和规模并不是光伏行业发展过程中最重要的因素，现金储备、风控机制、技术先进、经营效率、战略迭代等因素的发展质量，才是最重要的，这些决定了公司能否实现高质量的可持续发展。

"有时候人为了保持第一，会做很多愚蠢的事情。"[13] 高纪凡想的是天合光能如何打破光伏行业各领风骚两三年的现象："好的时候大家都赚钱，坏的时候都不赚钱，如果老是无法避免这种随波逐流的状态，企业规模再大又有什么意义？发展光伏行业是一场长跑。不要比拼一时之速，一定要找到适合自己的跑步节奏，盯准远方的目标，一步步靠近它。"

这样的洞察落到公司内部便是淡化"谁是第一，谁是第二"的概念，天合光能也不去刻意捍卫自己组件出货量第一的头衔。2016年、2017年天合光能的组件出货量分别以微小差值排在晶科能源之下，连续两年出货量排名全球第二。2018年，天合光能的组件出货量滑落到了第三位，比继续排名第一的晶科能源差了3.5GW。

排名下滑引发了外界的质疑，高纪凡坚持自己的想法："这些都无所谓吧。"已经把视野投向行业之外的高纪凡甚至觉得，做成组件出货量第一就优哉游哉的话，格局也太小了，他说："一条鱼在太湖里面可能是最大的，但你一旦跑到东海，可能就不是了，再跑到太平洋，就更不是了。成为第一的时候，你要做的是赶快离开这个区域，到一个更大的区域。大家都是优秀的企业家，要荣光、要排行榜，但是可以把这些东西看得淡一些……有很多互联网企业的思维走在前面，很多实体企业相对来说是滞后的。"

洞察 × 坚韧

洞察新科技、新市场

随着业内更先进的第二代光伏技术投入市场，光伏行业正在看见脱离补贴、平价上网①的未来。果真到那一天，光伏在能源结构中将不仅仅是一个配角。

高纪凡设想未来能源的发展方向应呈现清洁化、去中心化、智能化的特征。清洁化是指低碳、绿色的可再生能源将挑起人类用电

---

① 平价上网指的是发电侧平价和用户侧平价。发电侧平价是指光伏发电达到煤电成本水平，用户侧平价是指光伏发电成本低于售电价格。

的大梁；去中心化是指能源的发电、用电等应用场景会越来越分散，典型如分布式光伏；智能化是指"发、输、变、配、用"这五大电力环节都将在数字技术的驱动下发生质变。

在这个前景下，2016年高纪凡认为天合光能除了基于产品创新，更应该打开企业的边界，做创新生态平台。他说："我们要从产品过渡到光伏智慧能源解决方案，成为能源互联网的领先企业和光伏创新平台。"

部分为了迎接这样的未来，也为了处理公司的大企业病，从2016年开始高纪凡发动了旨在"激发人内心深处潜力"，以"平台＋创团"为特色的组织变革。

2018年，天合光能发布了能源物联网品牌TrinaIoT，与多家战略伙伴启动了天合能源物联网产业发展联盟，与华为、IBM等公司成立了新能源物联网产业创新中心。天合光能希望用AI、区块链等技术连接"发、输、变、配、用"这些环节，让各类能源设备协同运行，可以被精准监测和管理，从而推动光伏等清洁能源成为主流。

天合光能也密切关注着分布式光伏的发展节奏。当初是"百万太阳能屋顶计划"启发了高纪凡，将太阳能选为一生的事业。但机会来临，已经有一些先行者起跑时，高纪凡还是坚持自己对行业节奏的判断。在政策不再有指标和规模的限制，补贴支持也到位，市场最终同比增长了200%的2016年，高纪凡才决定入局分布式光伏。这时，几乎所有的光伏巨头都进入了分布式领域，新进的中小玩家更是数不胜数，仅山东一个省注册的光伏企业便有27 000家[14]。

那时的分布式光伏市场集成商占据了60%的市场份额。天合光能改变了只是卖组件产品的思路，而是以"原装"的思路卖品牌系统，为整体产品的质量负责，在设计、交付、运营等环节为客户提供足够的保障。

天合光能在2017年开拓了8个省市的经销商渠道，完成了近10亿元的销售额。正当天合光能准备大展宏图时，光伏行业经久不衰的供需波动再次出现。

从容的韧性

在行业过热与补贴资金匮乏的压力下，2018年5月31日，中国政府发布通知调整了光伏政策，包括暂停光伏电站建设、限制分布式光伏规模和调低补贴等。需求锐减导致数十家上市公司的股价一周内跌停，金融机构收紧信贷，半年时间倒闭了638家光伏企业，更多公司经营不善、苦苦支撑。

天合光能2018年的光伏组件营收为143亿元，也较上年大幅缩减了34%，但业务和市场多元化的天合光能的总收入仅下滑了5%[15]。高纪凡观察到光伏行业头部公司的抗风险能力明显得到了加强，他说："2008年金融危机时，行业内很紧张、很心慌；2011年到2013年欧美'双反'，行业悲观得'好像没有明天了'一样；到了2018年，虽然面临着几个方面的挑战，但很多企业在管理上采取了有效的应对方法。"[16]

行业低谷期，很多从业者包括经销商离开了分布式光伏，但过往经验和行业认知让天合光能相信这只是一次波动，它选择继续坚守。张兵觉得这与高纪凡的个人情怀有关："高总最初投身光伏的时候，就是因为受到美国'百万太阳能屋顶计划'的影响，把清洁能源带进千家万户，是他的情怀，也是公司的一个情怀。"[17]

高纪凡本人则努力为分布式光伏争取一些空间。他与中国光伏协会的几位副理事长、企业家赶赴相关部委，反映、汇报行业情况，谈农民装了户用分布式光伏后对新政策的关注，谈对农民的增收效果。2019年，政府给了户用分布式光伏针对性的政策，单列规模、单独补贴让光伏企业在需求低谷期有了缓冲。

天合光能也继续在低谷中改善业务质量，强化抗风险能力，增加韧性。工业企业更看重质量、服务、可靠性，更容易为整体解决方案买单，于是2019年初天合光能推出了工商业分布式光伏的子品牌天合蓝天。

天合光能发现，在分布式光伏领域，一套好的产品不等于好的光伏系统，如果没有真正智能化、数字化的平台服务体系，无法检测出电站的污染、遮挡等隐蔽情况，也很难提供到位的服务和运维。

以此为切入点，天合光能加速了自己的数智化转型。它以同一后台打造了用户、渠道、天合三者使用的App。负责分布式业务的天合富家董事长高海纯表示："比如电站前期的勘探，下游经销商的管理，电站的监控响应、运维，首先是上网了，然后更多是通过数字技术提升现有体系的效率。"

一如既往，这一轮行业震荡仍有头部企业倒下。2019年春天，全球最大的薄膜光伏企业汉能移动能源控股发生讨薪事件，汉能系资金链整体断裂。

谨慎迎战新周期

2020年下半年，中国宣布二氧化碳排放力争于2030年前达到峰值，努力争取2060年前实现碳中和，这意味着到2030年时非化石能源占一次能源消费比重将达到25%左右。[18] 很快，相关部委发出了鼓励发展光伏的通知，能源央企则在与地方政府合作落地时选择打包给民企开发。市场需求重新启动了。

具有灵活、经济、输送损耗小、电网依赖性小等优点的分布式光伏，这一次得到了国家"宜建尽建""应接尽接"的大力推动。2021年，分布式光伏新增装机容量达到了29.27GW，在总装机容量中占比53.33%，历史上首次超过了集中式光伏。[19] 在补贴退坡的2022年，分布式光伏的新增装机容量和占比仍然提升到了51.11GW和58.5%。[20]

分布式光伏未来可期，能装户用光伏的屋顶超过8000万户，但截至2022年才累计覆盖了300万户。在美好的前景下，2020年起中国光伏行业的产能投资累计已经突破了2万亿元。隆基绿能董事长钟宝申在2023年5月感慨，光伏行业用18年建成了约380GW的产能，又用18个月新建了380GW的产能。阶段性产能过剩再次威胁着行业。

这一次的行业节奏又发生了改变，进入门槛不一样了。过去的中国光伏行业尚且年幼，一旦波动，行业头部企业便告夭折。如今中国光伏行业已经在产业链的几乎所有环节执世界之牛耳，并诞生了天合光能、隆基绿能、通威集团、协鑫集团等在各自领域穿越了周期的头部企业。它们的研发实力、客户积累、全球化布局、资金储备等已不容小觑。比如 2015 年着手研发第三代光伏电池技术的天合光能，预计将在 2024 年量产光电转换效率达到 26% 的 i-TOPCon 技术。2022 年，天合光能实现营业收入 850.52 亿元，同比增长了 91.21%。

2023 年 7 月，高纪凡表示企业家们跨行干光伏，符合企业家精神，但关键是要建立起足够的竞争力。"跨行之后，最后能不能做好，这才是最重要的……如果新兴企业，去和头部企业竞争同质化的产品，基本上是很难成功的……只有做强做优，能够始终为客户提供优质产品和服务的企业，才能赢得未来。"[21]

青腾一问 | 杨国安对话高纪凡

杨国安：光伏行业周期性很强，天合光能穿越多次周期的经验是什么？

高纪凡：行业外部环境的危机是很难避免的，现在的不确定性越来越大，甚至没办法预估，但我们自己可以去应对它。当年我们在金融危机以后，预估到行业将会进入动荡期，建立了一套风险管理体系。

一旦风险发生，损失超过 1 亿元，叫重大风险，打 5 分。如果损失 100 万元，就打 1 分。然后是概率，高概率是 5 分，低概率就是 1 分。这两者一乘，对于重大又高概率的风险，公司就要管理起来。剩下的风险，让各个部门去管。

风险管理本质上是要能洞察风险。在悬崖边开车，最害怕的是你不知道旁边是悬崖。如果你知道自己在悬崖边上开车，也不见得有问题。前面有一个大坑，你知道，总是有办法解决的，可以搭个桥。就怕不知道，一下子开进去了。

一定要持续发展。可持续发展是天合光能的最高理念，我们不求某个时段的大红大紫，但这件事情不容易做到。大家都是优秀的企业家，要荣光、要排行榜，但是可以把这些东西看得淡一些，这是我的体验。这些不是真的，责任是真的。我们这个行业之前有很多首富，有的是中国首富，有的是省首富，后来都不行了。

我们的理念是做自己的事，一定要做到行业领先。做不到行业领先，只能在运气好时赚点钱。但机遇不会永远存在，总会过去的。当风口过去时，你又会被淘汰，被时代甩出去。

做到行业领先，行业没了，你也没了。首先做到行业领先，还要与时同行。

杨国安：天合光能最危险时命悬一线，你怎么处理压力？

高纪凡：企业第一大的是责任。企业要活下去，持续地活下去，因为身上有责任，有员工的责任、有银行的责任、有方方面面的责任。企业之大，责任为大。

如果你想着有这份责任在身上，做战略、做决策、做运营、做管理，面对困难，就会有办法去应对。假定说把责任丢掉了，简单讲就是做逃兵了。

做企业永远要把责任扛在肩上，把责任放在心里，才能真正成为一名企业家。有人说有钱人是老板，有责任的企业负责人是企业家，所以企业家是一个责任的主体，和钱多钱少没关系。把责任承担起来，我相信思维、方法就完全不同了，就会以正面的方法去应对，肯定会比其他企业做得更好，这是我当时的一个深刻体会。

你把光伏搞好了，对社会有贡献，搞坏了是犯罪。我们一个同行垮了，欠了银行100亿元人民币的债务，破产重组打折变成30亿元，70亿元没了。一个城市因为这个企业，两年之内不贷款，影响了一个城市的发展。

杨国安：随着中国市场的发展，你预期光伏行业未来的不规则波动还会这么大吗？

高纪凡：主要是受外部三大因素的影响，才会产生所谓的看起来不规则的周期性。第一个是国家政策，第二个是贸易政策，第三个是技术的持续进步。

这个行业到2010年左右，实际上还处在一个比较小的状态，外部的任何变化都对它影响很大。就好像小孩子，外面稍微有点气温变化，就会生病。

这个行业已经走了25年，逐渐成熟，应该说行业的抗风险能力是大幅度地增强了。天合光能的产品已经进入了160多个国家，累计组件整体出货量截至2023年上半年已经超过150GW，规模已经相当大了。以光伏行业的角度来看，2022年的全球光伏新增装机规模约为240GW，2035年的全球光伏新增装机规模预测为2022年的5倍多，达到1344GW。

国家政策方面，光伏现在正在走向平价电力，不大需要国家补贴，完全可以自主往前推进了。

贸易政策方面，前瞻性地进行布局，以后影响不会太大。像2021年美国也有针对中国光伏的贸易保护措施，但基本上影响不是很大。而且不管是美国、欧洲还是其他国家，都是要发展清洁能源的，（问题是）我们怎么更好地和这些国家合作。

但是技术的进步还在发展中，这是整个行业未来最重要的关键。

杨国安： 在光伏行业里，中国公司已经在很多环节都取得了优势地位，未来中国公司会扮演什么角色？

高纪凡： 2010年以前，中国企业是跟着全球领先的企业，在后面不断地加速发展。从2010年到2020年，这10年像天合光能这样的企业就超越了很多国际上的企业，成为领先者。未来的10年，中国企业正在走一条引领之路，引领光伏行业构建一个全新的能源体系。

当然，美国、欧洲、印度在碳中和大趋势下也在大力地支持本土光伏企业的发展。中国企业在未来要想引领行业，要做好三件事情。

第一还是在科技创新方面，不仅要在应用型创新技术方面保持领先的地位，还要在原创性技术方面加大投入。

第二是全球化。过去我们靠全球化成为领先者，现在国际环境复杂多变，如何更好地随着国际大势调整我们在科研、资本、市场、人才等方面的布局，这是一个关键。

第三是光伏要从（能源体系的）配角变成主角了，所以不能简单地只站在光伏的视角，要在新的零碳能源体系下去思考。光伏要和电网相融合，和用户相融合，在这个思维下去构建技术体系、产品体系、应用体系。

杨国安： 能源数字化跟数字化能源，这两个概念之间有什么差别？

高纪凡： 能源数字化主要是用数字化赋能的办法，让现在能源产业的发电、输配电、储能和用能效率更高，使用起来更便捷。这和一般产业的数字化是一样的，数字化赋能，让能源产业达到一个更高的水平。

数字化能源是在数字平台上建立一个新的能源服务体系。比如说滴滴打车，它就在数字化平台上让千万辆车和用户发生关系，所以它是数字化交通服务。

天合光能现在的分布式能源系统正在从能源数字化走向数字化能源，我们有一个数字平台已经赋能了分布式能源。未来在这个平台上，会有大量的相关方可以交易，通过这个平台把电卖给隔壁的工厂、商店等，甚至进行碳交易等能源行业的延伸性服务。当然还要构建升级版的数字化系统来支撑它广泛地达成这些目标。

光伏的应用场景会越来越广泛，特别是在数字化平台下，未来怎样还不知道。就像20世纪搞互联网时，大家不知道是现在这个样子。现在我们对于能源互联网未来的空间，方向是知道的，具体内涵还得一步一步地探寻。

未来汽车

智能电动车是进入门槛很高的行业，"杨五环2.0"中变革领导力的内涵在这个领域里会如何体现，蔚来做了生动的演绎。

首先要洞察到科技落地的时机，即特斯拉的销量何时开始起飞，起飞意味着电池技术、数字技术的应用已经进入了商业化阶段。其次是洞察到创业成功除了技术还需要什么，李斌认为是资金和定位。这两点在当时有不少争议，这些年的事实证明李斌所言非虚。

那么该如何做好洞察呢？我以李斌思考最细之一的换电模式来略做分析。李斌做了线上调查问卷，也观察了行业先驱和潜在竞品，花了几年时间才认为换电模式可行。

想得细致、合乎逻辑，才有利于 CEO 信念的笃定，毕竟蔚来"用户企业"的理念是一场相当昂贵的探索。蔚来基于此设计、布局了自己的商业模式、组织架构、技术投入方向等。

在蔚来的定位、战略、战术都屡遭质疑，市场上也一时得不到正反馈时，CEO 得有坚韧的心态继续做正确的事。这心态同样来自科学理性的分析，不然面对质疑，CEO 或者怀疑自己过去的决策是否正确，或者恼羞成怒，不允许别人质疑，或者左摇右摆，最后轻言放弃。

蔚来这个案例还生动体现了 CEO 不仅得时刻具备洞察力，还应该放大洞察的范围。只关注自己所在的行业和公司，对外部世界的变化没有深刻洞察，会对公司的战略制定、发展节奏带来不小的影响。

洞察 × 信念

造车门槛到底是什么

特斯拉引领的"软件定义汽车"的技术趋势给汽车产业注入了新可能，比如通过电池管理系统这样的软件让现有的锂电池技术支撑了足够的续航里程，而且安全性也相当高。特斯拉创始人马斯克宣扬的自动驾驶也并非空中楼阁，在 AI 技术的助力下可以看到一丝丝曙光。

至少在蔚来创始人李斌眼中，电动、智能、联网的汽车将是未来，自动驾驶终会成为现实。对自信可以攻克技术难关的人来说，要实现这个未来，资金可能是跨越难度最大的门槛。

电动车的研发设备、研发人员、开发模具、夹具、设计、试验、样车制作、外部开发及实验、工厂固定投资、销售渠道、汽车维修及售后服务体系等均耗资不菲。撑到量产车交付，少说也得三四年，其间公司几无收入可言。

特斯拉是个很好的参照系。从 2003 年成立，到 2012 年开始交付第一个量产车型豪华电动跑车 Model S，特斯拉消耗了超过 8 亿美元。李斌认为蔚来汽车需要 10 亿美元打造设想中的智能电动车，同样在 2014 年创立的小鹏汽车也表示同意。

资金充足，意味着创业者有更多的试错空间，于是李斌把融到足够多的钱当作优先级最高的几件事之一。除了自己投入上亿美元且不拿创始人股份彰显决心，2014 年创立公司，2015 年就按照公司 2018 年下半年上市来制定规划外，他还发动在易车网创业期间积攒的人脉和资源投资。2017 年，蔚来汽车的 A、B 两轮融资便获得了腾讯、京东创始人刘强东、汽车之家创始人李想、高瓴资本、顺为资本、红杉资本、愉悦资本、百度、华平资本、淡马锡等机构和个人合计超过 6 亿美元的投资。

在其他赛道的创业公司算得上 D 轮甚至 E 轮的融资额，对蔚来这样的造车新势力而言只算是 A、B 轮，而且 6 亿美元远远不够。

第六章 变革领导力　251

2016年底的一次活动上，李斌认为大部分人低估了汽车行业的资金壁垒，"一个新创的公司没有融到200亿元人民币的能力可能比较难开始一个新的汽车品牌。"一年后，小鹏汽车联合创始人何小鹏甚至说："以前看别人做车，觉得100亿元太夸张了，现在自己跳进去，才知道200亿元都不够花。"

2017年底，ES8正式亮相，几个月后蔚来宣布准备上市。这时蔚来累计已获得超24亿美元的投资。再算上来自股东和银行的12.6亿元贷款的话，共融资约181.6亿元人民币。

以李斌认为的200亿元人民币为标准，融资能力出类拔萃的蔚来也未达标。这就是电动车创业公司尤其热衷于IPO的原因，它们需要的资金额度很容易触及一级市场的天花板，上市公司能以更多的形式、更快的节奏融资。

并不是所有创始人都认为资金最重要，对这个问题的不同理解体现出了对行业、创业的不同洞察，也造就了不同公司的发展路线。爱驰汽车CEO谷峰说："我清楚地知道一家汽车公司的日常营运费用需要多少，造汽车真的不需要那么多钱。"前途汽车董事长陆群也表示："200亿元能造车，20亿元也能造车。有钱多的做法，也有钱少的做法，每个企业有自己的方法。"

投资重点

李斌也有策略附带了"省钱"的效果。蔚来选择与江淮汽车合作，前者负责供应链、设计、质量标准、工艺标准等，后者负责生产。此举虽然在蔚来创立初期引发品牌争议不断，但解决了生产资质的问题，也避开了生产环节上百亿元的巨额投资。日后的小鹏、理想也选择了代工模式。

但蔚来需要花钱的地方太多了。公司的产品明确为高端智能电动车，于是它正向自研了三款电动车的六项核心技术——电池、电机、电控、智能网关、智能座舱、自动驾驶，而且是全球性的自研。蔚来在伦敦、慕尼黑、硅谷设立了研发机构，招募了大量海外精英来主导自动驾驶系统的研发，还在北美搭建了整车工程和三电（电池、电机、电控）的团队。2016年底，李斌说："目前蔚来2000多名同事来自40个国家和地区……大概40%的同事在国外。"

到上市前夕，蔚来的员工总数已超过5000人，其中研发人员已超千人。虽然花费不菲，但2016年底团队框架基本成形后，李斌认为蔚来创业成功的概率提高到了51%。此前他认为公司成功的可能性只有5%。

为了汽车的品质，蔚来70%的零部件供应商都是全球同行业里最大的公司，中国本地的合作伙伴也选择那些给高端品牌供货的公司。可以预见到，蔚来面对它们毫无议价权。

蔚来的特色为用户服务，它竭力希望用户买了车就好像加入了一个车主俱乐部。

特斯拉不设立经销商，使用体验中心结合在线销售的DTC模式，蔚来加以改良后将这种模式发扬光大。被外界普遍认为奢华的NIO House在全球车企里都是独一无二的，它矗立在一线城市的中心地段，被设计为兼具展示、聚会、休闲、娱乐、会议等多个针对蔚来车主的功能。

蔚来招兵买马从底层代码开始打造了蔚来App，除了有预定选配、信息展示、车辆远程控制等常见功能外，它还加入了大量的社区功能。蔚来App如同一个互联网公司的App一样快速更新，到2018年底已经更新了30多个版本。

过往的车企打造周边产品的主流做法是外采既有商品，蔚来则是成立专门团队，主导产品定义和设计，再找供应链生产。这些极具身份标识感的产品包括但不限于保温杯、书包、羽绒服、拖鞋等等。

如果说NIO Life为了解决蔚来车主的延伸需求已投入不菲，那为了解决用户普遍存在的核心需求——里程焦虑，蔚来更是不吝投入。

蔚来将汽车结构设计为电池可更替，基于此推出了以换电为特色的能源服务体系，称作NIO Power。蔚来在全国铺开建设面积大约为40平方米的换电站，希望车主在听一首歌的时间里即可换上一块满电电池。这意味着蔚来得自建全国级的换电网络。网络建设初期，一地如果没有换电站，车主可以呼叫配备了大容量电池包的蔚来移动充电车赶来为自己的汽车充电。

向车主提供包括但不限于上述服务、产品的蔚来员工被称作蔚来顾问，他们类似于4S店的销售却长期没有卖车指标。李斌认为发展用户最好的方式还是用户的口碑，"这是最高效的方式，也是最可持续的方式"。于是蔚来顾问的主要任务就是和车主交朋友，他们经常会建立多对一的用户专属服务群，竭尽所能提供远超用户预期的服务。

与传统车企尤其不同的是，用户提车之后，蔚来顾问的服务水平也不会下降。这种一站式无忧的服务，让蔚来在2018年交付

ES8后渐渐获得了汽车界海底捞的评价。截至上市前，蔚来负责销售、服务方面的人员最多，约为2000人。

这些布局使得蔚来成为造车新势力中"烧钱"的代表。蔚来招股书的数据显示，在2016年、2017年和2018年上半年，不计入可转换可赎回优先股的前提下，蔚来净亏损了25.733亿元、50.212亿元和33.255亿元。不到三年便已亏损超过109亿元。

蔚来的钱主要花在了研发、销售及管理板块。2016年、2017年和2018年上半年，蔚来汽车的研发费用分别为14.65亿元、26.03亿元和14.49亿元，合计约55.17亿元；销售及管理费用分别为11.36亿元、23.51亿元和17.26亿元，合计约52.13亿元。

移动互联网改变了品牌与用户的一切

之所以要花如此多的钱，是因为从"杨五环2.0"中变革领导力的视角来看，李斌在创业之初已经洞察到了在产业重构的前提下蔚来的定位问题："我们是不可能用复制特斯拉的道路去成功的。我们这个公司的初心应该是什么？"

换言之，在智能电动车替代燃油车的世界里，蔚来的独特定位是什么，靠什么来支撑？相当数量的创业者都注意到了智能电动车的技术趋势，李斌还关心"技术之外呢？……如果要做一件事，你得知道为什么你能做，传统的公司不能做。不能简单地说电动、自动驾驶，那人家也可以做"。

在传统汽车公司完整和严谨的研发、制造、供应链、质量管理、品牌、销售等体系中，北大社会学专业毕业、PC互联网时代的创业老兵、已经从互联网和用户体验的角度观察了汽车行业十几年的李斌看到了一个缺口：服务用户的理念和方式还停留在十几年前，车企与用户的联系基本上停留在售前阶段的营销环节，之后主导销售和售后的都不是车企而是经销商。

"这肯定是不对的。"李斌洞察到，在移动互联网时代，用户和品牌的连接随时随地都可能发生，而信息交互的方式会决定用户和品牌的关系。"品牌和用户的关系会变得非常紧密。如果这个时候品牌的初心不是从用户的利益出发，还和用户是对立的、割裂的，这个品牌会很难持续。"

李斌由此提出了"品牌3.0"的理念。

1.0时期的传播特点是你说我听，没有反驳，如报纸、杂志、广播等。

2.0时期的传播特点是用户评论出现了，传播不再是独角戏，开始有了互动，如易车、汽车之家等。

3.0时期的传播特点是以个人为中心，移动互联网、算法推荐带来了为个人定制的内容，用户能不断发声并且主动获得自己想要的信息。

"移动互联网会改变我们服务用户的方式，改变用户的体验，改变用户参与这个品牌的方式。像车这样的产品，也会变得完全不一样，只不过它来得慢一些。"李斌表示。

汽车是跟用户有很长接触时间的产品，这是开展用户运营并打造基于车的生活方式的大前提。那几年，李斌反复推演如何从用户角度出发去定义电动车的用户体验，"围绕着车，围绕着服务，围绕着数字化体验，围绕着超越车的生活方式，去重新定义汽车行业的体验，去重新定义这个行业。大概花了三年时间，差不多想通了，然后就开始创办蔚来"。

在秦力洪的记忆里，2014年8月李斌第一次邀请自己干点事，聊的"大概就是这么一套"。在成立后的第一次公开宣言中，蔚来明确表达了要做的是"以极致的电动智能汽车产品为基础，我们将重新定义服务用户的所有过程，为用户提供超越期待的全程愉悦体验"。

这个被概括为"用户企业"的理念被李斌看作"很重要的一个出发点"，它也给蔚来打造高端产品提供了又一个切入点。秦力洪说："很长时间里，中国车企的定价存在'天花板'……在这个大环境中，车企敢不敢对这样的定价说'不'，甚至将价格定得比德国品牌还贵几万元？你又凭什么比德系车还贵？这虽是一个假设的问题，但却是我们创业之初的重要讨论议题。"

理念，也是一条护城河。传统车企的机制、文化很难向这个方向转变。在传统车企的商业模式里，没有人对用户的感受负总体责任，别说掌控跟用户相关的触点了。即便像雷克萨斯这样以服务著称的高端品牌，在这样的商业逻辑下也很难做到极致。

选择换电模式就是"重新定义服务用户的所有过程"的一次体现。关于"大家为什么不买电动车"这个问题，2012年李斌在易车网上做过一次调研，结论是充电不方便。李斌比较了用户充电全过程的时间，认为换电模式会是充电模式的良好补充。由于换电的速度一定比充电快，只要快到和加油差不多，换电站又足够多，用户体验就不会差。

正是从服务用户这一理念出发，对于外界认为蔚来老是不务正业的评价，李斌才觉得有几分冤枉："这是一个误解。我们在研发、用户体验等方面的投入是非常坚决的。我们是将车作为一个核心，然后有限地扩展到用户的生活方式。好好造车，和用户在一起玩得开心一点，我不觉得有什么矛盾。它俩之间不冲突，不是非此即彼的。"

秦力洪认为，在智能电动汽车这个创业浪潮中，蔚来真正的独特机会就"在于整个公司在理念上和别人不一样。用户企业是一切事情的最高目的，不认可（这个理念）的人可以离开公司"。

深信新能源和智能驾驶新科技将重塑汽车产业，坚持用户企业引导蔚来与用户的全生命周期交互，成为李斌多年以来打造蔚来汽车的底层信念。

坚韧 × 洞察 × 信念

"军粮没了"

截至 2018 年 6 月 30 日，蔚来融来的约 181.6 亿元只剩下约 45 亿元。而 2018 年 7 月之后的 12 个月内，蔚来还需要 6 亿美元的资金投入。蔚来希望 IPO 时可以最多募集 20 亿美元。可惜外部环境发生了剧变，最终蔚来只融到了约 10 亿美元，其中 9 亿多美元来自欧洲。

在外界眼中顺风顺水的蔚来又迎来了一个荣耀时刻，但李斌知道没融到足够的钱很麻烦。他说："我已经算好了什么时候要多少钱。部队已经这么去组织了，结果军粮没了。"

从美国回来后，李斌在公司内部表示，现在就是蔚来最危险的时刻，除非新车销量好，否则接下来一段时间没有多少利好消息，2019年将是蔚来最困难的一年。这个判断来自李斌对智能电动车创业的阶段性重点的预判，他参照足球比赛将之总结为三个阶段。

2014—2018年是组队集训阶段，初步组建产品和服务网络，发布品牌，交付量产车型，打磨商业模式。

能否在三五年内交付第一款量产车，将决定一家造车新势力是否还能继续融资，只有一次机会。

2019—2024年是资格赛/小组赛阶段，在大概五年的时间里，得积累核心能力和实力，力争在下一个阶段有更好的排位。前一个阶段交付了量产车但销量不好的公司将直接退出市场。

2025年以后是决赛阶段。随着传统车企巨擘、苹果公司等超级玩家彻底下场，行业格局会发生根本性变化。无法确定决赛何时结束，没有尽头。

资格赛/小组赛即将开启，蔚来的合作制造、换电、直营、服务、NIO House等模式将接受ES8的首批1万多名车主的检验，他们的评价是决定蔚来可否生存下去的关键。如果ES8经受住了考验，销量喜人，那么蔚来即便不能走上自我造血的正循环，也很容易在资本市场融资。例子就来自自己。2018年底，蔚来新增交付了接近1万辆车，转眼便在2019年1月完成了腾讯认购3000万美元、总额6.5亿美元的可转债。

但恰恰是汽车的销售面临着挑战。此前的订单蔚来已经消化完大半，这时的消费环境十分不利于蔚来的获客。

由于产品力仍不完善，电动车是一个依靠政府补贴来培育的新兴行业。2017年前后的补贴高峰期，一辆25万元左右的电动车，经各级政府补贴后的售价甚至可以低至15万元左右。随着市场的逐渐成熟，政府有取消补贴的意愿。这一方面刺激了消费者在2018年买车，一方面也让2019年的电动车销售前景颇为暗淡。

另外，特斯拉来了。2018年7月10日，特斯拉与上海市签订投资协议，10月签订土地出让合同，12月底获得了首张施工许可证。如此惊人的速度，显示出特斯拉在华落地的坚决和对市场时机的判断。虽然距离消费者买到国产Model 3尚有时日，但舆论普遍看好特斯拉的产品竞争力。

把用户当成目的

果不其然。2019年前三个月蔚来交付了3989辆ES8，只比2018年12月单月的交付量多了600余辆。截至2019年3月31日，蔚来短期可支配现金储备仅剩75.365亿元。照这个亏损法，蔚来只能再撑三个季度。由于合作制造模式受到市场认可和显而易见的资金紧张，蔚来取消了独立建厂的计划。

卖车造血暂时受阻，只能寻找外部融资。曙光一度出现。2019年5月底，蔚来在财报中表示与北京亦庄国际投资发展有限公司签署了获投100亿元的框架协议，然后再无下文。

那时的蔚来已经陷入了负面信息的包围中。2019年4月22日，西安的一辆ES8发生自燃，蔚来调查出一个底盘曾遭受严重撞击导致电池短路的初步结果，5月16日、6月14日，又发生了两起ES8自燃事件。

这下潜客不敢再买，准车主和车主担心蔚来推卸责任。蔚来站在了 ICU（重症监护室）门口。日后回忆 2019 年时，李斌觉得这是他感到最难的时刻，"因为触及了用户利益，也不是预期中的事情"。

在危如累卵的时刻所做的决策最能体现企业创始人的信念，李斌的信念是用户企业，这是他构思、实践了七八年的信念。

蔚来希望自己能反映出一些价值主张，扩大智能电动车带给人的快乐，为用户创造一种愉悦的生活方式，打造一个与用户彼此认可、分享欢乐、共同成长的社区。蔚来所说的"用户企业"与其他车企说看重用户有本质区别。李斌说："让用户满意是我们存在的意义。可能别的公司说我们要多卖车，所以我们要让用户满意。它们是把用户当成手段，而我们是把用户当成目的。"

作为具有低频大宗交易属性的主机厂 App，蔚来 App 的日活居然达到了 20 万。李斌在正常工作之余也投入了大量精力与用户互动。他每天至少花半个小时在蔚来 App 上与用户互动，发帖、回帖、发红包，每年一小半周末都在各地见用户。

面对用户的批评，李斌也有着非常正面的理解："他们跟你讲的东西肯定都是最真实的，和公司员工相比，他们对你的投入是一点都不少的，公司好歹还给员工发钱嘛。没有人买了一辆车来故意跟你过不去。哪有人花了几十万元就是为了跟你过不去呢？神经病都不会这么干。用户不光花了几十万元来投票，还把自己一家人的生命安全都托付给你了，所以用户对你的信任是不一样的。"在这个逻辑下，用户对于蔚来公司的不少政策有相当的发言权。

为了让用户对企业有更深刻的拥有感、参与感，李斌希望用户

第六章 变革领导力

持有蔚来。李斌将他本人的 5000 万股转让给了 2019 年 1 月成立的用户信托,他说:"我们讨论的东西和别人讨论的会不太一样。"股份产生的经济收益将由用户讨论决定。以蔚来发行价计算,这 5000 万股的市值超 3.1 亿美元。

坚守信念的代价

李斌相信"蔚来的价值 = 服务用户的数量 × 服务用户的深度",所以面对 4 起 ES8 自燃事件,高管们众说纷纭时,李斌果断决定承认问题,召回有隐患的 ES8 更换电池。

蔚来人力资源副总裁周全回忆道,传统汽车行业的惯例往往是慢慢召回,通过半年或者一年时间召回这些有质量的产品,"毕竟召回有成本,那时候又没钱"。

李斌又否决了这个缓解资金链压力的方案,说:"用户还在用这些车在路上跑,对于用户来讲是有危险的。召回,必须越快越好。换电池,多少钱都该花就花。"

2019 年 6 月 27 日,蔚来公布事件调查结果,车辆自燃原因不在用户。蔚来将召回受影响的 4803 辆 ES8,为用户免费更换新型号模组的电池包。

此举至少折服了周全。每天开 ES8 上下班往返 100 公里的周全相信蔚来应该不会死:"产品是很好的,创始人也在做正确的事儿。没有违背蔚来的企业文化,他们最早建立的使命、愿景、价值观,没有违背。不是说一有压力就乱了,开始无所不用其极。"历经平安、腾讯、滴滴十多年的 HR(人力资源)生涯,周全认为以身作则是一号位的领导力中最关键的部分,"如果说一套做一套,你的术再强都没用"。

由于换电方便,蔚来在一个多月的时间里迅速完成了电池包更替。此举平息了用户的困惑和质疑,但对销量的负面影响已经形成。2019年第二季度蔚来只卖掉了3553辆车,收入相比第一季度下滑7.5%。由于召回事件给蔚来增加了约3.4亿元支出,蔚来第二季度净亏损超过32.8亿元。蔚来总资产约182亿元,总负债177.5亿元,距离资不抵债仅一步之遥。

8月,周全收到了财务同事打给他的电话,告诫他本月底可能发不出工资了,要做好相应预案。9月底,蔚来取消了财报发布后的分析师电话会议,大部分舆论认为是管理层对业绩的信心严重不足。伯恩斯坦(Bernstein)的分析师罗宾·朱(Robin Zhu)相信蔚来的现金只能维持公司数周的运营。

蔚来的股价自然是惨不忍睹。2019年下半年,蔚来的股价长期在一两美元徘徊,一度引发了蔚来可能被强制退市的担忧。

不少人失去了信心。从2019年第三季度开始,高瓴资本、淡马锡这样的重要投资机构也开始减持甚至清仓了蔚来。

同步离去的还有蔚来的高管们。2019年初蔚来资金链持续紧绷之后,陆陆续续有6位副总裁及以上的高管离开了蔚来,个中原因不乏对蔚来模式的不认可。

有的高管觉得换电模式拖累了蔚来,那100多个换电站分布广,使用率低,有些换电站一天也没几辆车来换电。另一个例子是,在2019年的一次总监及以上的高管会议上,李斌问有多少人买了公司的车,他发现可能只有10%的人是蔚来车主。

逆境中的底线思维

从变革领导力的角度来看，公司看上去岌岌可危时，创始人的心态很重要。值此逆境，企业家内心有时会感到绝望，接受不了失败的现实和未来。在这种心绪下会孤注一掷，想去相信某棵救命稻草，进而拍脑袋盲目决策，最终导致一个更差的结果。

"你一定要想清楚（创业）最差的结果是什么样，比如公司破产。你不能说坚决不能接受公司破产。有什么不能接受的？该破产就破产了，能怎么办呢？你就得接受这件事情。去打一场仗，如果你说我只能赢不能输，那绝对会有问题。没想清楚输，你怎么去赢呢？心理建设挺重要的。把最差的事情想清楚，那你当然就会变得更加乐观。"李斌的逻辑历来是底线思维，凡事先想清楚最差的情况，再从中寻觅胜算。

周全也说李斌总体来讲还是"比较笃定"。"那时候开'斌哥面对面'①比较多，他说得最多的话就是'所有的困难都是我们的工作任务嘛，现在我们就是来直面挑战了'。他说：'你焦虑有什么用呢，每天干就行了。'所以他至少表现出来的是没有太多犹豫。"李斌回忆那时的心态道："你得去想办法化被动为主动，变不利为有利。别人打你一拳，那你得侧身，得还击。要换一个身位去想事情。"

《至暗时刻》里，英国议会内部对于要不要与希特勒领导的德国开战犹疑不定，但丘吉尔在地铁上询问普通英国人的想法，得到

---

① 李斌亲自与员工交流的内部会议。

的回答是愿意战斗到最后一刻。

这个情节十分打动李斌，他觉得像蔚来这种做消费品的公司，一定要知道用户怎么想。他相信世界上不会有哪个公司因为对用户太好而倒闭。

"那个时候还在买我们的车，你得知道他为什么。"李斌在2019年7—8月专门去拜访了内蒙古、新疆、山西等地的蔚来车主，这些是蔚来提供的服务水平相对一线城市较低的区域。

亲身收集到的用户反馈，令李斌感到了支持和启发。"在太原的酒桌上，一位用户说：'斌总，我们（太原）这次是不是能有换电站？'我说：'你们家里不是有充电桩吗？为什么要换电站？'他说：'我买你们的车就是因为能换电，方便。哪怕建一座换电站也行啊，我们自己花钱建都可以。'"

理性的坚韧

李斌采取的自救措施是在保留基本盘的前提下降本增效、开源节流。

差旅标准、办公用电、试驾场地、用户运营、充电设施建设、NIO House等大小项目的预算不是直线下降，就是干脆取消。2019年8月底，蔚来计划削减1200个岗位，裁员范围既包括和用户打交道的销售、用户服务、充电等业务板块，也包括北美的自动驾驶研发团队。

员工的能力方向也发生了微调，以蔚来顾问为例，蔚来不再偏爱从用户服务经验丰富的苹果、星巴克招聘，转而看重候选人的汽车销售经验。产品梯队需要调整，尽可能推出投入低、产出高的产品，比如基于 NP1 平台和已交付的 ES6 开发一款轿跑 SUV（运动型多功能汽车），提高零部件的通用效率，这就是 2019 年底推出的 EC6。

蔚来也尝试了分拆、出售资产。2019 年，蔚来将旗下的电动方程式赛车车队的多数股权出售，还希望给已形成完整运营体系（包括 100 多座换电站）的 NIO Power 引入新的投资人。

除了防御性举措，蔚来亦有进攻动作。为了卖掉更多的车，蔚来建立了新销售渠道 NIO Space，这将是一个单店面积多在 100~200 平方米、以轻体验为主的下沉网络。蔚来还推出了租赁服务以刺激销售等。

拜访用户的行程结束后，李斌坐在太原回北京的高铁上，反复想部分高管、员工、用户对换电的意见。

"从定性的角度看，好像挺合理。但从定量角度来看，（说换电模式不行）这是胡扯。我们那 100 多个换电站是花了一些钱，花了多少呢，也就两三亿元人民币。但我们是亏了几十亿元，换电站怎么可能把我们公司拖死呢？死也不是死在这上面。反正这 100 多个换电站已经建好了，那还不如就让用户免费用。我们的用户也不多，一个月也就增加几百万元电费。原来很多人不知道换电是什么意思，现在就知道了。"2019 年 8 月底，蔚来针对 ES8、ES6 的首批车主，推出了可在全国任意换电站不限次数、终身免费换电的服务。按 180 元 / 次计算，预计老车主每年可省下近万元。

在生死存亡之际还给用户送电费，这体现了变革领导力中理性的"信念"和"坚韧"吗？很难说其中没有情绪，但理性的成分仍旧为多。蔚来缺的是大钱，并不缺这一个月几百万元的电费。这笔额外的支出并不致命，却有拉升老用户好感、提高潜在口碑传播可能性、正面宣传等好处。同样的理性分析也适用于被外界广为诟病的换电模式，其实换电站的建设运营成本并没有高得离谱——如李斌所言"死也不是死在这上面"，但给了蔚来用户一个解决里程焦虑的方案，两相权衡仍然划算。

找钱迫在眉睫，为了活命，2019年9月初蔚来宣布发行2亿美元的可转债。李斌质押了所持的易车股票换来1亿美元认购此次可转债。李斌又以易车公司旗下的汽车金融公司易鑫集团为标的，同意腾讯、Hammer Capital 牵头组成的买方团私有化易车，说动腾讯认购了蔚来1亿美元的可转债。到目前为止，李斌已将自己在易车时期积累的绝大部分财富都押到了蔚来上。

这些钱还是太少了。李斌拜访了大约30个地方政府和战略投资者，都没结果。走得最远的是对电动车一直很感兴趣的湖州市，但当地政府做了正面回应：投资风险过大，已停止继续洽谈。

虽然蔚来2019年第三季度卖掉了4799辆车，销量环比增长35.1%，但在外界看来，这点增量根本算不上曙光。Non-GAAP（非通用会计准则）标准下蔚来再次亏损了24.513亿元。

用户拯救世界

外界已经充满惋惜地给李斌的这一年下了定论："蔚来李斌，2019年最惨的人。"

这一年，行业已经开始洗牌，迟迟无法推出量产车型的公司陷入了融资困境，已经交车的新势力则遇到了各种麻烦。小鹏汽车是后者，何小鹏曾建议李斌"要不合了一起做"，李斌回复他道："我在ICU里面，你在ICU门口，咱俩合并就都进去了。"何小鹏觉得也对，"蔚来和小鹏加在一起，没有一两百亿元救不活"。

这时蔚来的资金周转之困难，已经到了无法按时发工资的程度。11月，周全被告知，需通知员工工资从当月月底发放改为下一个月的8日发放。

但半死不活的蔚来其实已经迎来了转机。前述蔚来的种种举措，让用户能从公司政策、产品、服务上感受到其理念，并予以认可。

大部分蔚来车主除了敢于自己购车，还致力于向人推荐蔚来。平时的朋友圈宣传、评论区维护已算平常之举。车主们为了帮蔚来卖车，堪比娱乐圈顶流偶像的粉丝。

有的车主自愿去门店做志愿者，向潜客亲自讲解产品；湖南一位蔚来车主用自己的ES8举办试驾活动，在亲朋好友中转化出了40多个蔚来车主。蔚来用户运营副总裁魏健说，全国有1300多名志愿者在业余时间去蔚来门店帮助卖车。要知道，截至自燃事件处理完毕的2019年7月，蔚来的历史累计总交付量也就2万辆左右。

除了自己做销售，还有不少车主自掏腰包给蔚来投广告。8月29日，青岛的某位蔚来车主在青岛最繁华的香港中路与福州南路交叉口，为青岛蔚来服务中心打了一个LED大屏广告。紧随其后，滨州、沈阳、武汉、东莞等地的部分车主，或者在广告中加入蔚来素材，或者无偿提供广告位，或者直接竖起广告牌。10月底，一位蔚来车主包下了上海强生出租车公司12 000辆出租车的广告屏，宣传蔚来的换电模式、加速性能等。周全开车上下班时曾亲眼看到，"在高架上开车，前面出租车后面的广告牌上就是蔚来的广告"。

2019年6月，中国新能源汽车补贴正式退坡，导致2019年全行业销量出现了10年来的首次下跌。但在2万多名蔚来车主的强力推荐下，蔚来的同期销量却逆势上涨。2019年9月时李斌已经安心，"说明蔚来的产品和服务得到了消费者认可，也就可以拉动公司的运营"。

整个第四季度，蔚来交付了8244辆汽车，带来了26.839亿元的汽车销售收入。如果没这么多销量，蔚来完全承受不了第四季度28.134亿元（Non-GAAP）的净亏损。有了这笔"救命钱"，2019年底时蔚来还能保有10.563亿元的短期可支配现金。2020年第一季度蔚来的销量中，来自老用户推荐的订单比例达到了69%，比2019年45%的全年平均水平还要高。

李斌的感动可以想象，他说："在经济增长遭遇下行压力时，大家不买车的理由要远远多于买车的理由。在那个时候买车是需要很大勇气的，何况蔚来汽车的平均售价是40多万元。用户可以不买蔚来汽车，也可以买其他品牌的车型，选择非常多。我和很多在蔚来最困难时购买我们产品的用户交流过，当时他们确实是承受了很多压力，最后才做出购车决定的。在蔚来最困难的时候，用户没有放弃我们。我一直说，是用户拯救了蔚来。"

变革领导力中"信念"的价值得基于科学理性的分析，但某种程度上也是一场自证预言，所谓"相信相信的力量"。这在科技驱动的创新领域里更为重要，因为面对的更多是未知。但"信念"最终有可能带给企业丰厚的回报。

洞察 × 坚韧

早期思考的结论

有了来自市场的强力正反馈，投资人在发生疫情的背景下也敢于相信蔚来的理念和商业模式。截至 2020 年 3 月，蔚来接连完成了来自财务投资人的三笔合计 4.35 亿美元的可转债融资。2020 年 4 月 29 日，合肥市政府与蔚来签订了最终协议，前者将通过指定的投资公司，向蔚来中国投资 70 亿元。

截至 2020 年 6 月 30 日，蔚来短期内可支配的现金达到了 112 亿元。李斌认为蔚来成功的概率还是 51%，但他同意"我们从 ICU 出来了"。2021 年，李斌回看蔚来这一路，觉得自己当初对创业所需资金的估计还是少了，"目前蔚来用掉的资金已经远远不止 200 亿元，就算扣除掉一部分交了学费的钱，也早就超过 200 亿元了"。

2014 年之后兴起的 100 多家造车新势力，许多没有从 ICU 出来，倒在了 2020 年前后。其中绝大部分压根儿没生产出量产车，资金链便已宣告断裂，比如博郡汽车、拜腾汽车、奇点汽车、长江汽车等。

大约 10 家左右实现了量产，但销量惨淡。找不到外部投资人继续输血，于是公司陷入半死不活的状态，比如爱驰汽车、云度汽车、前途汽车、赛麟汽车等。

还有少量几家交付了量产车，一度销量尚可，但因模式错误，终于陷入了重大危机。典型如威马汽车。该公司创立之初便执着于自建工厂，投入了占其累计融资额至少 1/3 的上百亿元建设了两座高度现代化的工厂，结果拖累了现金流。如今威马的汽车工厂停产，已经开始拖欠供应商账款和员工工资。

蔚来继续反弹。2021年，蔚来全年交付了9.14万辆车，整体营收达361.4亿元，实现了20.1%的毛利，净亏损40.19亿元，截至年末，蔚来短期内可支配现金达到了554亿元。蔚来在2021年大部分时间的市值都超过了500亿美元。

李斌、秦力洪当初对以用户服务增加品牌溢价、进入高端市场的洞察，也得到了市场的正面反馈。2020年、2021年、2022年这三年，蔚来的整体销售均价分别为34.7万元、36.3万元、37.1万元。鉴于奥迪、宝马、奔驰在中国的成交均价处于30万~50万元的区间[22]，截至2023年底，累计交付了449 594辆新车的事实说明蔚来确实已经进入了高端市场，与宝马、奔驰、奥迪展开了竞争。

"我们还是觉得有一点小小的成就感。我们觉得还是给中国汽车工业增加了一点点色彩。"秦力洪相信如果去掉直销，用户运营走传统分销路线，蔚来的售价可能要减掉20%。"消费者的支付意愿，永远都受理性与感性双重因素的驱动。一方面，我们在产品本身的研发、采购、制造上精益求精，满足消费者的理性追求；另一方面，我们也通过用户运营来创造长期的高满意度，并以此作为品牌附加值的重要支撑。"

蔚来的公众形象顺理成章地从第二个乐视汽车转变为引领行业前行的标杆。用户企业的理念被广泛追捧，蔚来的产品和商业模式也被同业分析、挑选和模仿。蔚来App最受欢迎，一些同业连颜色和字体也不改，几乎像素级地复制了过去。

新阶段，新洞察

公司进入新的发展阶段，李斌也洞察到了新的重点：不能有创伤后遗症。"人就是当年惨惯了，现在做什么都想收着点。哆哆嗦嗦，不敢投入，不敢想事情，那肯定不行。"李斌自己"肯定是胆子更大了。该投入还得投入，还得面向未来"。2022年被设想成蔚来全面加速的一年。

大幅提升研发深度，建立、夯实全栈自研能力被视作蔚来的重点。蔚来强化了在电池底层能力、芯片、手机等领域的研发投入。多品牌策略被提上了日程，蔚来计划推出阿尔卑斯、代号为"萤火虫"的品牌覆盖更多市场。全球化也是重点，蔚来打算在德国、荷兰、瑞典、丹麦等国取得突破。

一套战略组合拳打下来，蔚来的员工数从2021年底的1.5万余人增长至2022年底的大约3万人。2022年，蔚来由于销售及一般企业职能增加，雇员薪酬开支增加了16.382亿元。

2022年，蔚来的研发费用达到108.4亿元，同比增长了136.0%。"一个季度（大约）30亿元人民币的研发投入，是体量和交付量比我们大好多倍的公司干的事。"秦力洪说。完成香港和新加坡上市后，蔚来有了底气，"没有拿到三张资本市场的门票，可能也不太敢那么干"。

但2022年、2023年蔚来年度销量均未达到预期。回头看2021年决定多做投入的战略决策，李斌不觉得有错："从长期战略的角度来讲都是对的。我们执行得好不好呢？我觉得也不错。我们在每个领域的投入，肯定都是行业内最强的团队之一。"

问题出在哪里？这些决策更适合一个震荡相对缓慢、波幅较长且向上增长的世界，而近年来世界剧变，发展趋势已经改变为震荡剧烈、波幅较短且未必增长。在一个变化越来越快、越来越大、好坏也越来越不确定的世界里，坚持长期主义的风险在增加，回报则在减少。

这一方面说明了外部环境对 CEO 的变革领导力提出了更高要求，也说明了 CEO 保持深刻洞察的难度之高。如今 CEO 必须要看到更广阔的世界的趋势。

"我们没有真的经历过宏观的大周期。2021 年那个时间点，我们就应该对这种波动性、不确定性有更多的一些思考。不确定性增加，有些应该是常识可以预测到的。"李斌说自己没捕捉到环境的变化，导致蔚来的节奏和效率出现了一些问题。"多一些思考，（投入的力度）应该更小一些，让公司的抗风险能力更强一些。其实公司应该在 2021 年、2022 年更聚焦地做一些事情。我应该更谨慎。"

现在也来得及。蔚来推迟了部分固定资产和研发项目的投入，延缓全球市场的推进节奏。蔚来持续获得了融资，还做出了销售策略、销售团队方面的调整以提振销量。

但蔚来并没有改变自己的方向，个别领域的投入反而加大了。2023 年初李斌拜访完东北地区的用户后，意识到换电站的投入会促进汽车的销量，于是毅然决定把年初计划新增的 400 座换电站提升至 1000 座，"多卖 10%、20% 的车，换电站的投入就出来了"。

"我们现在这些东西，应该说被复制得挺多的。我们的挑战就在于，不能到最后，抄我们的人比我们还成功，这就麻烦了。"李斌相信通过提升长期投入的效率，蔚来会回到预期的节奏中。

青腾一问 | 杨国安对话李斌

杨国安：你怎么理解 CEO 的领导力？

李斌：我们的 logo 上半部分代表 vision（洞察），下半部分代表 action（执行），我觉得这对 CEO 的领导力来讲还是挺重要的两个方面。

vision 是战略方向的思考和制定。你对趋势的判断、你对公司在这个领域关键成功要素的思考，这非常重要。方向错了，什么都白干，执行得越好，死得越快。

action 就是执行，怎么能让整个团队按照这个方向去前进，能够真正围绕着战略去做执行。（围绕战略）挺重要的，（执行）不是 CEO 简单地说自己有多忙。

最近我有一些新的思考。过去，在一个单边向上的世界，你只要看准了方向，全力投入，狠搞就行了。在 vision 和 action 方面拼的能力都比较泛泛。对于节奏，可能不需要考虑得那么细；执行力，可能也不需要那么精细。

但现在这个世界变化挺大的，周期性波动越来越快，世界变得更加不清晰。所以我觉得在 vision 和 action 之间，可能还得有节奏和效率的把握。怎么通过节奏和效率减少公司的风险，提高公司的抗风险能力，现在变得更加重要了。

以前节奏确实不那么重要，优先级没那么高。现在我觉得"把握节奏"也变成了领导力的一部分。节奏的把握，来自对外部环境的判断、对自我能力的认知、对资源的分配。

蔚来 2019 年经历过一次公司的周期，但是没有真的经历过这种宏观的大周期。

杨国安：那么怎么去制定一个合理的节奏？

李斌：拿我们自己的例子来说吧。我们的战略方向其实还是比较清楚的，从 2015 年到现在，整个公司的方向并没有发生什么变化，就是智能电动汽车、用户企业、全球化的运营、从高端市场开始做起。

执行呢，我觉得我们做得也还可以吧，虽然效率不是最高的。我们用三年多的时间从零开始交付了第一款车，2023 年我们交付 5 款新车，也进入了全球市场。我们研发的展开面也非常宽，有 6000 多项专利。

但这两年我们有一件事情可能没有做得那么好，就是在节奏的把握上不是特别好。从 2022 年到 2023 年上半年，我们的节奏就特别差。创业就是个马拉松，一旦你在中间踉跄了几步，其实就挺麻烦，就给公司带来了一些更大的风险。比亚迪去年（2022 年）的节奏就很好，赶上了，就逆势而上。我们的同行理想汽车，从去年到今年，对很多东西的把握也很好。

杨国安：你觉得蔚来要把握好节奏，提升空间在哪儿？

李斌：2021 年是我们做得比较好的一年，全年的经营现金流是正的，毛利也到过 20% 以上，在高端市场的份额也很高，2021 年销量超过了我们自己的预期。

所以我们在 2021 年的时候就做了很多战略决策。我们开始组建了芯片团队、电池团队、新品牌的团队，我们甚至开始立项做手机。2021 年的时候，我们组建了四个战略性新业务部门。

这个方向对不对呢？从长期的战略来讲都是对的，也没什么错，都是该做的事情。我们的执行好不好呢？我觉得也不错。我们现在对每一个领域的投入，肯定都是行业内最强的团队之一。

但是2022年，我们没想到会经历封控。我们1万多人在家里面待了三个月，相当于我们公司的大脑神经系统全部都被冻住了。有一些新车发布了以后，我们没办法去现场解决质量问题，相当于孩子生下来没办法管。还有锂涨价，让我们少了50亿元的毛利，一辆车贵了好几万元。供应链的波动，还让我们少交了3万辆车。

这些事情加在一起，我们直接损失100亿元，加大了我们的亏损，股价下跌，消费者的信心也会受影响，关键是影响了节奏。我们2023年上半年都还在承受这个痛苦。

假设我们回到2021年或者2022年初，再做战略决策，其实可以得出一些不一样的结论。最好的决定都是最差的时候做的，最差的决定一般都是最好的时候做的。

在2021年那个时间点，其实我们就应该去对这种波动性、不确定性有更大的、更多的一些思考。（布局的时候，投入力度）应该小一些，让公司的抗风险能力强一些。我应该更谨慎，在2021年相对来说情况还不错的时候，其实应该更聚焦地去做一些事情。

我们在2021年开始去欧洲。长期来看对不对？对。但这是不是2021年该干的呢？在一个单边向上的世界里，先去欧洲可能是对的。但在一个不确定性的世界里，去欧洲？你一年要赔2亿美元，短期看不到效果。整个公司的抗风险能力就大大降低了。我不去欧洲，又怎么样呢？其实也不会怎么样。当然，我们并不是说要把它停掉，我觉得这也不是该做的事情。我们也不会去拐急弯，对吧？

很多出问题的企业其实在赌（世界）是单边向上的，但现在都是平的了，可能还要往下一点。我们这个行业可能还是平的，稍微往上一点。很不幸，波动变快了，震动的波幅变大了。如果你的抗风险能力不够强，穿越不了周期，可能就被这个波动给干掉了。

杨国安：回到2021年，以当时的认知，你是否可能洞察到宏观周期的改变？很多事情很难预料。

李斌：对某件事情是无法预测的，但是不确定性在增加，对于这点，稍微有些常识应该是可以预测到的。其实这是有先兆的，你是可以做判断的。但很多时候，我们还是会有一些侥幸心理，觉得中国可能是例外，这个行业可能是例外，我们这个公司可能是例外，我们有机会。

我们还有以前那种惯性，因为我们（过去一直）生活在一个单边增长的世界。我这一代的中国企业家，要克服这一点。

杨国安：领导力内涵的改变，是不是也跟公司所处的阶段相关？

李斌：是，这是肯定的。节奏的把握，除了对外部环境要有了解，对公司所处的阶段和所有的资源也要有一个清晰的把握。要内外平衡起来看。

我们现在的问题是，蔚来做很多事情要进行非常长期的思考，也非常体系化地去追求事情的本质。这种思考方式，在当前的世界里，回报变少了，风险增加了。而机会主义者的风险变低，回报变高。

我举一个很简单的例子。我们是全世界第一个用Mobileye EyeQ4芯片的，我们付出了多大的代价？然后10个月以后这种芯片就立刻烂大街了。我们是全世界第一个用英伟达Orin芯片的，我们跟英伟达一起把这种芯片点亮，我们现在肯定是它最大的客户。好，6个月以后，这种芯片也差不多就烂大街了，大家都能用。

所以你会发现，当领先者的回报其实是低的，当跟随者的回报是高的。在中国，就是这么卷。

我讲这件事情，不会觉得有什么不满，有什么愤愤不平，我完全不带这样的情绪。因为这就是一种选择，在中国这么卷的一个环境下，选择了这样做，你就知道在很多方面得接受这样的代价。

但是面对不确定的世界，蔚来的方向不会动摇。比如，2023年初我们做的预算是建400座换电站，从降低风险的角度，我应该降低投入，这个决策很容易做。但我年初去了一趟东北拜访用户，回来后认识到换电站对于销量还是有非常大的促进作用。我决定把新增换电站的数量增加到1000座。也许会增加一些投入，2023年对换电站的预算会有些超支。但多卖10%、20%的车，换电站的投入就出来了。

我们还是会坚决地做研发、投入，建基础设施，进入全球市场。但肯定要对这些事的节奏和效率进行管理，保证这些投入的效率是够的。2023年，我们就把很多固定资产投资的时间往后推，聚焦在核心业务上，降低对一些创新业务的预期等。2023年我给团队写信，关键词就是"节奏"和"效率"。比如，怎么让1000座换电站的投入效率是高的。这些事情是我们要去做的。

节奏和效率会确保我们在商业上成功，可能不是短期的成功，而是真的要有更大的成功。否则蔚来可能就变成了一个好高骛远的公司。我们不希望别人说"蔚来这个公司不错，但是……"，或者别人说李斌这个人不错。今天夸一个人是"好人"，那就麻烦了。

我们当然要成为一个商业上成功的公司，有好的销售业绩、好的财务上的表现，让长期的投入真的能得到回报。

注　释

第一章

1. 蒙锦涛,《腾讯混元大模型亮相：全链路自研，聚焦应用死磕"幻觉"》，每经网，2023-09-07，https://www.nbd.com.cn/articles/2023-09-07/3010666.html
2. 中共工业和信息化部党组,《大力推动数字经济和实体经济深度融合》，求是网，2023-09-01，http://www.qstheory.cn/dukan/qs/2023-09-01/c_1129834642.htm
3. 王菲,《探"灯塔工厂"看制造业"智变"》，新华网，2023-06-05，http://www.news.cn/tech/20230605/7c4ddc4bedef4f6fa308313a58efebf5/c.html
4. 姚玉洁、龚雯、狄春,《探访中国首家化工行业"灯塔工厂"》,《环球》，2023 年第 14 期

第二章

1. 天合光能,《天合智能跟踪技术通过第三方机构独立技术评估》，2023-04-28，https://www.trinasolar.com/cn/resources/newsroom/fri-04282023-1906-0
2. 周慧婷,《专访黄晓煌｜酷家乐凭什么获得 IDG、GGV 的青睐》，亿欧网，2016-04-28，https://www.iyiou.com/news/2016042826506
3. 黄心怡,《酷家乐董事长：当工业软件开始姓"云"》,《科创板日报》，2022-02-11，https://mp.weixin.qq.com/s/jjprhEKN8OWmvjLFHlOCCA
4. geekerdeng,《一年死掉百余家同行，他们却用"十秒"在万亿家居市场站稳了脚跟》，极客公园，2019-08-27，https://www.geekpark.net/news/246840

5. 黄晓煌，《酷家乐创始人黄晓煌：VR在家居家装行业的应用现状及前景》，爱分析网，2017-07-12，https://ifenxi.com/research/content/3516
6. 创业邦，《国产工业软件的梦想与征途：八年艰辛，酷家乐向上生长》，搜狐网，2021-01-29，https://www.sohu.com/a/447542438_403354
7. 《除了场景识别 酷家乐的"AI家居"还要推动自动设计》，网易家居，2017-08-29，https://home.163.com/17/0829/17/CT180RML001081N9.html
8. 时氪分享，《群核科技首席科学家周子寒：算法模型即服务，做全空间领域AIGC开拓者》，36氪，2023-02-23，https://36kr.com/p/2143908939729160
9. 安信证券，《虚拟现实优秀显示方案，Micro OLED渗透率有望加速提高》，2023-03-30，https://pdf.dfcfw.com/pdf/H3_AP202303301584722653_1.pdf?1680256181000.pdf
10. 徐驰，《XREAL Air背后的产品思考》，2023-08-23，https://mp.weixin.qq.com/s/7rLbkGWfP6YcKIognFzbNQ

第三章

1. 李丽颖、崔建玲，《农业机械化加快向全程全面高质量发展》，《农民日报》，2022-10-14（2）
2. 汽场汽车APP，《蔚来半固态电池量产曝光，它真能拳打麒麟电池脚踢4680吗？》，搜狐网，2023-04-08，https://www.sohu.com/a/664596755_215942
3. 马可晴，《多面极飞，如何破解"无人机只有大疆"》，36氪，2020-03-21，https://36kr.com/p/1725298409473
4. 广州创新，《极飞科技龚槚钦：让8亿农民变成未来中国最酷的人》，2020-10-22，https://www.gzdaily.cn/site2/pad/content/2020-10/22/content_1403283.html
5. 《新疆维吾尔自治区概况》，新疆维吾尔自治区人民政府网站，https://www.xinjiang.gov.cn/xinjiang/xjgk/202309/f937bdafa51b4f5da89dd1dd25691f1f.shtml
6. 马可晴，《多面极飞，如何破解"无人机只有大疆"》，36氪，2020-03-21，https://36kr.com/p/1725298409473
7. 杭莹、孙晶，《专访极飞科技联合创始人龚槚钦：农业自动化是必然趋势》，羊城派，2022-07-29，https://baijiahao.baidu.com/s?id=1739617216393377041

0&wfr=spider&for=pc

8. 金红,《极飞 CEO 彭斌：过去两年在农田的经验让我们明白要如何设计一款农业无人机》,雷锋网,2016-11-25, https://www.leiphone.com/category/robot/N28cLvhda9FfLquF.html

9. 金红,《极飞 CEO 彭斌：过去两年在农田的经验让我们明白要如何设计一款农业无人机》,雷锋网,2016-11-25, https://www.leiphone.com/category/robot/N28cLvhda9FfLquF.html

10. 王腾飞,《中国农业无人机：最接地气的"黑科技"能飞多远？》,《农民日报》,2022-06-24（8）

11. 郝哲,《做农业是一件很酷很性感的事情——访极飞科技 CEO 彭斌》,《中国测绘》,2020 年第 2 期

12. 广州创新,《极飞科技龚槚钦：让 8 亿农民变成未来中国最酷的人》,2020-10-22, https://www.gzdaily.cn/site2/pad/content/2020-10/22/content_1403283.html

13. 李威,《打造一个无人化系统,"极飞"想让农业迭代追上摩尔定律》,新商业情报 NBT,2020-12-22, https://k.sina.com.cn/article_5806933453_15a1ec5cd01900r5rh.html

14. 徐红,《以服务三农为抓手,给农业插上测绘科技翅膀——访农业农村部信息中心主任王小兵》,《中国测绘》,2022 年第 7 期

15. 王腾飞,《中国农业无人机：最接地气的"黑科技"能飞多远？》,《农民日报》,2022-06-24（8）

16. 朱艳、汤亮、刘蕾蕾等,《作物生长模型（CropGrow）研究进展》,《中国农业科学》,2020 年第 16 期

17. 许璧端,《2 名 90 后挑战 3000 亩棉田,科技将重新定义新农人》,36 氪,2021-08-02, https://36kr.com/p/1337197855627526

18. 裴思童、王雪迎,《新疆尉犁县"超级棉田"：让种田像打游戏一样简单》,中国青年报客户端,2023-09-19, https://news.sohu.com/a/722981453_121687424

19. 张义钊、白阳,《高质量发展调研行｜艾海鹏："未来还会有更多的'超级棉田'"》,人民日报客户端,2023-09-20, https://news.haiwainet.cn/n/2023/0920/c3541083-32662330.html

20. 极客公园,《从无人机到"无人农业",极飞正在下一个"风口"前跃跃欲

试》，2017-11-08，https://baijiahao.baidu.com/s?id=1583484031738917740&wfr=spider&for=pc

第四章

1. 周易，《蔚来汽车全国换电站累计布局达 1904 座》，汽车之家，2023-09-30，https://www.autohome.com.cn/news/202309/1289021.html
2. 徐驰，《XREAL Air 背后的产品思考》，2023-08-24，https://mp.weixin.qq.com/s/TZz1tojMk9mrQ3plSyVOGw
3. 高瓴集团，《酷家乐黄晓煌：创业之后发现世界很多元》，2020-05-27，https://baijiahao.baidu.com/s?id=1666657957435179642&wfr=spider&for=pc
4. 黄勇，《从设计工具到 SaaS，酷家乐如何赋能家居家装企业》，2017-06-15，https://m.jiemian.com/article/1398109.html
5. 《酷家乐 CEO 陈航：2017 直指 VR 战略 赋能家居场景化》，新浪家居，2016-12-27，https://jiaju.sina.cn/news/20161227/6219386491861533520.shtml
6. 全屋家居，《酷家乐 2017 年营收近 3 亿 全屋定制团队获 100 万年终奖》，搜狐网，2018-01-29，https://www.sohu.com/a/219621473_99963321
7. 《拥有设计师的入口资源，"酷家乐"D 轮融资 1 亿美元》，36 氪，2018-03-09，https://36kr.com/coop/toutiao/5122105.html?ktm_source=toutiao
8. GGV 纪源资本，《酷家乐：以设计之名，打造 SaaS 独角兽》，搜狐网，2021-04-15，https://www.sohu.com/a/460825507_323203
9. 全屋家居，《酷家乐 2017 年营收近 3 亿 全屋定制团队获 100 万年终奖》，搜狐网，2018-01-29，https://www.sohu.com/a/219621473_99963321
10. 《拥有设计师的入口资源，"酷家乐"D 轮融资 1 亿美元》，36 氪，2018-03-09，https://36kr.com/coop/toutiao/5122105.html?ktm_source=toutiao
11. 郑元昊，《获 1 亿美元 D 轮融资，赋能 650 万 + 设计师，酷家乐朱皓：两步走，推动大家居产业互联网化》，野草新消费，2019-04-18，https://mp.weixin.qq.com/s/iP1uHjmoxR6yxfyZlvaSFA
12. 高瓴集团，《酷家乐黄晓煌：创业之后发现世界很多元》，2020-05-27，https://baijiahao.baidu.com/s?id=1666657957435179642&wfr=spider&for=pc
13. 《50+ 企业共商增长新模式，酷家乐大运河计划 2020 年将实现 1 万家企业商品融通》，砍柴网，2019-12-02，http://m.ikanchai.com/pcarticle/323893

14. 黄心怡，《酷家乐董事长：当工业软件开始姓"云"》，《科创板日报》，2022-02-11，https://mp.weixin.qq.com/s/jjprhEKN8OWmvjLFHlOCCA
15. 凤凰网家居，《因格携博洛尼发布智慧工厂解决方案 首度公开提效数据》，2019-04-11，凤凰网，http://ah.ifeng.com/a/20190411/7361212_0.shtml
16. 东方网，《群核科技 SaaS 逆势增长 2023 重点探索空间 AIGC 应用》，2023-02-07，中国日报中文网，https://caijing.chinadaily.com.cn/a/202302/07/WS63e1e487a3102ada8b22e09e.html
17. 《都说国内 SaaS 很难做，那酷家乐的 NRR 是如何做到 110% 的？》，i 黑马网，2023-03-09，http://www.iheima.com/article-352837.html
18. 彭斌，《空中三百米》，一席，2015-05-22，https://www.yixi.tv/h5/speech/288/
19. 普华永道中国，《天空之澄：交通基础建设——无人机技术在道路及铁路行业的商业应用》，搜狐网，2017-04-14，https://www.sohu.com/a/134014023_170401
20. IT168，《揭秘顺丰无人机背后的极客团队》，人民网，2015-03-27，http://it.people.com.cn/n/2015/0327/c1009-26759865.html
21. 极飞科技，《2015 极飞年度大会启幕 极侠商用无人机发布》，2015-02-11，https://www.xa.com/news/media/58
22. 极客公园，《从无人机到"无人农业"，极飞正在下一个"风口"前跃跃欲试》，2017-11-08，https://baijiahao.baidu.com/s?id=1583484031738917740&wfr=spider&for=pc
23. 翟少辉，《极飞科技：炫酷科技飞进农田 中国农业科技"瞪羚"能跑多远？》，《21 世纪经济报道》，2020-11-17，https://baijiahao.baidu.com/s?id=1683569575838610569&wfr=spider&for=pc
24. 国家统计局，《2015 年居民生活（居民收入）情况》，2016-03-17，https://www.gov.cn/guoqing/2016-03/17/content_5054861.htm
25. 金红，《极飞 CEO 彭斌：过去两年在农田的经验让我们明白要如何设计一款农业无人机》，雷锋网，2016-11-25，https://www.leiphone.com/category/robot/N28cLvhda9FfLquF.html
26. 贾璇，《XAAC 极飞科技 2018 年度大会举行 宣布跨界教育和农村金融服务》，经济网，2018-12-17，http://www.ceweekly.cn/2018/1217/243602.shtml
27. 罗燕珊，《植保无人机市场的 2018：价格战后的洗牌》，时代财经，2018-12-20，https://www.tfcaijing.com/article/page/8a9eaf0567beee780167c8ed

5e461044
28. 赵东山，《大疆卧榻之侧，无人安睡》，《中国企业家》，2018 年第 20 期
29. 新华网，《无人机是开启智慧农业的钥匙》，2018-07-31，https://baijiahao.baidu.com/s?id=1607466684634527919&wfr=spider&for=pc
30. 莫磬箻，《极飞科技彭斌：拿下农业科技领域最大一单融资后，我们做了什么？》，《科创板日报》，2020-11-27，https://new.qq.com/rain/a/20201127A0H2YC00

第五章

1. 杨漾，《光伏长跑者高纪凡：世界第一有时是"圈套"》，澎湃新闻，2021-05-24，https://www.thepaper.cn/newsDetail_forward_12813335
2. 张丽华，《中国光伏行业协会理事长高纪凡：低碳智慧能源 3.0 时代即将开启》，2016-12-08，http://www.mnr.gov.cn/dt/kc/201612/t20161208_2321603.html
3. 黄钱钱，《在一个最冰火两重天的行业，做到世界第一后，他说"这不兴奋"》，天合光能，2017-10-24，https://mp.weixin.qq.com/s/EnEgnnaADj2QxLDOf8y_og
4. 黄钱钱，《在一个最冰火两重天的行业，做到世界第一后，他说"这不兴奋"》，天合光能，2017-10-24，https://mp.weixin.qq.com/s/EnEgnnaADj2QxLDOf8y_og
5. 严凯、周夫荣，《屋顶上的狂欢》，《中国企业家》，2018 年第 6 期
6. 黑鹰光伏，《光伏"极寒"：前景光明，但很多企业将倒在黎明前！》，界面新闻，2020-05-28，https://www.jiemian.com/article/4442053_foxit.html
7. 张兵，《天合光能副总裁张兵：光伏人应有足够的信心走出平价上网前的短暂黑暗》，北极星电力网，2018-09-04，https://mguangfu.bjx.com.cn/mnews/20180904/925662.shtml
8. 张兵，《天合光能张兵：必须走向光伏＋》，北极星太阳能光伏网，2019-10-12，https://mguangfu.bjx.com.cn/mnews/20191012/1012653.shtml
9. 北极星太阳能光伏网，《天合光能副总裁张兵：双重考验下的户用光伏该怎么走？》，2020-06-25，https://baijiahao.baidu.com/s?id=1670378006392381072&wfr=spider&for=pc

第六章

1. 《多晶硅规划产能真的过剩吗》，索比·光伏网，2007-07-10，https://news.solarbe.com/200707/10/1281.html
2. 万玛嘉，《亚洲硅业青海有限公司1000吨多晶硅生产线项目投产》，新浪网，2008-12-31，https://news.sina.com.cn/o/2008-12-31/164914965428s.shtml
3. 袁桐、鲁瑾、李清岩，《电子材料：光伏领域市场最热 结构调整初显成效》，电子信息产业网，2008-12-02，http://www.cena.com.cn/semi/20081202/15252.html
4. 李凤桃，《"清算"并非"清除"，光伏金太阳不"下山"》，《中国经济周刊》，2013年第21期
5. 光伏产业调研组，《回答当前光伏产业几个问题》，《经济日报》，2012-07-10（6）
6. 孙洪磊、王坤、郭强、叶超，《探诊光伏内外双重依赖症》，《经济参考报》，2012-11-19（5）
7. 《SolarWorld太阳能陷入危机调降全年预期》，世纪新能源网，2012-08-15，https://www.ne21.com/news/show.php?itemid=30554&page=
8. 齐慧，《光伏产业"多云转晴"》，《经济日报》，2014-05-05（14）
9. 黑鹰光伏，《光伏"极寒"：前景光明，但很多企业将倒在黎明前！》，界面新闻，2020-05-28，https://www.jiemian.com/article/4442053_foxit.html
10. 《"双反"灾难已近乎"灭顶" 国内光伏现状惨不忍睹》，北极星太阳能光伏网，2012-12-11，https://mguangfu.bjx.com.cn/mnews/20121211/407130.shtml
11. 陆如意，《光伏十年，爬坡过坎》，第一财经，2022-08-24，https://m.yicai.com/news/101516538.html
12. 周夫荣，《新光伏"老大"高纪凡》，《中国企业家》，2016年第9期
13. 刘丽丽，《天合光能高纪凡："一带一路"要两条腿走》，新浪财经，2015-05-21，http://finance.sina.com.cn/njp/20150521/094624.html
14. 张兵，《天合光能副总裁张兵：光伏人应有足够的信心走出平价上网前的短暂黑暗》，北极星电力网，2018-09-04，https://mguangfu.bjx.com.cn/mnews/20180904/925662.shtml
15. 《天合光能：隐匿在招股书中的第一大客户谜团》，新浪财经，2019-07-02，https://finance.sina.com.cn/money/fund/fundzmt/2019-07-02/doc-ihytcerm072

6218.shtml

16. 李春晖，《天合光能董事长高纪凡：金融机构对光伏行业应重拾信心》，中国网财经，2018-11-2，http://finance.china.com.cn/news/20181127/4820589.shtml

17. 大伟，《天合光能副总裁张兵：双重考验下的户用光伏该怎么走？》，北极星太阳能光伏网，2020-06-24，https://guangfu.bjx.com.cn/news/20200624/1083928.shtml

18. 张翼，《积极行动，迈向"3060"双碳目标》，《光明日报》，2021-06-19（5）

19. 国家能源局，《我国光伏发电并网装机容量突破3亿千瓦 分布式发展成为新亮点》，2022-01-20，https://www.nea.gov.cn/2022/01/20/c_1310432517.htm

20. 国家能源局，《2022年光伏发电建设运行情况》，2023-02-17，http://www.nea.gov.cn/2023-02/17/c_1310698128.htm

21. 侦碳，《高纪凡、曹仁贤纵论产能过剩，同质化严重，本质是人性贪婪！》，赶碳号科技，2023-07-20，https://mp.weixin.qq.com/s/HuSlbTnOEO8klHmwmbw-lyw

22. 车圈能见度，《垫底"BBA"，奥迪正在被"抛弃"？》，36氪，2023-12-29，https://36kr.com/p/2581653922439044